Von Helmut Berndt sind außerdem bei BASTEI-LÜBBE lieferbar:

60 313 – UNTERWEGS ZU DEUTSCHEN SAGEN
60 338 – SAGENHAFTES EUROPA
64 109 – DIE NIBELUNGEN

Helmut Berndt

SAGENHAFTE ANTIKE

Unterwegs auf den Spuren der
klassischen Mythen und Legenden

BASTEI-LÜBBE-TASCHENBUCH
Band 64124

Bildquellennachweis (Umschlag)

Oben links: Reste des Athena-Tempels in Priene (West-Türkei).
Oben rechts: Darius III. im Kampf gegen Alexander den Großen.
Mosaik der Alexanderschlacht (Nationalmuseum, Neapel).
Mitte links: Alexander der Große, ebenfalls aus dem Mosaik der
Alexanderschlacht.
Links unten: Nachbildung des Trojanischen Pferdes, Troja.
Mitte: Boxende Knaben, Wandmalerei aus Akrotiri (Santorin).
Rechts Mitte: Odysseus blendet Polyphem (Archäologisches Museum
der Ruhr-Universität, Bochum).
Rechts unten: Die römische Wölfin (Piazza del Campidoglio, Rom).

Alle Aufnahmen: Berndt

Bildquellennachweis: Sofern nicht angegeben,
stammen die Abbildungen von Helmut und Maria Berndt

1. Auflage 1993
2. Auflage 1995

© 1990 by ECON Verlag GmbH, Düsseldorf, Wien
und New York
Lizenzausgabe: Gustav Lübbe Verlag GmbH,
Bergisch Gladbach
Printed in Germany
Einbandgestaltung: Roland Winkler
Satz: Fotosatz Böhm GmbH, Köln
Druck und Bindung: Ebner Ulm
ISBN 3-404-64124-8

Der Preis dieses Bandes versteht sich einschließlich
der gesetzlichen Mehrwertsteuer.

Inhalt

Vorwort
9

Wölfe, Gänse, Vogelflug
Rom
11

Magie am Tyrrhenischen Meer
Circe
43

Bei der Prophetin von Cumae
Sibylle
65

Der Unhold von Sizilien
Polyphem
79

Die Ungeheuer der Straße von Messina
Skylla und Charybdis
97

Zeus, das Labyrinth der Minotaurus
Kreta
119

Santorin und das sagenhafte Inselreich der Antike
Atlantis
149

Griechische Orakel
Nekromanteion und Delphi
171

Der Palast des Nestor
Pylos
195

Wagenrennen um die Königstochter
Pelops
211

Er erweckte Tote zum Leben
Asklepios
225

Die »archäologische, mythische« Straße
Mykene
239

Theben und der Kreuzweg
Ödipus
257

Menschenopfer in Aulis
Iphigenie
273

Er zog bis ans Ende der Welt
Alexander der Große
289

Hero und Leander, Helle und Phrixos sowie die Argonauten
Sagenhafte Meerengen
329

Der Herrscher mit den Eselsohren
König Midas
357

Zwischen Sage und Geschichte
Gyges und Krösus
379

Der Krieg, der nicht stattfand
Troja
411

Literaturverzeichnis
447

Register
459

Vorwort

Magisch ist die Welt antiker Sagen. Etwa die Erzählung von der Zauberin Circe, die von der Prophetin Sibylle oder die von dem einäugigen Zyklopen Polyphem. Grausig erscheinen die Ungeheuer Skylla und Charybdis und der menschenfressende, stierköpfige Minotauros in seinem unheimlichen Labyrinth. Rätselhaft wirkt der Bericht vom untergegangenen Reich Atlantis. Von den Göttern bestimmt sind die Opferung Iphigenies oder das Schicksal des Ödipus.
Abenteuerlich ist die Liebe Heros und Leanders wie auch das Leben des Königs Midas mit den Eselsohren und der Bericht von Krösus, dem reichsten Mann des Altertums. Kaum glaublich ist die Geschichte Alexanders, der den Gordischen Knoten durchschlug und bis ans Ende der Welt gezogen ist. Erstaunlich erscheint die Schiffsreise der Argonauten, auch der zehnjährige Krieg um Troja, wie Homers »Ilias« ihn schildert.
All diese Erzählungen sind so faszinierend, daß – wie im Fall des Altertumsforschers Heinrich Schliemann und anderer – die Sehnsucht nach der Wirklichkeit des Mythos zur großen Herausforderung wurde. Tatsächlich gibt es ja auch mancherlei Spuren dieser uralten Berichte. Sie führen nach Italien, nach Sizilien, aufs griechische Festland, zum Peloponnes, auf die griechischen Inseln, zum Bosporus und zu den Dardanellen bis nach Anatolien. Es ist zwar weitgehend gelungen, in diesen Regionen die Vergangenheit aufzuschlüsseln, doch die frühe Vorzeit verliert sich nicht selten im Ungewissen.
Der mögliche historische Kern wird oft bis zur Unkenntlichkeit von legendären Elementen überwuchert, wie der

Tübinger Rhetoriker Egidius Schmalzriedt meint. Unpathetisch fügt er hinzu: »Aus Geschichte werden Geschichten, aber niemals wird aus diesen Geschichten ›Geschichte‹ als wissenschaftliche Erkenntnis.«
Damit verlieren diese Erzählungen, die von den Griechen in einzigartiger Meisterschaft geformt sind, dennoch nichts von ihrer Anziehungskraft, ja, es entsteht sogar eine reizvolle Spannung. Der Reisende spürt sie, der unterwegs ist zu den Orten, an denen sie gespielt haben sollen, und der doch auch unterwegs ist im Land der Phantasie, dem ureigensten Bereich des Mythos.

Rheinbreitbach,
im Mai 1990

Helmut Berndt

Wölfe, Gänse, Vogelflug

Rom

»Diese Sagen haben die alten Völker mehr interessiert als die wirkliche Geschichte.«

Luisa Banti

Am linken Tiberufer, etwa dort, wo in Rom der Ponte Palatino den Fluß überquert und früher das Forum Boarium (Rindermarkt) lag, steht heute die Kirche Santa Maria in Cosmedin. Im Mittelschiff erinnern einige antike Säulen des Forums an die alte Zeit. Das Gotteshaus, eine kleine Basilika, ist im 6. Jahrhundert n. Chr. errichtet worden. Nach einigen Umbauten in darauffolgender Zeit erhielt die Kirche ihre heutige dreischiffige Gestalt im 12. Jahrhundert. Damals wurde auch der romanische Glockenturm errichtet, der in sieben Stockwerken mit Zweibogen- und Dreibogen-Fenstern die eher niedrige Basilika überragt.

Betritt man den Portalvorbau, so steht links auf einem kleinen Kapitell ein merkwürdiges, mächtiges rundes Marmorrelief. Mit weit offenen Augen und geöffnetem Mund blickt eine bärtige und von Haarsträhnen umgebene Maske die Besucher an, als wolle sie etwas mitteilen. Früher glaubte man, die Maske stelle einen Triton dar, einen Meeresgott. Neuerdings behauptet der römische Archäologe Giorgio Marlin, es handele sich um den altrömischen Naturgott Faunus. Wen auch immer diese Marmorskulp-

Die berühmte Wölfin, die Romulus und Remus säugt, auf der Piazza del Campidoglio in Rom. Das etruskische Original aus der ersten Hälfte des 5. Jahrhunderts v. Chr. steht im Konservatorenpalast

tur darstellen mag, seit langer Zeit glaubt man, wenn jemand die Unwahrheit sage und seine Hand in den Mund lege, beiße dieser unbarmherzig zu und die Hand sei verloren. So verwurzelt war der Glaube, daß lange Zeit römische Männer ihre Frauen zu dieser Bocca della Verità, dem Mund der Wahrheit, geführt haben, um ihre Treue zu prüfen.

Die Magie der steinernen Maske hat die Volksmeinung derart beherrscht, daß der große Platz vor Santa Maria in Cosmedin nicht nach der Kirche benannt worden ist und auch nicht nach dem alten Forum oder den Tempeln des Portuno oder des Herkules, deren Reste noch hier zu finden sind, sondern nach der prophetischen Kraft der Götter. Darum heißt der Platz Piazza della Verità, Platz der Wahrheit.

Wir waren bei unserer Wanderung durch Rom und den damit verbundenen Untersuchungen bemüht, diesem Motto gerecht zu werden.

Die Plastik in der Villa Giulia

Wir sind in den Norden der Stadt gefahren – von der Piazza Venezia die Via del Corso hinauf zur Piazza del Popolo, von hier die Via Flaminia weiter, bis rechts die Via delle Belle Arti zur Villa Giulia abbiegt, einem der bedeutenden Museen Roms mit den reichsten Funden etruskischer Kunst. Im Saal VII sehen wir eines der Glanzstücke: die farbige Terrakotta-Figur des Apoll von Veji. Die weitgehend erhaltene, über ein Meter achtzig große Plastik wurde wahrscheinlich vom Bildhauer Vulca im 6. Jahrhundert v. Chr. geschaffen. Aber nicht wegen des etruskischen Apolls haben wir die Villa Giulia aufgesucht, sondern wegen einer viel kleineren, nur etwa zwanzig Zentimeter großen Plastik, die sich gegenüber dem Apoll in einer Glasvitrine befindet. Die meisten Besucher gehen hier achtlos vorüber. Dennoch ist die Figur von Bedeutung. Sie stellt Äneas dar, den kranken Vater auf den Schultern. Es ist die Szene, als Äneas das brennende Troja verläßt.

Von Expertenseite hören wir über diese Statuette: »Äneas trägt einen attischen Helm, Panzer mit Beinschienen und Rundschild. Sein kahlköpfiger und bärtiger Vater Anchises, fast verdeckt von dem Schild, hält die Arme um den Hals des Sohnes geschlungen. Die Figur, die aus dem 5. Jahrhundert v. Chr. stammen dürfte, besteht aus gebranntem Ton, aus Terrakotta, und entstand nach vorgefertigter Form mit anschließender Retusche...«

»Also Massenware...«

»Gewiß. Früher werden solche Figuren in vielen römischen Häusern zu finden gewesen sein, zumal Äneas und seine Flucht aus Troja mythisches Vorspiel waren für die Gründungsgeschichte der Stadt.« Sage und Geschichte verwischen sich in der Person von Äneas, von dem bereits im 6. Jahrhundert v. Chr. berichtet wird. In Vergils »Aeneis« erhält der Bericht seine bekannteste Ausprägung. Hier sagt Äneas:

> ... ich deckte das gelbe Fell eines Löwen
> über die breiten Schultern. Ich senkte den Nacken, dann hob ich
> meine Last empor [den Vater Anchises]. Die Rechte faßte den kleinen

> *Julus; er folgte dem Vater mit ungleich kürzeren*
>   *Schritten.* (Aen. 2, 721–724)

Bei der Flucht verlor Äneas seine Frau und fand sie nie wieder:

> *Unter Tränen verließ ich den Strand, die Häfen der Heimat,*
> *die Gefilde, wo Troja gewesen. Zur See in die Fremde*
> *fuhr ich mit Freunden, dem Sohn, den Penaten, den*
>   *mächtigen Göttern.* (Aen. 3, 10–12)

Äneas folgt dem Auftrag der Penaten, ein neues Troja zu errichten. Als er nach vielen Irrfahrten in Italien landet, gründet er südlich von Rom die Stadt Lavinium, heute Pratica di Mare. Nach seinem Tod zieht sein Sohn Ascanius, auch Julus genannt, in die Albaner Berge, gründet hier Alba Longa. Damit ist aber der Grundstein für Rom noch nicht gelegt. Das geschieht viel später.

Romulus und Remus

Die eigentliche Romsage beginnt mit den beiden Königsbrüdern Amulius und Numitor in Alba Longa. Amulius hatte seinem Bruder die Herrschaft entrissen und wachte eifersüchtig darauf, daß seine Regentschaft nicht gefährdet werden konnte. So ließ er seine Nichte Rhea Silvia zur Priesterin der Vesta weihen, damit sie kinderlos bliebe. Doch Gott Mars nahm sich des Mädchens an, und Rhea

*Äneas mit seinem Vater Anchises auf der Flucht aus dem brennenden Troja.
Terrakotta aus dem etruskischen Veji (5. Jh. v.Chr.). Villa Giulia, Rom*

Silvia gebar Zwillinge, die Romulus und Remus genannt wurden. Als Amulius von dieser unerwünschten Nachkommenschaft erfuhr, wollte er die Kinder im Tiber ertränken lassen. Doch die Männer, die vom König hierzu den Auftrag erhalten hatten, setzten die Zwillinge in einer Wanne im Hochwasser des Flusses aus.

Der römische Geschichtsschreiber Livius (59 v. bis 17 n. Chr.) berichtet darüber in seinem Buch »Römische Geschichte«: »Die Sage behauptet, es habe, als die dahintreibende Wanne, in der die beiden ausgesetzt waren, in seichtem Wasser auf Grund gelaufen war, eine durstige Wölfin aus den nahen Bergen ihren Lauf auf das Kinderweinen hin gelenkt. Sie habe den Kindern so mitleidig ihre Zitzen dargeboten, daß der Hirt der Königsherde sie dabei angetroffen habe, wie sie die Knaben mit der Zunge leckte – er soll Faustulus geheißen haben –, und sie seien von ihm zu seiner Frau Larentia auf den Hof zum Aufziehen gebracht worden. Es gibt auch Leute, die glauben, Larentia sei unter den Hirten ›Wölfin‹ genannt worden, weil sie ihren Leib wahllos preisgab, und da liege der Ursprung der wunderlichen Sage.«

Die Legende von der Wölfin, die die Kinder ernährt haben soll, war so faszinierend, daß sie zur bildnerischen Gestaltung herausforderte. Von allen Darstellungen ist eine von besonderer Qualität; sie findet sich heute im Saal IV des Konservatorenpalastes. Die etruskische Bronzeplastik stammt aus der ersten Hälfte des 5. Jahrhunderts v. Chr. Sie steht auf einem Marmorsockel, in dem die Buchstaben »SPQR« – Der Senat und das römische Volk – eingemeißelt sind. Sechs Lampen der Kassettendecke bringen die schwarze Skulptur wirkungsvoll zur Geltung, wenn auch die Malereien an den Wänden den großartigen Eindruck mindern.

Ursprünglich war die Wölfin – und zwar bis zum Jahr 65 v. Chr. – auf dem Kapitol aufgestellt, wo sie vom Blitz getroffen wurde. Spuren des Blitzschlags sind noch an den Hinterläufen zu sehen. Die Zwillinge unter der Wölfin sind allerdings eine spätere Beigabe. Der Bildhauer Pollaiolo hat die Kinder im 15. Jahrhundert hinzugefügt. Neben dem Senatorenpalast auf dem Kapitol steht auf einer Säule eine Nachbildung der Wölfin mit den Zwillingen.

Wo die Wölfin die Zwillinge säugte

Nach der Aussage von Livius haben die Beauftragten des Königs die beiden Kinder in einer Lache des Tibers ausgesetzt, und zwar dort, »wo jetzt der Ruminalische Feigenbaum steht«. Man soll ihn auch den Romularischen nennen. Dieser Feigenbaum existierte zur Zeit des Livius und stand am Fuß des Palatins gegenüber dem Kapitol. Man hat auch den Platz lokalisiert, an dem die Wölfin die beiden Zwillinge gesäugt haben soll. Man sprach von einer Höhle am Steilhang des Palatins, und zwar dort, wo heute die Straße San Teodoro am Palatin vorbeiführt. Hier fanden auch die Luperkalien statt (Lupus: der Wolf), ein uraltes römisches Fest, das am 2. Februar begangen wurde und bei dem die Luperci (Angehörige einer Priestergilde) die palatinische Stadt im magischen Umlauf umkreisten.
Romulus und Remus wuchsen bei dem Hirten Faustulus und seiner Frau Larentia auf. Doch bald merkte Faustulus, daß die beiden Kinder von vornehmer Abstammung sein mußten. Als die Zwillinge auf das Gut des abgesetzten Kö-

nigs Numitor gelangten, erkannte dieser in ihnen seine Enkel. Er erzählte den Zwillingen seine leidvolle Geschichte, und diese schwuren, den Bruder Numitors, den Diktator Amulius, zur Rechenschaft zu ziehen. Sie stellten unter den Hirten ihres Großvaters eine kleine Schar junger Leute zusammen und zogen nach Alba Longa, dem Sitz des Königs, drangen in die Burg ein, töteten Amulius und setzten Numitor wieder als rechtmäßigen König ein.

Zwölf Geier für Romulus

Die beiden Zwillinge hielt es aber nicht am Hof ihres Großvaters, wollten sie doch eine eigene Stadt gründen. Numitor hatte keine Einwände. Romulus und Remus sagten daraufhin ihrem Großvater: »Unsere Stadt soll dort entstehen, wo unsere Heimat war, an dem Ort, wo wir erzogen wurden und eine glückliche Zeit erlebt haben.« Nun ging es darum, den endgültigen Platz der neuen Siedlung festzulegen und ihr einen Namen zu geben. Doch die Zwillinge konnten darüber keine Einigung erreichen. Da keiner der Ältere war und somit keiner das Recht der Erstgeburt und den Anspruch auf Alleinherrschaft erheben konnte, sollten die Götter entscheiden, wem sie ihre Gunst erweisen wollten. Dies geschah durch ein Auspizium, durch Beobachtung des Vogelflugs. Um ihn zu erkunden, begab sich Romulus auf den Palatin, Remus auf den Aventin.
Livius schreibt: »Zuerst seien Remus als Zeichen sechs Geier erschienen; bald nach dieser Beobachtung habe sich

Romulus die doppelte Zahl gezeigt. Die Anhänger beider Parteien haben die Zeichen jeweils für sich gedeutet: Jene folgerten die Königsherrschaft aus dem frühen Zeitpunkt, diese aus der Zahl der Vögel. Hieraus entstand ein Wortwechsel, dann ein erbitterter Streit und schließlich Mord: Remus wurde im Getümmel niedergehauen. Verbreiteter ist allerdings das Gerücht, Remus sei dem Bruder zum Spott über dessen neue Mauer gesprungen und deswegen von dem erzürnten Romulus umgebracht worden, der seinen Scheltworten hinzugefügt habe: ›So soll es in Zukunft jedem geschehen, der meine Mauer überspringt!‹ So errang Romulus die Alleinherrschaft; die neugegründete Stadt wurde nach dem Namen des Gründers genannt.«
Verschiedene antike Historiker haben errechnet, wann Rom gegründet worden ist. Terentius Varro, der große gelehrte Schriftsteller Roms (116 bis 27 v. Chr.), nannte das Jahr 753. Aber alle Jahreszahlen, ob sie sich nun auf das 8. oder 9. Jahrhundert v. Chr. beziehen, bleiben Spekulationen. Fest steht, daß es bereits sehr früh auf dem Palatin eine Besiedlung gab. Als später daraus eine Stadt entstand, war sie nach etruskischem Vorbild angelegt und hieß Roma Quadrata. Obwohl die Zahl der Etrusker nicht sehr hoch gewesen ist (die meisten Bürger waren latinischen Ursprungs), ist der etruskische Einfluß doch prägend gewesen. Viele Herrscher der Königszeit waren Etrusker.

Die alten Hütten auf dem Palatin

Präzise Einblicke in die Frühzeit haben archäologische Untersuchungen erbracht, die auf dem Südwestteil des Palatins durchgeführt und 1950 zu einem vorläufigen Abschluß gebracht wurden. Neuerdings sind die Archäologen hier wieder tätig. Wichtige Merkmale bei den Ausgrabungen waren – wie oft bei solchen Arbeiten – Pfostenlöcher, die man im Tuffgestein fand. Sie ließen erkennen, daß hier irgendwann einfache Hütten gestanden haben müssen. Der Italiener Davico hat nun unter Auswertung verschiedener Indizien nachgewiesen, daß die Wände dieser Unterkünfte aus Weidengeflecht mit Lehmbewurf bestanden haben. Über den Wänden erhob sich ein Schrägdach. Auf dem Boden einer dieser Hütten zeichnet sich noch heute eine schwarze Fläche ab als Zeichen für eine ehemalige Feuerstelle. Scherben bezeugen außerdem, daß die Siedlung ins 8. Jahrhundert v. Chr. zu datieren ist. Aufschlußreich ist des weiteren ein Hinweis des griechischen Rhetors Dionysius von Halikarnassos, der um 30 v. Chr. nach Rom kam und eine Geschichte des römischen Altertums verfaßte. In diesem Buch schreibt er, daß die »Hütte des Romulus« aus Holz und Schilf gebaut und mit Stroh gedeckt gewesen sei. Noch im 4. nachchristlichen Jahrhundert ist die Hütte gezeigt worden. Nordöstlich der Spuren findet man zwei Zisternen aus der alten Zeit, wahrscheinlich aus dem 6. Jahrhundert v. Chr. In die eine kann man über die alten Stufen auf den zugeschütteten Grund gelangen. Westlich der Zisterne wird gegraben, ein Rundbau ist erkennbar. Hier war der Bereich der Auguren, der altrömischen Priester, deren Aufgabe darin bestand, göttliche Zeichen zu deuten. Der Münchener Kulturhistoriker Herbert Alexander Stützer vermerkt: »Es besteht berechtigter Grund zu der Annahme, daß es sich hier um das Auguratorium handelt, das noch in der Spätantike auf dem Palatin zu finden war. Von ihm heißt es, daß es seinen Namen nach dem Augurium [Kulthandlung] trage, das schon Romulus an dieser Stelle zur Erkundung des Götterwillens angestellt habe.«

Das Auguratorium war auf der höchsten Erhebung des Palatins errichtet worden (es gab später noch andere auf den Hügeln Roms). Von der Höhe konnte man den Vogelflug gut verfolgen. Beobachtung und Auslegung wurden von besonders geschulten Priestern vorgenommen, die auch die heiligen Bezirke nach einem feststehenden Schema abgrenzten. Der Ursprung solcher Zeichensetzung war übrigens nicht römisch, sondern etruskisch.

Die Auguren werden auch bei der Entstehung oder zumindest bei der Verbreitung der Sage vom Ende des Romulus beteiligt gewesen sein. Nach dieser Sage hielt Romulus eine Volksversammlung ab, als plötzlich unter Blitz und Donner ein Unwetter losbrach und alles in Nebel hüllte. Romulus entschwand den Blicken der Menge, und es hieß, er sei vom Sturm in die Lüfte entführt worden. In der Folge wurde er als Gott Quirinus verehrt.

Die Auguren haben auch die Wahl des Nachfolgers von Romulus, Numa Pompilius, bestätigt. Livius schreibt: »Der Vogeldeuter nahm verhüllten Hauptes zur Linken [von Numa Pompilius] Platz und hielt in der rechten Hand einen astlosen und oben einwärts gebogenen Stock, den sie Krummstab nannten. Sobald er von da Ausblick auf Stadt und Feldmark genommen und zu den Göttern gebetet hatte, bestimmte er die Landstriche vom Aufgang bis zum Niedergang; die Bezirke rechts bestimmte er als Mittag, die links als zum Norden gehörig; sich gegenüber merkte er

sich, so weit ihm die Augen zu sehen erlaubten, einen Punkt; dann nahm er den Krummstab in die linke Hand, legte die rechte dem Numa aufs Haupt und betete so: ›Vater Jupiter, wenn es der Wille des Schicksals ist, daß dieser Numa Pompilius, dessen Haupt ich halte, König von Rom wird, so weise uns doch sichere Zeichen dafür innerhalb der Grenzen, die ich bestimmt habe!‹ Dann erörterte er in Worten die Zeichen, die er gesandt haben wollte. Als diese eintrafen, stieg Numa als erklärter König vom Platze der Ausschau herab.«
Auch in späteren Jahren war die Vogelschau von großem Einfluß; ihre Bedeutung wuchs sogar. Über die Zeit des Tarquinius Priscus (616 bis 578 v. Chr.) schreibt Livius: »Jedenfalls erwuchs der Vogelschau und dem priesterlichen Stand der Vogelschauer eine solche Verehrung, daß in der Folge nichts im Krieg und im Frieden geschehen konnte, wenn nicht vorher eine Vogelschau angestellt wurde: Volksversammlungen, Heeresaufgebot, Entscheidungen über wichtige Fragen – all das wurde vertagt, wenn die Vögel es nicht gestattet hatten.«
Doch ging es bei dem Collegium Augurum nicht nur um die Auslegung des Vogelflugs, sondern auch um die Deutung der Himmelszeichen wie Wetterleuchten oder Blitz und Donner. Auch Hühner spielten eine Rolle. Sie waren besonders in Kriegen gefragt und wurden darum bei Feldzügen in Käfigen mitgeführt. Mit ihrer Hilfe wollte man die Aussichten eines bevorstehenden Gefechts erfahren. Fraßen die Hühner vorgelegtes Futter mit großer Gier, so wurde dies als günstiges Zeichen gewertet. Andernfalls galt es als Warnung. Natürlich konnte solche Deutung manipuliert werden, je nachdem, ob die Hühner vorher gefüttert worden waren oder nicht.

Der glanzvollste Platz im alten Rom

Wir haben den Palatin durchwandert, sind am Haus der Livia vorbeigekommen, auch am Palast der Flavier, am Haus des Augustus; wir haben einen Blick auf das große Stadion geworfen und auf die Thermen des Severus. Wir sind zum Titusbogen hinabgestiegen, der 81 n. Chr. anläßlich des Sieges über die Juden (71 n. Chr.) errichtet wurde, und gelangen nun auf die Via Sacra, die Heilige Straße. Rechter Hand deuten die Tonnengewölbe der Maxentius-Basilika, die von Konstantin vollendet wurde, auf den ehemals gewaltigen Bau hin. Gegenüber der Straße finden Ausgrabungen statt. »Es handelt sich«, so ist auf einem Schild zu lesen, »um den schwierigen Komplex von Boden und Mauern verschiedener Perioden (vom 6./5. Jh. v. Chr. bis zum 12. Jh. n. Chr.).« Die Arbeiten der Archäologen gestalten sich, so heißt es weiter, »wie die Szene eines Verbrechens, die von einem Detektiv erläutert wird«. Die Tafel verweist auf die Arbeiten des Italieners Giacomo Boni, der hier schon 1910 Ausgrabungen vorgenommenm hat.
Es geht weiter auf der Via Sacra an verwirrenden Resten einer einst imperialen Zeit vorbei. J. M. Wiesel, der dreißig Jahre in Rom gelebt hat, schreibt: »Zerborsten, zerschlagen, ausgeraubt, ein Schlachtfeld, auf dem Unvernunft und Willkür späterer Jahrhunderte sich ausgetobt haben, bietet sich dieser bis zur Kaiserzeit glanzvollste Platz des alten Rom heute dem Beschauer, der nur mit Hilfe seiner Phantasie, der kundigen Anleitung des Archäologen und freilich auch der verbliebenen Trümmer ein vages Bild des hier Vergangenen erhaschen kann.«
Am Ende der Via Sacra stoßen wir auf die Rostra, die Rednertribüne, einen ursprünglich 90 mal 90 Meter großen

Frühe Spuren der Besiedlung Roms. Auf dem Germalus, einem der beiden Hügel des Palatins, wurden Spuren entdeckt, die auf Siedlungen aus dem 8. vorchristlichen Jahrhundert schließen lassen. Pfostenlöcher deuten darauf hin, daß hier ehemals Hütten gestanden haben, die aus Weidengeflecht gebaut waren. Im Inneren der Hütten befand sich eine Feuerstelle, wie die Bodenverfärbung ausweist. Noch im 4. nachchristlichen Jahrhundert wurde hier die Hütte gezeigt, in der Romulus gelebt haben soll

Platz, der sich einige Meter über dem Forum erhob. Die Front zeigt sich heute als ein von Platten überdecktes Mauerwerk mit überkragendem Gesims. Die Rostra hatte ihren Namen von Schnäbeln erbeuteter asiatischer Schiffe erhalten. Außerdem waren hier die Bronzeplatten der Zwölftafelgesetze, des frühesten bekannten römischen Gesetzwerkes aus dem 5. Jahrhundert v. Chr., und verschiedene Portraitstatuen aufgestellt.

Rätselhafter Lapis Niger

Zwischen der Rostra und der Grenze des Comitiums, dem Platz, auf dem Versammlungen stattfanden, Gesetze angenommen oder verworfen und Volksvertreter gewählt wurden, führen einige Stufen in ein unterirdisches Gewölbe. Es war früher außen mit schwarzem Marmor abgedeckt. Danach war der Platz Lapis Niger (Schwarzer Stein) genannt worden. Der Ort galt als heilig.

Wir beobachten eine Besuchergruppe, die sich dem Lapis Niger nähert und um das Geländer gruppiert, das den Bezirk absperrt. Der Führer der Gruppe erklärt den Besuchern den Platz folgendermaßen: »Sie stehen hier an einem bedeutenden Platz römischer Geschichte. Hier war das Grab des Romulus, der am 21. April 753 v. Chr. die Stadt Rom gegründet und ihr auch seinen Namen gegeben hat.« Daß es sich um eine Sage handelt, sagt der Führer der Reisegruppe nicht.

Eine Tafel an der Steintreppe, die nach unten führt, verweist ebenfalls auf Romulus mit der einschränkenden Anmerkung, es könne sich vielleicht auch um das Grab des dritten Königs von Rom handeln, Tullus Hostilius (673 bis 642).

Der italienische Archäologe Giacomo Boni hat bereits im Jahr 1899 versucht, das Dunkel aufzuhellen, das den Lapis Niger umgibt. Er entdeckte eine sehr alte Anlage mit zwei etruskischen Tuffsteinbasen, auf denen Löwenfiguren gestanden haben, einen Kegelstumpf und das Bruchstück der Inschriftenstele. Diese, heute im Antiquarium des Forums, ist eines der großen Rätsel des alten Rom geblieben. Die Inschrift, ein sehr alter lateinischer Text, verläuft vertikal, aber die Buchstaben liegen quer. Angeordnet sind sie als

»Bustrophedon«, also in der Art, »wie man die Ochsen wendet«. In diesem Fall muß die erste Zeile von links nach rechts gelesen werden, die nächste von rechts nach links, die dritte hat ihren Anfang wieder links usw. Wie noch spätere Ausgrabungen ergeben haben, handelt es sich aber wahrscheinlich nicht um ein Grab, sondern um ein Heiligtum, dessen Bestimmung unbekannt ist.
Rätselhaft ist auch der sogenannte Lacus Curtius südwestlich des Lapis Niger. Heute sieht man hier den Sockel einer Brunneneinfassung und einen zwölfeckigen Unterbau sowie ein Relief. Es zeigt einen Reiter in Rüstung mit Schild und Speer. Das Pferd sträubt sich hartnäckig vorwärtszuspringen.
Das Relief erinnert an alte Sagen. Die bekannteste berichtet von einem Ereignis aus dem Jahr 362 v. Chr. Damals hatte ein Erdbeben die Stadt erschüttert, wobei auf dem Forum ein riesiger Abgrund entstanden sein soll. Die Römer, über die Maßen erschrocken, versuchten mit allen Mitteln, die Kluft zu schließen, doch ihre Arbeiten waren vergebens. Da befragten sie die Auguren. Ihre Antwort lautete: »Die Schlucht wird sich erst schließen, wenn die Bürger ihr kostbarstes Gut geopfert haben.« Darauf trugen die Frauen ihren Schmuck zusammen, die Männer die prunkvollsten Rüstungen – und alles wurde in den Abgrund geworfen. Doch nichts geschah.

Marcus Curtius stürzt sich in den Abgrund

Da kam ein junger Römer mit Namen Marcus Curtius, blickte in die Erdspalte und sagte zu den Bürgern, die ihn umstanden: »Wir haben den Orakelspruch falsch verstanden. Nicht Gold und Silber fordern die Götter von uns. Das höchste Gut ist in ihren Augen ein mutiger Krieger!« Damit gab Marcus Curtius seinem Pferd die Sporen und stürzte sich in die Tiefe. Da schloß sich der Abgrund.
Die Sage erinnert an die Frühzeit, als das Gebiet zwischen Palatin und Kapitol eine von einem Wasserlauf durchzogene sumpfige Niederung war. Je mehr sich aber im Lauf der Zeit die Hügel bevölkerten, um so mehr wurden auch die Täler Siedlungsgebiet. Das war jedoch erst nach einer Entwässerung möglich. Dazu Livius: Tarquinius Superbus (der letzte Herrscher der Königszeit 534 bis 510 v. Chr.) habe die Niederungen trockengelegt, indem er Abzugskanäle mit Gefälle zum Tiber hin bauen ließ, weil man aus dem ebenen Gelände die Abwässer nur schwer abführen konnte.
Hauptkanal war die Cloaca Maxima, ein unterirdisches, aus Tuffquadern gebildetes und vier Meter breites, gewölbtes Abwassersystem. Es besteht noch heute und ist als Bogenöffnung südlich des Ponte Palatino gut erkennbar.
Als Rest der Sumpfniederung hat längere Zeit ein See bestanden, der Lacus Curtius. Er nahm in der Vorstellungswelt einen besonderen Rang ein. Wie der römische Schriftsteller Sueton – der Freund des jüngeren Plinius lebte von etwa 70 bis 140 – berichtet, war es üblich, in den See kleinere Münzen zu werfen, um ein Gelübde zu erfüllen oder um sich etwas zu wünschen. Solch Brauch hat sich durch die Jahrhunderte erhalten. Tausende von Rom-Besuchern

werfen heute Münzen in die Fontana di Trevi, westlich des Quirinals, mit ähnlichen Erwartungen wie römische Bürger sie vor 2000 Jahren gehabt haben mögen.

Der Raub der Sabinerinnen

Vom Lacus Curtius gibt es noch eine andere Sage. Es heißt, der Feldherr der Sabiner, Metius Curtius, sei hier im Kampf mit den Römern in den Sumpf geraten, habe sich jedoch wieder befreien können. Für diese Version sprechen die Schilfpflanzen, die auf dem Relief gut zu sehen sind. Mit Mettius Curtius verbindet sich nun die Erzählung vom Raub der Sabinerinnen.
Die unerhörte Tat geschah – so die Sage – zur Zeit des Romulus. Dieser hatte Botschaften an die Städte ringsum gesandt und darum gebeten, mit den Angehörigen seines Volkes Ehen einzugehen, da in Rom fast nur Männer lebten. Doch die Abgesandten wurden überall höhnisch abgewiesen. Da verfiel Romulus auf einen abenteuerlichen Plan. Er lud die Einwohner der umliegenden Städte zu Wettkämpfen ein. Zahlreich erschienen die latinischen Nachbarn aus Caenina, Crustumerium und Antemnae. Auch die Sabiner kamen mit Frauen und Kindern. Mitten während der Spiele gab Romulus ein vereinbartes Zeichen – nun stürzten sich die Römer auf die ahnungslosen Gäste, entrissen den Männern Frauen und Mädchen und trugen sie in ihre Häuser. Die getäuschten Gäste, auf solche Untat nicht vorbereitet, zogen sich zornerfüllt in ihre Städte zurück und schworen Rache.

Ein Relief, das den sich in den Erdspalt stürzenden Marcus Curtius darstellt. Es befindet sich im Mittelteil des Forum Romanum. Lacus Curtius wird diese Stelle genannt.

Bald kam es auch zu Kämpfen mit den umliegenden Städten. Der schlimmste war der Krieg mit den Sabinern. Ihnen gelang es, die Burg auf dem Kapitol einzunehmen. Livius schreibt: »Da rief Romulus, die Waffen zum Himmel erhebend: ›Jupiter, von deinen Vögeln angewiesen, habe ich hier auf dem Palatin die ersten Fundamente zu einer Stadt gelegt. Die Burg, durch Verrat eingenommen, haben die Sabiner in der Hand; von dort dringen sie nach Einnahme der Talmitte vor; du aber, Vater der Götter und Menschen, wehre doch die Feinde ab!‹«

Es gelang auch tatsächlich, die Sabiner unter ihrem Feldherrn Mettius Curtius zurückzuschlagen. Dabei stürzte Mettius, als sein Pferd vor dem Lärm der Verfolger scheute, in einen Sumpf. Aber es gelang ihm, sich aus dem Morast wieder zu befreien.

Der Raub der Sabinerinnen, welchen historischen Hintergrund die Episode auch gehabt haben mag, hat in der Antike Aufsehen erregt. Es hat viele Darstellungen dieses niederträchtigen Überfalls gegeben, die zum Teil heute in römischen Museen zu sehen sind. Auf unserem Weg übers Forum Romanum entdecken wir im Antiquarium ein leicht zerstörtes, aber gut restauriertes Relief von diesem Mädchenraub. Auch auf einer Münze aus dem 1. Jahrhundert n. Chr. ist das Motiv dramatisch dargestellt. In der Folgezeit hat man noch oft den Überfall künstlerisch aufgegriffen. Von besonderer Eindringlichkeit ist die Marmorgruppe des Giambologna – sie entstand um das Jahr 1600 – in der Loggia dei Lanzi in Florenz.

Den Tarpeischen Fels gibt es noch heute

Die Sabiner haben, so wird berichtet, das Kapitol durch Verrat eingenommen. Folgendes hat sich abgespielt: Die Besatzung der Festung unterstand dem Befehl des Spurius Tarpeius. Seine Tochter Tarpeia verließ täglich die Burg zum Wasserholen. Eines Tages war sie dabei plötzlich von sabinischen Soldaten umringt, die von ihr die Öffnung der Burgpforte verlangten. Tarpeia sträubte sich. Als die Sabiner ihr aber reichen Lohn versprachen, war sie bereit, in der Dunkelheit das Tor zu öffnen. Als Preis hatte sie das verlangt, was die Soldaten am linken Arm trugen. Es waren goldene Armbänder und Ringe mit Edelsteinen.
Am selben Abend erschienen die Soldaten, drangen durch die geöffnete Pforte in die Burg ein und überwältigten die

Besatzung. Indessen wartete Tarpeia auf ihre Belohnung. Doch statt des Geschmeides, das sie erhofft hatte, warfen die Soldaten ihre schweren Schilde, die sie an der linken Hand trugen, auf die Verräterin.

Tarpeischer Fels (italienisch Monte Tarpeo) wurde der Steilhang später genannt, und diesen Felsen gibt es noch heute. Man gelangt zu ihm über die Piazza del Campidoglio. Von hier führt die Via di Monte Tarpeo abwärts zur Via della Consolazione. Man steht dann unmittelbar vor dem Steilhang, der aus natürlichem Fels besteht, teilweise auch gemauert ist und an einigen Stellen mit Beton überzogen wurde. Am Fuß des Felsens sind Höhlen, auch künstliche Öffnungen, die zu Kellern führen. Kakteen klettern die Wände hoch bis zu den Mauern, die oben den Berg begrenzen. Darüber wachsen Palmen, Pinien und Gesträuch.

Noch etwas ist vom Fels zu berichten. Von der Höhe – es sind fast 30 Meter – wurden in antiker Zeit Verbrecher in die Tiefe gestürzt, die Diebstahl, Blutschande oder Staatsverrat begangen hatten. Das geschah bis in die Kaiserzeit, die letzte Exekution ist aus dem Jahr 43 n. Chr. bezeugt.

Wo lag die Kapitolinische Burg?

Oft sind wir das Kapitol, den heutigen Campidoglio, hinaufgegangen. Es ist ein bemerkenswerter Platz – Michelangelo hat ihn entworfen. Doch von der noch früheren Zeit ist kaum etwas geblieben. Ursprünglich stand hier der großartige Jupiter-Tempel, der römische Haupttempel, ein etruskischer Bau. Nördlich davon war der Tempel der Juno Moneta errichtet worden, in dem heilige Gänse gehalten wurden. An seiner Stelle steht heute die Kirche Santa Maria in Aracoeli. Zu dieser Kirche führen 122 Stufen einer breiten Freitreppe, die als Sühneleistung im Pestjahr 1348 erbaut worden ist.

Wir sind auf der gegenüberliegenden Seite die enge Scala dell'Arce Capitolina hinaufgestiegen, die »Treppe der Kapitolinischen Festung«. Die Umbauten, die hier in früheren Zeiten vorgenommen wurden, und die damit verbundenen Zerstörungen haben das Wissen von der antiken Burg, ehemals Arx genannt, erschwert. »Es gibt wenig Punkte im alten Rom, deren Topographie so im Dunkel liegt wie die Arx«, schrieb Otto Richter 1901, und die Kenntnisse haben sich seither nicht wesentlich verbessert. Wir haben noch einige Reste gefunden. Es sind Mauern östlich der Kirche Santa Maria in Aracoeli und auch gegenüber der Nordwand des Tabulariums, in dem früher Staatsgesetze und Verträge aufbewahrt wurden. Die grauen, übereinander geschichteten Blocksteine, die ehemals auf der halben Höhe des Berges aufsetzten, sollen aus dem 6. Jahrhundert v. Chr. stammen und haben früher einen beachtlichen Schutz geboten.

Aber Rom war nicht unüberwindlich. So rückte 509 v. Chr. der etruskische König Porsenna vor die Stadt und belagerte sie. Er war Herrscher von Clusium (heute Chiusi), damals die bedeutendste und berühmteste Stadt Nordetruriens. Porsenna war von dem römischen König Tarquinius Superbus gerufen worden, den die Bürger abgesetzt hatten. Er nahm die Burg ein, die Arx, besetzte die übrige Stadt und erlegte den Römern harte Friedensbedingungen auf. Er verbot ihnen sogar den Gebrauch von Eisen. Nur Pflüge durften sie herstellen.

Die Sage von Mucius Scaevola

Porsennas Demütigungen haben die Römer hart getroffen. In späteren Darstellungen mochten sie diese Schmach einfach nicht wahrhaben. Es entstand eine Sage, die sehr heroisch war.

Die Via di Monte Terpeo führt zum Tarpeischen Felsen

Der Tarpeische Felsen am Kapitolshügel in Rom

Sie erzählt von Gaius Mucius, der, als die Stadt in großer Bedrängnis war, beschloß, den etruskischen König zu töten. Er legte ein etruskisches Gewand an und gelangte unerkannt ins feindliche Lager. Hier sah er an einem Tisch zwei prächtig gekleidete Männer. Der eine zahlte den Sold aus, der andere war Porsenna. Mucius griff zu einem Dolch, den er unter der Tunika versteckt hatte, und stieß ihn demjenigen in die Brust, der den Sold auszahlte. Dieser brach tot zusammen. Mucius versuchte zu fliehen, wurde aber ergriffen und vor den etruskischen Herrscher Porsenna gebracht. Mucius sagte dem König, wer er sei und daß er den Falschen umgebracht habe. »Du kannst mich töten«, fuhr er fort, »aber in Rom stehen viele junge Männer bereit, das zu vollenden, was mir nicht gelungen ist. Ich will dir zeigen, wie wenig wir Römer den Tod fürchten!« Damit legte er die rechte Hand ins Feuer eines Opferaltars und ließ sie, ohne eine Miene zu verziehen, verbrennen.

Porsenna war von dieser Tat so beeindruckt, daß er Mucius die Freiheit schenkte und den Römern Frieden anbot. Mucius, der nach dem Verlust der rechten Hand Scaevola (Linkshand) genannt wurde, erhielt vom römischen Senat jenseits des Tibers ein Stück Land, das später Mucische Wiese hieß.

Die Scala dell' Arce Capitolina führt auf das Kapitol und zur Kirche Santa Maria in Aracoeli. Hier war früher die Burg, die Arx

Deutschlands Dichterfürst sah das anders

Diese Geschichte ist nicht nur eine Sage, sondern auch das »Musterbeispiel einer national-römischen Fälschung«, heißt es im »Pauly«, dem Lexikon der Antike. Zu dieser realistischen Wertung sollte man aber noch Goethes Stellungnahme hören. Er sagte 1825 gegenüber Eckermann: »Bisher glaubte die Welt an den Heldensinn einer Lucretia, eines Mucius Scaevola, und ließ sich dadurch erwärmen und begeistern. Jetzt aber kommt die historische Kritik und sagt, daß jene Personen nie gelebt haben, sondern als Fiktion und Fabeln anzusehen sind, die der große Sinn der Römer erdichtete. Was aber sollen wir mit einer so erbärmlichen Wahrheit! Und wenn die Römer groß genug waren, so etwas zu erdichten, so sollten wir wenigstens groß genug sein, daran zu glauben.«

Die schnatternden Gänse auf dem Kapitol

Eine besondere Bedrohung erwuchs der Stadt Rom durch den Einbruch der Kelten, der Gallier, in Italien. Verschiedene Stämme wie die Insubrer, die Boier, die Cenomanen oder die Lingonen überfluteten den Norden. Die Po-Ebene wurde ein Land der Kelten (Gallia Cisalpina). Einige Stämme stürmten weiter nach Süden. An dem Flüßchen Allia, einem Nebenfluß des Tiber, kam es 387 v. Chr. zur Schlacht mit Rom. Der Heerführer der Kelten, Brennus (nach ihm ist der Brennerpaß genannt worden), hatte durch Späher die schwächste Stelle des feindlichen Aufgebots erkannt und stieß keilförmig in die gegnerischen Reihen vor. Die Römer waren durch die riesenhaften Barbaren verunsichert, die nackt kämpften und ein wildes Schlachtgeheul hören ließen, das noch übertönt wurde vom Lärm keltischer Kriegshörner. Im Römerlager entstand Verwirrung, die bald in heillose Flucht überging. Viele stürmten zum Fluß, versuchten, ihn zu überqueren, versanken aber mit ihren schweren Rüstungen im Wasser. Einige erreichten die Stadt Veji und verschanzten sich hier. Andere erreichten Rom und zogen sich auf die Burg des Kapitols zurück.

Auf der nördlichen Kuppel des Kapitols stand früher die Burg, die Arx. Sie wird immer wieder in Zusammenhang gebracht mit dem Jahr 387 v.Chr. Der Sage nach haben damals die Gänse auf der Burg durch ihr Geschrei die Wachsoldaten geweckt, als die Gallier Rom angriffen. Einige Reste der Arx sind noch erhalten

Das übrige Rom stand offen, die Tore waren nicht verschlossen. So konnten die Kelten in die Stadt eindringen. Sie mordeten, plünderten und steckten die Häuser in Brand. Alle historischen Urkunden aus der frühen Zeit Roms wurden ein Raub der Flammen. Die Stadt wurde vernichtet bis auf die Arx, die Befestigung im Norden des Kapitols. Brennus versuchte zwar, die Burg im Sturm zu nehmen, doch der Angriff mißlang. Da entschlossen sich die Kelten zur Belagerung. Sie zog sich monatelang hin.

Dann hatten die Kelten am Felsen eine Spur entdeckt, auf der ein Aufstieg möglich schien. Nun versuchten sie erneut einen Angriff. In großer Stille kletterten sie nachts den Berg hinauf. Nichts rührte sich auf der Burg; die Wachen merkten nichts, die Hunde schlugen nicht an. Die keltischen Krieger stiegen weiter hoch. Da erhoben plötzlich die heiligen Gänse vom Tempel der Juno Moneta, nahe der Mauer, ein mächtiges Geschnatter und Geschrei. Davon wachte einer der römischen Soldaten auf, Marcus Manlius, und weckte die übrige Besatzung. Marcus hatte indessen schon den ersten Kelten, der auf der Mauer erschienen war, durch einen Stoß mit seinem Schild zurückgeworfen. Der Soldat fiel auf den nächsten, dieser auf andere. So stürzten alle, die den Aufstieg gewagt hatten, in die Tiefe.

Wehe den Besiegten!

Doch Brennus gab nicht auf. Die Belagerung wurde fortgesetzt; die Kelten hofften, die Römer auszuhungern. Da erhielt Brennus die Nachricht, seine Stammesgenossen seien von den Venetern bedroht. Bevor Brennus aber zur Hilfeleistung nach Norditalien zog, gab es eine Übereinkunft mit Rom. Die Stadt mußte tausend Pfund Gold zahlen; dafür wollten die Kelten die Belagerung aufheben.
Aber beim Abwiegen des Goldes benutzten die Belagerer falsche Gewichte. Da empörte sich der römische Kriegstribun Quintus Sulpicius und rief den Kelten zu: »Halten die Gallier so ihre Verträge? Wechselt die Gewichte aus, und steht zu eurem Wort!« Doch jetzt trat Brennus vor, löste

sein Schwert mitsamt dem Gehänge, warf es in die Waagschale und rief: »Vae victis! – Wehe den Besiegten!«
Gewiß nur eine Sage, aber eine Erzählung von Bedeutung – nicht nur für die damalige Zeit.

Aus der Ferne gesehen wirkt der Monte Circeo wie eine Insel

Magie am Tyrrhenischen Meer

Circe

»So gefährlich wie Circe ist ... keine andere weibliche Figur der Odyssee.«

Marianne Nichols

Der Monte Circeo, etwa neunzig Kilometer südöstlich von Rom, schiebt sich als langgestrecktes Felsmassiv ins Tyrrhenische Meer. Der Berg, 541 Meter hoch, bietet manchen Hinweis auf alte Zeiten. Da wurde z. B. in der Grotte Guattari zwischen im Kreis ausgelegten Steinen zusammen mit Tierfossilien ein Menschenkopf gefunden. Der Schädel – heute im Anthropologischen Museum der Universität Rom – weist eine zurücktretende Stirn auf und eine geringe Schädelwölbung. Es sind typische Merkmale des Neandertalers. Das Alter wird auf 70 000 Jahre geschätzt.

Bemerkenswerte Steindokumente jüngerer Zeit finden sich im Südosten des Berges – Reste eines Tempels und imposante Bauten einer ehemaligen Akropolis aus dem 4. vorchristlichen Jahrhundert. Die Steinblöcke – manche haben eine Länge von fast drei Metern – bilden Mauern von gigantischer Höhe. Die Italiener nennen sie Mura Ciclopiche.

Doch vor allem haben Namen der antiken Literatur das Vorgebirge bekannt gemacht: Odysseus, der zehn Jahre lang auf Irrfahrten durchs Mittelmeer kreuzte, und Circe, die gefährliche Zauberin. Nach ihr – so sagen einige –

wurde das Gebirge Monte Circeo genannt. Davon abgeleitet heißt die Stadt an der Ostküste San Felice Circeo. Schließlich trägt auch das Hotel, in dem wir wohnen, den Namen der Zauberin.

Das Hotel ist von hundertjährigen Palmen umgeben. Stolz ist man auf die Muscheltier- und Langustenform. Von den Balkons der Zimmer blickt man auf den neugebauten Hafen, in dem mehr als hundert Segel- und Motorboote vertäut liegen. Die meisten Hotelbesucher kommen aus Rom und Neapel, um zu segeln, Wasserski zu laufen oder auf Unterwasserjagd zu gehen. Einige haben andere Interessen. Sie haben die »Ilias« und die »Odyssee« im Gepäck, auch die »Aeneis« von Virgil sowie Sekundärliteratur.

In diesen Unterlagen wird unter anderem die Frage aufgeworfen, ob der Name des Berges einen anderen Hintergrund hat als jenen der Circe. Ursprünglich, so wird argumentiert, habe sich der Begriff auf das etwas runde Aussehen des Vorgebirges bezogen – griechisch »kirkos«, lateinisch »circus«, italienisch »circolo« – woraus schließlich »circeo« geworden sei. Wortprägend als erste seien die Griechen gewesen, die früh hier die See befuhren und seit dem 8. Jahrhundert v.Chr. an der Küste Siedlungen anlegten wie Cumae, Neapel und Paestum.

Der Monte Circeo war früher eine Insel

Für griechische Seeleute ist das Bergmassiv von erheblicher Bedeutung gewesen. Wegen der unverkennbaren Form und der bedeutenden Höhe war es eine Richtmarke. Auch für Reisende zu Land ist das Vorgebirge ein augenfälliges Phänomen gewesen, da die Umgebung des Berges nach Norden flach ist und der Monte Circeo sich beherrschend gegen den Horizont abhebt.

Den Seefahrern erschien das Gebirge im übrigen wegen der eigentümlichen Geländeform als Insel, und in früheren Zeiten ist es tatsächlich eine Insel gewesen. Jedenfalls berichten der griechische Philosoph und Naturforscher Theophrastos (371 bis 287) davon wie auch der römische Schriftsteller Terentius Varro (116 bis 27). Schließlich meint der griechische Geograph und Geschichtsschreiber Strabon (um 63 v. bis 28 n. Chr.), der viele Reisen durchs Mittelmeer unternommen und siebzehn geographische Bücher verfaßt hat: »Die Insel der Circe liegt zwischen dem Sumpfland und dem Meer und ist wirklich eine Insel.«

Noch heute sind Spuren einer Niveauverschiebung im Gebiet zwischen Rom und Paestum erkennbar. So in Baia, dem berühmten Seebad der römischen Zeit, westlich von Neapel. Noch deutlichere Hinweise für Niveauverschiebungen gibt es in Pozzuoli, einige Kilometer von Baia entfernt. Hier sind drei alte Säulen in einer Höhe bis zu sechs Metern von im Meer lebenden Bohrmuscheln angenagt. Sie bezeugen einen Auf- und Abstieg der Küste von nicht unbeträchtlichem Ausmaß, der genügte, um den Monte Circeo zur Insel werden zu lassen.

Auch bei Homer, der die Abenteuer des Odysseus mit der

Zauberin breit ausmalt, wohnt die Circe auf einer Insel, Aiaia genannt. So heißt es denn im 10. Gesang seiner »Odyssee«:

Und wir kamen zur Insel Aiaia. Circe wohnt hier.
(135–136)

Manches spricht dafür, daß mit Aiaia der Monte Circeo gemeint ist, zumal die Griechen für im Epos genannte Plätze gern eine präzise Vorstellung haben wollten. Der Pädagoge Hans von Geisau schreibt: »Schon im Altertum gab es Gelehrte, die möglichst für jeden in der Odyssee geschilderten Schauplatz der Abenteuer das Urbild in der Wirklichkeit zu finden oder für die gesamten Irrfahrten einen geographischen Raum festzulegen suchten.«

Am Ufer des Landes der Circe vorbei

Einen indirekten Hinweis für die Lage von Circes Insel gibt Vergil in seinem Epos. Hier heißt es, Äneas gelangte nach Gaieta, dem heutigen Gaeta, etwa fünfzig Kilometer südöstlich des Monte Circeo. Bei der Weiterfahrt wird ein Schiff nicht die Bucht von Terracina ausfahren, sondern hart westlichen Kurs halten. Dann kommen die Seefahrer direkt am Land der Circe vorbei. Vergil schreibt:

Äneas verließ den Hafen und hißte die Segel zur Seefahrt.
Nächstens wehten ihm freundlich die Winde. Der Schimmer des Mondes

*wies die Richtung. Ein flimmerndes Licht erhellte die
   Fläche.
Nahe streiften sie hin am Ufer des Landes der Circe,
wo prachtvoll die Tochter des Sol verwunschene Haine
ständig mit ihrem Gesang erfüllt und zur Nachtbeleuch-
   tung
duftendes Zedernholz in herrlichen Räumen entzündet
   ist.* (7, 7–13)

Einige Schriftsteller warteten mit präzisen Angaben von der Insel auf. Marcus Tullius Cicero, der römische Politiker, Redner und Schriftsteller (106 bis 43), berichtet davon, daß es auf dem Monte Circeo einen Tempel der Circe gegeben habe, womit wahrscheinlich die Steinreste auf der Berghöhe gemeint waren. Der lateinische Schriftsteller Gaius Plinius der Ältere (23 bis 79) erwähnt eine Trinkschale des Odysseus auf der Insel sowie das Grab Elpenors, eines Gefährten von Odysseus, der hier nach der Schilderung im Epos umgekommen ist.
Es gab auch andere Beobachter, wie etwa den griechischen Historiker Thukydides, den Ahnherrn der kritischen Geschichtsschreibung, der schon im 5. Jahrhundert v.Chr. jeden Mythos als Greuel bezeichnete. Dazu gehörte auch die »Odyssee«, obwohl sie doch im wesentlichen eine mediterrane Sage ist, der unter anderem phönizische Legenden zugrunde liegen. Darum sagt Ludwig Radermacher, der sich intensiv mit den Mythen und Sagen der Griechen befaßt hat, zu Recht: »Wer sich um homerische Geographie bemüht, sollte doch immer festhalten, daß Homer kein Geograph, sondern ein Dichter ist.«
Drastischer äußert sich der österreichische Homerforscher Albin Lesky zum selben Thema, wenn er schreibt: »...daß wir alle Versuche, die Stationen der Odysseusfahrt zu loka-

Steil fällt der über fünfhundert Meter hohe Monte Circeo ins Meer ab

lisieren, für völlig nichtig halten.« Oder wenn er erklärt: »Es wäre an der Zeit ... die Irrfahrten des Odysseus wieder in jenen Bereich zu setzen, in den sie gehören: in das Land der Märchen und der wunderbaren Abenteuer.« So kann es bei Reisen auf den Spuren der »Odyssee« im wesentlichen nur um Hintergründiges im Sinn der Sage gehen. Bei anderen Epen oder Sagen schimmert dagegen manchmal ein gewisses reales Geschehen durch, obwohl die Frage der Geschichtlichkeit stets ein nicht einfaches Problem geblieben ist.

Odysseus, so wird im Epos berichtet, läuft mit seinem Schiff die mittelmeerische Insel an und geht an Land. Am dritten Tag nimmt er Lanze und Schwert und besteigt den Berg. Von der Höhe des schroffen Felsens hat er einen weiten Blick. Da läuft ihm ein Hirsch über den Weg. Odysseus erlegt ihn und bringt die Beute seinen Genossen, die ein gutes Mahl zubereiten. Der König von Ithaka berichtet indessen den Freunden:

> *Ich überblickte von der Höhe des zackichten Felsens*
> *die Insel, die vom unendlichen Meer umgürtet wird.*
> *Nahe liegt sie am Land, und in der Mitte der Insel*
> *sah ich Rauch, der hinter dem Gebüsch emporstieg.*
> (10, 194–197)

Bergwölfe und »mähnichte« Löwen

Odysseus teilt seine Gefolgschaft in zwei Gruppen. Die Führung der einen übernimmt er selbst, die Führung der anderen Eurylochos. Während Odysseus mit seinen Leuten zurückbleibt, macht sich Eurylochos mit seinen Männern auf den Weg zur Circe. Sie finden das Haus »aus gehauenen Steinen«, das umlagert ist von Bergwölfen und »mähnichten« Löwen. Mit wedelndem Schwanz schmiegen sich die Tiere an die Männer.
Circe erscheint und lädt die Leute ins Haus ein. Alle folgen bis auf Eurylochos, der Schlimmes vermutet.

Und sie setzte die Männer auf prächtige Sessel und Throne,
mengte geriebenen Käse mit Mehl und gelblichem Honig
unter pramnischen Wein und mischte betörende Säfte
in das Gericht, damit sie der Heimat gänzlich vergäßen.
Als sie das Essen empfangen und ausgeleert, da rührte
Circe sie mit der Rute und sperrte sie dann in den Kofen.
Denn sie hatten von Schweinen die Köpfe, Stimmen und Leiber,
auch die Borsten; allein der Verstand war ihnen geblieben. (10, 233–244)

Eurylochos, der der Verzauberung mit Entsetzen gefolgt war, eilt zurück zu Odysseus und berichtet ihm von dem Geschehen. Dieser, entschlossen, den Freunden zu helfen, macht sich allein auf den Weg zur Circe. Als er sich ihrem Palast nähert, begegnet ihm Gott Hermes und fragt nach seinem Weg. Als Odysseus antwortet, er wolle zur Circe, sagt Hermes, die Zauberin werde ihn in ein Tier verwandeln wie zuvor seine Gefährten. »Aber«, so spricht der Gott weiter, »ich will dich vor dem Unheil bewahren.« Er gibt Odysseus Ratschläge und überreicht ihm eine Pflanze, die er zuvor am Boden gepflückt hat. Ihre Wurzeln sind schwarz, die Blüten milchig-weiß. Menschen können die Pflanze nicht pflücken, nur ein Gott ist dazu in der Lage.

Das Zauberkraut Moly

Moly, so heißt das Zauberkraut, ist ein Gegengift, das im Altertum verschiedentlich erwähnt wird. Dioskurides, Theophrastus, Plinius der Ältere und andere haben die Pflanze als ein Zwiebelgewächs beschrieben. Botaniker des 16. und 17. Jahrhunderts meinten, es sei eine Art Lauch. Der schwedische Naturforscher Carl von Linné (1707 bis 1778) baute das Kraut in sein System der Pflanzen mit dem Namen »Allium moly« ein. In neuerer Zeit wurde die Staude in einem Nachtschattengewächs oder in der Schwarzen Nieswurz erkannt. Doch Moly ist wohl nichts anderes als eine mythologische Erfindung.
Odysseus begibt sich mit dem Zauberkraut zum Haus der Circe, die ihn aufnimmt wie seine Genossen zuvor und ihm ebenfalls einen vergifteten Saft zubereitet. Er trinkt ihn, ohne daß er ihm schadet. Auch die Berührung mit der magischen Rute verzaubert ihn nicht. Dann greift Odysseus zur Waffe und droht der Circe, sie umzubringen. Nun weiß die Zauberin, daß kein gewöhnlicher Mensch vor ihr steht, sondern der Troja-Kämpfer, der listenreiche Odysseus. Sie schwört, nichts Arglistiges mehr zu planen:

Sie ging, in der Hand die magische Rute,
aus dem Gemach, öffnete schnell die Tür des Kofens
und trieb jene heraus, in Gestalt neunjähriger Eber.
Alle stellten sich vor die mächtige Circe, und diese
ging umher und bestrich jedweden mit dem heilenden Saft.
Siehe, da sanken von den Gliedern die scheußlichen Borsten
jenes vergifteten Tranks, den ihnen die Zauberin eingegeben hatte.
Männer wurden sie schnell und jüngere Männer als zuvor. (10, 388–395)

Hat die in der Odyssee geschilderte Verwandlung der Gefährten des Odysseus in wilde Tiere einen lokalen Bezug? Das ist nicht auszuschließen. Denn etwa fünfzehn Kilometer östlich des Berges gab es einen der ältesten Tempel Italiens, der der Quellgottheit Feronia gewidmet war, der Göttin des Ackerbaus und der Heilkunst, deren Name von dem lateinischen Wort »fera« (wildes Tier) abgeleitet wird. Es ist möglich, daß in diesem Tempel ein Gehege von wilden Tieren war, das zu Legenden Anlaß gab.

Die Grotte Maga Circe

Schließlich sei noch erwähnt, daß in der Odyssee von Höhlen auf der Insel der Circe die Rede ist. Odysseus sagt:

> *Laßt uns vor allem das Schiff ans trockne Gestade hinaufziehn*
> *und in den Höhlen die Güter und alle Geräte verwahren!* (10, 403–404)

Nun gibt es am Monte Circeo zahlreiche, durch Verkarstung entstandene Höhlen. Sie liegen meist im Süden, dort, wo der Fels steil ins Meer abbricht. Der Wissenschaftler Alberto Carlo Blanc hat seit 1936 die Grotten untersucht und mehr als dreißig registriert. Er hat die Höhlen vorgeschichtlichen Kulturen zugerechnet und eine Grotte nach dem bekannten französischen Wissenschaftler Henri Breuil benannt (1877–1961), der zahlreiche Höhlen mit vorgeschichtlichen Felsbildern erforschte und das systematische Studium der vorgeschichtlichen Kunst begründet hat. Andere Höhlen heißen Grotta Azzurra, Grotta delle Capre, Grotta Fosselone oder Grotta Elena. Eine Höhle wurde nach Odysseus benannt, eine andere heißt Grotta Maga Circe.
Nun hat selbst nach der Odyssee die Zauberin nicht in einer Höhle gewohnt, sondern in einem Palast. Aber der Bootsfahrer, der uns zur Grotte bringt – man kann die Höhle nur mit einem Boot erreichen –, sagt ganz unverblümt (und er scheint es zu glauben): »Hier hat die Zauberin Circe gewohnt!«

Gefährliche Reise in die Unterwelt

Ein Jahr bringt Odysseus bei der Circe zu. Schließlich mahnen die Gefährten zum Aufbruch. Die Zauberin hat nichts einzuwenden, doch sie erteilt den Auftrag, erst ins Land der Schatten zu fahren, ins Reich der Göttin Persephone und des Gottes Pluto, um dort den blinden Propheten Teiresias zu befragen. So besteigen Odysseus und seine Männer wieder das Schiff und segeln davon. Sie erreichen das Land der Kimmerer. »Diese tappen beständig im Nebel, niemals strahlt hier die Sonne. Eine schreckliche Nacht umhüllt die Menschen.« – Osdysseus und seine Männer haben die Unterwelt erreicht.

Gemäß dem Auftrag der Circe gräbt Odysseus mit seinem Schwert eine Grube von einer Elle im Geviert, gießt Honig und Milch hinein, süßen Wein sowie Wasser, mit Mehl bestreut. Dann opfert er einen Widder und ein Schaf. Er durchschneidet die Gurgel, so daß das Blut in die Grube fließt. Währenddessen kommen die Schatten der Toten, begierig, das Blut zu trinken. Doch Odysseus läßt die Seelen der Verstorbenen sich nicht der Grube nähern, bevor Teiresias erscheint. Als dieser gekommen ist, wendet er sich an Odysseus und sagt:

> *Warum verließest du das Licht der Sonne, du Armer,*
> *und kamst hierher, die Toten zu schauen und den Ort des*
>   *Entsetzens?*
> *Weiche zurück und wende das Schwert von der Grube,*
> *damit ich das Blut trinke und dir dein Schicksal verkünde.*
> (11, 93–96)

Der Seher prophezeit Odysseus eine schwierige, gefährliche Zukunft, dennoch werde er wieder in seine Heimat zurückkehren.
Nach dieser Weissagung naht sich die Mutter des Odysseus. Auch sie trinkt vom Blut und sagt:

> *Lieber Sohn, wie kamst du herab ins nächtliche Dunkel,*
> *da du doch lebst? Denn schwer wird Lebenden, dies zu*
>   *schauen.*
> *Große Ströme fließen, und furchtbare Fluten dazwischen,*
> *und vor allem der Strom des Ozeans, den zu Fuß*
> *niemand durchwandert, es sei denn, er käme mit rüsti-*
>   *gem Schiff.* (11, 155–159)

Odysseus will sich der Mutter nähern und sie umarmen. Dreimal versucht er es, dreimal löst sie sich im Wesenlosen auf. Die Mutter sagt:

> *... dies ist das Los der Menschen, wenn sie gestorben.*
> *Die große Gewalt der brennenden Flamme verzehrt*
> *alles, sobald der Geist die weißen Gebeine verlassen.*
> *Und die Seele entflieht wie ein Traum zu den Schatten der*
>   *Tiefe.* (11, 218ff.)

Die Mutter entschwindet, andere Seelen erscheinen und drängen sich um die Opfergrube oder wandern über die Asphodeloswiese, von der antike Schriftsteller oft als einem Platz der Geister der Verstorbenen berichten (die Griechen haben früher die Asphodelospflanze, ein Liliengewächs mit weißer oder gelber Blüte, auf die Gräber gesetzt).

Eine der zahlreichen Höhlen am Monte Circeo heißt »Grotta Maga Circe«

Die großen Büßer der Unterwelt

Odysseus erkennt im Schattenreiche Tantalos, den Sohn des Zeus, der die Götter täuschte, um ihre Allwissenheit zu prüfen, als er ihnen seinen geschlachteten Sohn vorsetzte. Er wurde in die Unterwelt verbannt und leidet dort ewigen Durst und Hunger. Er steht in einem Teich, dessen Wasser ihm bis zum Kinn reicht; doch wenn er trinken will, schwindet das Wasser. Über ihm hängen Zweige mit Birnen und Äpfeln, Feigen und Oliven; aber wenn er nach ihnen greift, weichen die Früchte zurück.

Odysseus sieht Sisyphos, der wegen seiner Verschlagenheit einen Felsblock einen Berg hinaufwälzen muß. Doch kurz vor dem Gipfel rollt der schwarze Marmor mit Donnergepolter zurück, und das grausame Spiel beginnt von neuem. Noch einen dritten Büßer bemerkt er, Tityos, der sich an Leto, der Gefährtin des Zeus, vergriffen hatte. Zur Strafe fressen in der Unterwelt zwei Geier seine Leber, die immer nachwächst.

Odysseus erkennt Herkules, die Verkörperung unwiderstehlicher Kraft, wie auch dessen Mutter Alkmene. Er bemerkt Epikaste, Mutter des Ödipus, und Minos, den Herrscher von Knossos, mit seiner Tochter Ariadne. Agamemnon begegnet ihm, König von Mykene, der das griechische Heer nach Troja führte und nach seiner Heimkehr ermordet wurde, sowie seinen Sohn Atreus. Achill fehlt nicht im Reigen der Schatten, der tapferste der griechischen Kämpfer vor Troja, und sein Freund Patroklos, der von Hektor getötet wurde. Odysseus sagt:

*... es sammelten sich unzählige Scharen von Geistern
mit grauenvollem Getöse. Bleiches Entsetzen ergriff
   mich.
Ich fürchtete, es sende mir jetzt die strenge Persephoneia
tief aus der Nacht die Schreckgestalt des gorgonischen
   Unholds.
Eilends floh ich von dannen zum Schiff und befahl den
   Gefährten,
schnell ins Boot zu steigen und die Seile vom Ufer zu lösen.
Sie stiegen hinein und setzten sich auf die Bänke.
Also durchschifften wir die Flut des Ozeans.*
(12, 632–639)

Mit dem gorgonischen Unhold war ein Ungeheuer mit Schlangenhaaren und bleckender Zunge gemeint.
Der Ozean, der Okeanos, trennt nach alter Auffassung die Welt der Lebenden von der Welt der Toten. Hinter dem Okeanos liegt das Reich der Schatten. Das war eine der ältesten antiken Vorstellungen. Es gab auch Zugänge. Nach griechischem Mythos lagen sie am Vorgebirge Tainaron oder bei Hermione im Peloponnes, bei Herakleia am Schwarzen Meer oder beim Nekromanteion in Nordwestgriechenland. Doch nur derjenige durfte die Unterwelt betreten, der einen »Totenpaß« vorweisen konnte, die »orphischen Goldblättchen«. Von diesen heißt es in der »Aeneis«:

*Der schattige Baum trägt einen besonderen Zweig.
Die Blätter der biegsamen Rute sind golden ...
Keinem ist es vergönnt, das Unterreich zu betreten,
der nicht vom Baum den Schößling aus goldenem Laube
   gepflückt.* (6, 136–137/140–141)

Nahe Cuma liegt der Averner See, ein ovaler, von steilen bewaldeten Felshängen umgebener Kratersee. In der Antike hieß es, hier sei der Eingang zur Unterwelt

Die Zugänge zur Unterwelt zeigen geographische Besonderheiten – die Weite des Meeres, Seen oder Quellen, zerklüftete Gebirge, die Umgebung von Höhlen, rote Erde und weiße Felsen oder Plätze, die durch Blitzschlag gekennzeichnet sind. Vulkanismus war ein besonderes Merkmal. Dort, wo das Erdinnere nach außen dringt, flüssige Gesteinsmassen explosionsartig hochgeschleudert werden und als glühende Lava die Berghänge hinabfließen, wo sich mächtige Krater bilden, wo Schwefelverbindungen, Wasserdämpfe, Kohlensäure und andere Gase, Schlammsprudel, Geiser und Thermen ein erregendes Naturschauspiel bilden, dort war der Boden für Mythen vom Jenseits vorbereitet. Hier konnte man sich die Zugänge zur Unterwelt vorstellen.

Das Phänomen des »kochenden Sandes«

Eine dieser Regionen sind die Phlegräischen Felder westlich von Neapel. Der Name kommt aus dem Griechischen und bedeutet »Brennende Erde«. Vierzig Krater werden hier gezählt. Die Hitze läßt keine Vegetation zu. Große Schlammvulkane kochen in steter Folge. An der Bocca Grande erreicht der Dampf 160 Grad. Dabei kommt es zum Phänomen des »kochenden Sandes«: Die feinen Sandkörnchen werden durch den heißen Luftstrom heftig bewegt, und es scheint, als handele es sich um eine kochende Flüssigkeit. Nähert man sich der Bocca mit einem brennenden Holzspan, hat man den Eindruck, der Dampf verstärke sich wie durch Magie: Der »kochende Sand«

wird zu einer dichten Nebelwolke, die den Besucher einhüllt. Die Dämpfe und Gase werden durch Kondensation sichtbar und kühlen sich in Wolken ab. Kein Wunder, daß die Kimmerer, von denen Odysseus berichtet, in der Unterwelt ständig im Nebel umhertappten. Aber nicht nur in der Antike schien den Menschen diese Landschaft unheimlich, auch in späteren Zeiten. Im 16. Jahrhundert schrieb Giulio Cesare Capaccio, die Phlegräischen Felder seien das Tor zur Hölle. Zwei Felsenhöhlen mit großer Wasserdampfentfaltung heißen Purgatorio und Inferno.
Westlich der Phlegräischen Felder ist der Averner See, 65 Meter tief, ein ehemaliger Krater, eingekesselt von steilen Wänden. Hohes Schilf, Pinien und Maulbeerbäume umranden das Wasser. Früher gab es hier heiße Schwefelquellen, die während der römischen Kaiserzeit genutzt wurden. So entstanden am Ostufer des Sees Thermalanlagen, deren Ruinen später Apollo-Tempel genannt wurden.

Ein unbegreiflicher Zauber

Heute ist der Averner See reich an Fischen; oft springen sie aus dem Wasser. Die Möwen achten darauf, um eine nahrhafte Beute zu erhaschen. Früher war es anders, denn Kohlenoxydausbrüche vergifteten die Seeoberfläche. Der lateinische Dichter Titus Lucretius (97 bis 55) hat in seinem Buch »De rerum natura« darüber berichtet. Er schildert, wie ein »unbegreiflicher Zauber die Vögel plötzlich in die dunklen Fluten des Sees stürzen ließ«. Auch Vergil war dies bekannt. Er schreibt in der »Aeneis«:

*Und sie gelangten zum schwer verpesteten Schlund des
Avernus...
Eine Höhle war da, tiefgähnend mit riesigem Schlund.
Schroff, von dem düsteren See und dem Dunkel der Wäl-
der behütet.
Nie vermochte ein Vogel mit seinen Schwingen ungestraft
darüber zu fliegen; ein großer Brodem aus schwarzem
Rachen quoll empor und drang zum Himmelsge-
wölbe.* (6, 201–237ff.)

Vergil schildert den Weg des Äneas ins Reich des Hades zum Fluß Acheron und zum Fährmann Charon. Äneas sieht den Fluß Kokytos und auch den Styx, »bei dem Eide zu brechen, die Götter sich scheuen«. In diesem Reich der Schatten, der schläfernden Nacht und der Träume trifft er den Höllenhund Zerberus. Aus drei Schlünden durchdröhnt sein Gebell die Unterwelt, an seinem Nacken sträuben sich giftige Nattern. Äneas gelangt zum schicksalhaften Scheideweg. Hier führt eine Straße zu Pluto, dem Herrn der Unterwelt, dessen Reich mit dreifacher Mauer umgürtet ist, hinter der ein reißender Strom schäumender Flammen fließt, die Höllenglut. Der andere Weg führt nach Elysium, dem Gefilde der Helden und Seligen.
Er begegnet der Hydra mit ihren fünfzig mächtigen Schlünden, während sich in der Tiefe das Geschlecht der Titanen wälzt. Schließlich trifft er seinen Vater Anchises.
So wie Odysseus in der Unterwelt dreimal versuchte, seine Mutter an sich zu ziehen, so möchte Äneas seinen Vater umarmen:

Ständig bilden sich Nebel und Wolken über den Phlegräischen Feldern. Vor allem von dem in der Nähe liegenden Averner See wurde in der Antike ein Zugang zur Unterwelt vermutet

Reste des sogenannten Serapis-Tempels, einer ehemaligen Markthalle, in Pozzuoli. Drei der Säulen wurden in einer Höhe bis zu sechs Metern von im Meer lebenden Bohrmuscheln angenagt, eindeutiges Zeichen dafür, daß hier beträchtliche Niveauverschiebungen stattgefunden haben. Daraus kann auch geschlossen werden, daß der nordwestlich von Pozzuoli gelegene Monte Circeo früher eine Insel gewesen ist

> *Dreimal bemühte er sich, die Arme um seinen Nacken zu schlingen.*
> *Dreimal entglitt das Bild, vergeblich ergriffen, den Händen,*
> *luftigen Winden war es vergleichbar und einem flüchtigen Traum.* (6, 700–703)

Aber es kommt zu einem Gespräch mit seinem Vater. Dabei schildert Anchises dem Sohn Werden und Vergehen der Geschlechter und auch die Wiedergeburt. Er umreißt das Wesen der Welt, das durch den Geist bestimmt wird. In einer Heldenschau zeichnet er schließlich die Vergangenheit und Zukunft Roms und sagt:

> *... solches ist deine Berufung:*
> *Völkern mit Macht zu gebieten und friedliche Ordnung zu stiften,*
> *Unterworfene zu schonen und niederzuringen die Frechen.* (6, 851–853)

Es ist der Auftrag, ein mächtiges Reich zu gründen, es ist die Botschaft von der Weltherrschaft, die auch Jupiter, oberster Staatsgott, den Römern verkündet hat, wie es in der »Aeneis« heißt:

> *Keine Grenzen in Zeiten und Räumen setzte ich diesen.*
> *Herrschaft ohne Ende verleihe ich ihnen.*
> (1, 278–279)

Doch selbst höchste Götter – Jupiter war ja der mächtigste von ihnen – können irren, wie es die Geschichte des Römischen Reiches – wenn auch spät – bewiesen hat.

Bei der Prophetin von Cumae

Sibylle

»Wird der Menschenverstand erst einmal aus dem Gleichgewicht gebracht, ist er bereit, alles zu glauben.«

Tacitus

Der Flüchtling aus Troja, Äneas, hat den Weg durch die Unterwelt, wie Vergil in seinem Epos schildert, nicht allein unternommen. Er wurde von der Sibylle, der großen Prophetin, begleitet. Äneas hatte sie in Cumae, dem heutigen Cuma, getroffen, westlich des Averner Sees, der nach antiker Auffassung einer der Zugänge zur Unterwelt gewesen ist.
Äneas war in Cumae auf die Berghöhe gestiegen. Seitab lag, wie es in der »Aeneis« heißt,

...*der grausen Sibylle geheime Riesengrotte.* (6, 10–11)

Äneas und die Prophetin gelangten bald zum Eingang der Höhle. Da verwandelte sich die Seherin:

...*anders wurde ihr Antlitz, anders die Farbe.*
Und es sträubte sich das Haar, es keuchte der Atem.
Wahnsinn schwellte die Brust, sie schien zu wachsen, und menschlich
tönte die Stimme nicht mehr, als der Hauch der nahen Gottheit
sie berührte. (6, 47–51)

Die Höhle der Sibylle bei Cuma westlich Neapel, eines der am meisten verehrten Heiligtümer des antiken Italien. Hier verkündete die Sibylle ihre Orakel. Ein rund 130 Meter langer Gang, der durch fünf große Spalten beleuchtet wird, führt zum Prophezeiungsort

Die Sibylle forderte Äneas auf zu beten, sonst würden sich die großen Tore des Berges nicht öffnen. Da rief Äneas Apoll an, den Gott der Sibylle, und bat, daß ihn der Unstern Troja nicht weiter verfolge und daß sich die Flüchtlinge in Latium ansiedeln könnten. Zum Dank dafür wollte er einen marmornen Tempel stiften und Phoebus-(Apollo-)Feiern begründen. Der Sibylle werde er einen großen Kultsitz einräumen und ihr Orakel dort aufbewahren.

Als Äneas und die Sibylle nun die Grotte betreten:

> *rast die Sibylle wild, um den großen Gott von der Brust zu schütteln. Er quält ihre schäumenden Lippen heftiger...*
> *Und schon gehen von selbst hundert gewaltige Pforten des*
> *Hauses auf, nach draußen gelangen die Worte der Seherin:*
> *»Endlich bist du [Äneas] entronnen den großen Gefahren des Meeres,*
> *größere harren zu Lande... Weiche dem Unglück nicht, nur kühner geh ihm entgegen auf dem beschiedenen Weg.«* (6, 78–81)

Die Griechen in Italien

Cumae ist ursprünglich griechisch gewesen und hieß Kyme. Es war die älteste griechische Siedlung auf dem italischen Festland; von hier wurde später Neapel (Neapolis

Sibylle

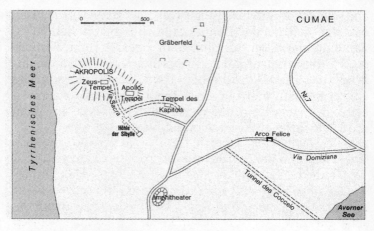

Zwischen Tyrrhenischem Meer und Averner See spielt die Sage der Sibylle

= Neustadt) gegründet. Manche großartige Bauten aus der griechischen Zeit sind noch in Süditalien teilweise erhalten: Die Tempel von Paestum, die dorischen Tempel von Selinunt auf Sizilien oder die Tempel von Agrigent (ehemals Akragas genannt). Hier stand einer der größten Tempel der Antike, der des olympischen Zeus, sowie der Concordia-Tempel, eines der besterhaltenen Heiligtümer griechischer Welt.
Die Kolonisation hatte militärische, wirtschaftliche und kulturelle Aspekte. Erde wurde aus der Heimat mitgenommen und im neuen Siedlungsgebiet auf dem Boden verstreut. Das heilige Feuer wurde in die Kolonien gebracht, und die Götterwelt gelangte nach Italien.
So kam auch die Sibylle nach Cumae. Vorbild war eine andere Prophetin, Herophile, die Sibylle von Eretria auf Eu-

böa, der dem Festland östlich vorgelagerten großen Insel. Aus der Zeit der Herophile, die den Trojanischen Krieg vorhergesagt haben soll, hat man Überreste einer Quellgrotte in Eretria gefunden. Wahrscheinlich ist aber das Sibyllentum – im Altertum hat es etwa zwölf weissagende Frauen von mehr oder minder großem Einfluß gegeben – nicht ursprünglich in Griechenland heimisch gewesen, sondern aus dem Orient nach Hellas gelangt.

Die Sibyllen fühlten sich wie alle Propheten von einer höheren Macht bedrängt. Sie sprachen Ahnungen von meist unerfreulichen kommenden Ereignissen aus. Das gilt besonders für die griechische Seherin Kassandra, die nur drohendes Unheil vorhergesagt hat, deren Orakelsprüche aber von niemandem geglaubt wurden. Ihr legte Friedrich von Schiller die Worte in den Mund, die Kassandra an Apollo richtet:

Schrecklich ist es, deiner Wahrheit sterbliches Gefäß zu sein.

Die Sibyllen sprachen im Zustand der Ekstase

Wenn die Sibyllen weissagten, waren sie von einer inneren Glut erfüllt. Die Gottheit hatte von ihnen Besitz ergriffen und trieb sie zu immer neuen Verkündigungen. Die Sibyllen sprachen im Zustand der Verzückung, des Entrücktseins, der Ekstase. Herakleitos von Ephesos (550 bis 480) schrieb: »Mit rasendem Mund kündet die Seherin unerfreuliche Dinge, bei denen einem das Lachen vergeht.«

Die Sibylle von Cumae trug weiße Kleidung, um den Kräften der Dunkelheit zu entgehen. Wolle und Leder fehlten, da diese von Tieropfern stammten. Die Seherin verkündete ihre Botschaft mit nackten Füßen, um eine direkte Berührung mit den chthonischen Kräften (Erdkräften) zu haben. An der Kleidung und im Haar durfte kein Knoten sein, weil dieser die magische Ausstrahlung verhindert hätte.

Die Sibyllen waren übermenschlich, aber nicht unsterblich. Mal handelte es sich um ein junges Mädchen, dann um eine hochbetagte Frau. Als solche malte Michelangelo die Sibylle von Cumae in der Sixtinischen Kapelle von Rom. In einer Inschrift aus Eretria heißt es, die Prophetin sei neunhundert Jahre alt, und der römische Dichter Publius Ovid (43 v. bis 17 n. Chr.) sagt, die Sibylle sei tausend Jahre alt gewesen.

Von der cumäischen Sibylle gibt es viele Sagen. Apollo sei, so erzählt Ovid, in die Seherin verliebt gewesen und habe ihr so viele Lebensjahre zugesichert, wie eine Handvoll Sand Körner habe. Dionysius von Halikarnassos, ein griechischer Rhetor, der im Jahr 30 v. Chr. nach Rom kam, erzählt eine längere Geschichte von der Sibylle. Sie sei eines Tages vor dem König Tarquinius Superbus erschienen und habe ihre Orakelsprüche, die auf Palmblättern geschrieben und in neun Büchern zusammengefaßt waren, zu einem ungewöhnlich hohen Preis angeboten. Tarquinius lehnte ab, woraufhin die Sibylle drei Bücher ins Feuer warf. Sie forderte dann den König auf, die verbliebenen Bücher zum gleichen Preis zu übernehmen. Der König weigerte sich. Da verbrannte die Prophetin nochmals drei Bücher und forderte für die letzten drei den anfänglichen Preis. Tarquinus wurde unschlüssig. Er berief die Auguren und fragte nach ihrer Meinung. Die Antwort lautete, der

König habe einen schweren Fehler begangen, als er beim ersten Angebot nicht alle neun Bücher gekauft habe. Sie rieten Tarquinius, die restlichen Bücher zu erwerben, was immer sie kosten sollten. »Nachdem die Frau ihm die Bücher mit der Mahnung, sie sorgfältig aufzubewahren, überreicht hatte, verschwand sie auf Nimmerwiedersehen.« Dieselbe Geschichte wird auch von anderen Autoren berichtet, nur mit dem Unterschied, daß der König einmal Tarquinius Priscus heißt und das andere Mal Tarquinius Superbus. Die Abweichung geht auf Namensgleichheit zurück. Fest steht, daß die Sibyllinischen Bücher über einen Herrscher etruskischer Herkunft nach Rom gelangt sind und nicht über die griechischen Städte Süditaliens.

Die Bücher wurden im Tempel des Jupiter aufbewahrt

Es hat tatsächlich eine Sammlung der Sibyllinischen Bücher – »libri Sibyllini«, »libri fatales« – in Rom gegeben, aber der genaue Inhalt, der auf eine oder mehrere Sibyllen zurückgeht, ist nicht bekannt. Sie wurden in Rom, wie Varro, der größte gelehrte Schriftsteller damaliger Zeit (116 bis 27 v. Chr.), berichtet, in einer steinernen Lade im Keller des kapitolinischen Jupiter-Tempels aufbewahrt. Die Sprüche waren in griechischer Sprache verfaßt. Zu Zeiten des Tarquinius wurden zwei Mänenr aus Griechenland geholt, die die in Hexametern abgefaßten Sprüche übersetzen mußten.

Die Libri galten als Geheimnis und wurden streng bewacht. Einer Kommission von zwei Männern waren die Bücher anvertraut. 369 v. Chr. wurde die Zahl auf zehn erhöht (Decemviri), später auf 15 (Quindecemviri).
Bei den Kommissionsmitgliedern handelte es sich um Priester des Apollo. Nur ihnen war es erlaubt – nach vorheriger Anfrage beim Senat –, Einsicht in die Bücher zu nehmen. Trotz der strengen Aufsicht bzw. unter der Kontrolle der Priester wurden verschiedentlich Passagen geändert und den politischen Notwendigkeiten angepaßt. Es wurden auch neue Sprüche hinzugefügt, aber als alt ausgegeben.
Bei Einsichtnahme in die Bücher erwartete man einen Hinweis darauf, wie man sich ungewöhnlichen Ereignissen gegenüber zu verhalten habe bzw. den Zorn der Götter besänftigen könne. Zur Abwendung drohender Gefahren wurden Opfer verschiedener Art veranstaltet. Es ging auch um Geldspenden, Bittfeste und Umzüge. Besonders bei Naturkatastrophen wurden die Bücher befragt, aber auch in Kriegszeiten, so während der Punischen Kriege im 3. bzw. 2. Jahrhundert v. Chr.

Neufassung der Orakelsprüche

Als im Jahr 83 v. Chr. der Jupiter-Tempel auf dem römischen Kapitol durch Brand vernichtet wurde, bedeutete dies das vorläufige Ende der Sibyllinischen Orakel. Doch da die Bücher in hohem Ansehen standen, wurde eine sofortige Neufassung verfügt. »Zu diesem Zweck schickte

man Gesandte mit dem Auftrag aus, in den wichtigsten Städten Griechenlands, wo sich Sibyllenorakel befanden, entsprechendes Material zu sammeln. So wurde in wenigen Jahren ein neuer Text fertiggestellt« (Lorenz und Stefania Quilici). Bei der Neufassung der Sprüche muß es Ungenauigkeiten und auch Versuche gegeben haben, falsche Aussagen einzuschmuggeln. Jedenfalls ließ Kaiser Augustus (63 v. bis 14 n. Chr.) eine große Zahl von Sprüchen verbrennen. Die für echt und staatspolitisch wichtig befundenen wurden in zwei vergoldeten Schränken im Apollo-Tempel auf dem Palatin aufbewahrt.
Die Libri haben noch weitere Jahrhunderte existiert. Als aber der romanisierte Vandale Stilicho zur Macht gelangte, schienen diesem die Orakel eine Gefahr für seine Herrschaft zu sein. So ließ er – dies dürfte in den ersten Jahren des 5. Jahrhunderts n. Chr. der Fall gewesen sein – die Bücher verbrennen.

An der alten Akropolis

Beim Besuch des heutigen Cuma sind wir oft über die Via Domiziana gefahren, die ihren Namen nach Kaiser Domitian (51 bis 96) erhielt. Noch sind Teile der ehemaligen Pflasterung erhalten. Die Straße verläuft vom Averner See nach Westen, steigt an und durchbricht den Monte Grillo mit einem von den Römern gebauten zwanzig Meter hohen Bogen. Von diesem Viadukt hat man einen guten Blick auf die Ebene und den sich vor dem Meereshintergrund abhebenden grünen Hügel von Cuma, jener alten

Akropolis, an deren Fuß die Griechen ihre erste Stadt erbaut hatten. Noch sind Reste der griechischen und auch der späteren römischen Befestigungsmauern erkennbar.
Ein Weg, aus großen alten Steinen gebaut, die Via Sacra, die Heilige Straße, führt aufwärts. An Resten alter Bauten vorbei erreicht man die untere Terrasse der Akropolis. Hier stand früher der Apollo-Tempel, der in der »Aeneis« erwähnt wird:

*Äneas stieg auf zur Kuppe,
wo Phoebus thront...* (6, 9–10)

Vom Tempel sind die Fundamente erhalten und zahlreiche Säulenstümpfe aus der römischen Kaiserzeit. Weiter führt die Via Sacra in vielen Windungen durch Weingärten auf die obere, achtzig Meter hoch gelegene Terrasse der Akropolis. Hier liegen noch die Ruinen des griechischen Zeustempels, der um die Mitte des 5. Jahrhunderts v. Chr. erbaut wurde. Rund tausend Jahre später entstand auf diesem Platz eine fünfschiffige christliche Basilika, von der ein rundes Taufbecken, zahlreiche in den Boden oder in die Wände eingelassene Gräber vorhanden sind sowie aus roten Ziegeln gemauerte große Bögen.
Doch wo ist die Grotte der Sibylle? Seit der Renaissance ist immer wieder versucht worden, sie zu entdecken. Verschiedene Örtlichkeiten wurden als Höhle der Sibylle bezeichnet, darunter eine Grotte am Averner See. Es waren Fehllokationen. Erst Grabungen in den zwanziger und dreißiger Jahren dieses Jahrhunderts haben zu klaren Ergebnissen geführt. 1932 wurde südöstlich der Akropolis der richtige Platz gefunden. Dies, so schreiben die oben genannten italienischen Wissenschaftler L. und S. Quilici, sei eines der eindeutigsten Beispiele für den Hintergrund

Sibylle

Sixtinische Kapelle in Rom. So sah Michealangelo die cumäische Sibylle

einer mythischen Erzählung, deren reale Gegebenheiten durch archäologische Funde bestätigt werden konnten.
Am Eingang zur alten Höhle ist heute eine Tafel, die sich in Latein auf die Verse 42–44 des 6. Buches der »Aeneis« bezieht:

EXCISVM EVBOICAE LATVS INGENS RVPIS IN ANTRVM QVO LATI DVCVNT ADITVS CENTVM OSTIA CENTVM VNDE RVVNT TOTIDEM VOCES RESPONSA SIBILLAE.

Ausgehöhlt ist der gewaltige Leib des euböischen Felsens. Hundert Schächte führen hinein, weit öffnen sich hundert, hundertfach brechen hervor die Stimmen als Antwort der Sibylle.

In das graugrüne Tuffgestein wurde im 5. Jahrhundert v. Chr. eine über 130 Meter lange, zweieinhalb Meter breite und fünf Meter hohe Galerie gehauen, die sich nach oben trapezförmig verjüngt. Sechs Öffnungen an der rechten Seite in regelmäßigen Abständen sowie Lichtschächte in der Decke erhellen den Gang, der trotzdem in ein mystisches Halbdunkel getaucht bleibt. Am Ende der Galerie, die an mykenische Bauten erinnert, erweitert sich der Gang zu einem querliegenden Raum mit Bogennischen, liegt ferner die Decke höher und wird zum Tonnengewölbe. Steinbänke ziehen sich an den Wänden lang. Eine der Nischen hat ein vorgelagertes Vestibül. Es ist die Höhle der Sibylle, »deren Stimme dann in den kleineren Gängen widerhallte«.
Die damaligen Besucher, die durch die Riesengrotte gegangen und anschließend durch die Priester ins Steingemach der Prophetin geleitet worden waren, befanden sich,

Von der Höhle der Sibylle in Cuma führt die Via Sacra zum Tempel des Apollo

wenn sie der Sibylle gegenübertraten, in hoher Erwartung und emotioneller Bereitschaft. In dieser geheimnisvollen Umgebung und bei den im Rausch vorgetragenen Worten der Seherin unterlagen sie der suggestiven Kraft der Sibylle.

Dieser Zauberin waren die orakelgläubigen Menschen verfallen.

Der Unhold von Sizilien

Polyphem

»Odysseus' Abenteuer mit Polyphem ist eine der großartigsten Geschichten der Weltliteratur.«

Ernle Bradford

Wo das Abenteuer des Odysseus mit dem einäugigen Riesen Polyphem stattgefunden haben mag, danach hat man verschiedentlich gefragt. Manche Orte wurden genannt. Der englische Schriftsteller und Reisende Samuel Butler hat 1897 in seinem Buch »The Authoress of the Odyssey« geschrieben, die Höhle, in der der Riese von Odysseus geblendet worden sei, habe im Nordwesten Siziliens gelegen, nördlich von Trapani. Dort gibt es auch eine Höhle, genannt »La Grotta di Polifemo«. Aber der Name geht wohl nur auf Butlers Veröffentlichung zurück. Ernle Bradford, ein passionierter englischer Segler, möchte die Polyphem-Sage ebenfalls in diese Region verlegen, obwohl, wie er schreibt, »es müßig ist, den genauen Punkt festlegen zu wollen«.
Es geht ja meist um »mythische Überhöhungen geographischer Gegebenheiten«, das heißt nicht um die Lokalisierung von Ereignissen, die wirklich stattgefunden haben, sondern um Orte, an die die Erzähler dachten, als sie von den Episoden berichteten. Der griechische Geograph Strabon (um 63 v. bis etwa 26 n. Chr.) schreibt: »Es ist schwierig, diese Orte heute zu finden.« Wenn dies aber schon vor

Die entscheidende Szene der Polyphem-Sage hält diese Skulptur fest, die in den Kunstsammlungen der Ruhruniversität Bochum zu sehen ist: Unterstützt von seinen Gefährten, stößt Odysseus den glühenden Pfahl in das Auge des schlafenden Riesen

zweitausend Jahren nicht einfach gewesen ist, um wieviel komplizierter ist es dann in unserer Zeit! Spuren, die es vielleicht einmal gegeben hat, sind verwischt, Orte, an die man früher gedacht hat, werden nur schemenhaft deutlich. Begibt man sich dennoch heute auf die Spuren einer magischen Welt, so ist dies nur im Sinn des Epos möglich, wobei man die Hoffnung, auch einmal etwas »authentisches Beiwerk« zu finden, nicht aufgeben sollte.
Der deutsche Odysseus-Experte Wrede schreibt dazu in »Pauly's Realencyclopädie«: »Man mag immerhin zugeben, daß Homer da und dort in seinen Schilderungen der Seefahrt an bestimmte Örtlichkeiten gedacht hat, von denen durch griechische oder phoenikische Seefahrer Kunde in seine Heimat gekommen war. Nur sollte man sich hüten, soviel Geographisch-Fachwissenschaftliches in den Dichter hineinzugeheimnissen... Und vor allem verdienen stärkstes Mißtrauen die vollständigen Reiserouten, die aufgrund der Reihenfolge der Odyssee-Erzählungen konstruiert werden. Hier geht es nirgends ohne (manchmal grobe) Willkürlichkeiten ab.«
Wir haben – um im Sinn der Dichtung eine Lokalisierung vorzunehmen – die »Aneis« befragt. Hier sagt im 3. Buch Äneas:

> *Und wir glitten, unkundig des Wegs, zum Strand der Zyklopen.*
> *Reglos, vor Winden geschützt, ist dort ein geräumiger Hafen.*
> *Aber nahe dröhnt der Ätna mit stürzenden Massen.*
> *Bald in den Äther schleudert er eine düstere Wolke,*
> *qualmend im Wirbel von Pech und glühender Asche;*
> *Feuerklumpen wirft er empor zu den Gestirnen.*
>   (569–574)

Polyphem

An diesem »Strand der Zyklopen« trifft Äneas einen zurückgebliebenen Gefährten des Odysseus, Achämenides. Dieser berichtet von dem grauenvollen Erlebnis mit Polyphem. Er zeigt Äneas den Weg nach Süden, entlang der Ostküste Siziliens. Auf dieser Route segelt Äneas, so berichtet das Epos, vorbei. Hier lag früher die griechische Stadt Megara Hyblaea, deren Blütezeit in das 6. Jahrhundert v. Chr. fällt (Ausgrabungen haben Tempel, Thermen und Verteidigungsanlagen aus dem 3. Jahrhundert v. Chr. erbracht). Mit den Angaben aus der »Aeneis« – nahe dem Ätna, nördlich Megara – kann man im Sinne der Dichtung eine Ortsbestimmung vornehmen. Man gelangt dabei in ein Gebiet nördlich Catania. Diese Region war, wie das Polyphem-Abenteuer verdeutlicht, gefährlich.

Gefährlich ist es hier noch heute. Nicht, daß man Reisen fürchten müßte, aber Straßenräuber verunsichern das Gebiet. Uns war dies vor unserer Reise bekannt. Wir haben darum keinen deutschen Wagen mit nach Süditalien genommen, sondern einen italienischen Kleinwagen gemietet. Die umfangreiche Kameraausrüstung steckte in Rucksäcken, die schwerer zu entwenden sind als Taschen. Dennoch gab es einen Zwischenfall. Drei Catanier auf zwei Motorrollern stoppten unser Auto, um es auszurauben. Unter heftiger Gegenwehr mißlang der Überfall.

In der Höhle des Riesen

Die Küste nördlich Catania heißt »Lido dei Ciclopi« (Zyklopenstrand) mit den Orten Aci Castello, Aci Trezza und Acireale. Aci Trezza vorgelagert liegen einige hohe Felsen im Meer, die vulkanischen Ursprungs sind. Diese »Faraglioni« (Klippen) heißen »Isole dei Ciclopi« (Zyklopeninseln) und erinnern an den Schluß des 9. Gesangs der »Odyssee«. Odysseus, der König von Ithaka, berichtet hier von der Flucht aus dem Land der Zyklopen, schildert, wie ihm der Riese einen mächtigen Fels nachwirft:

Aber er fiel jenseits des blaugeschnäbelten Schiffes
nieder. Wenig gefehlt, so hätte er das Steuer getroffen.
Hochauf wogte die See von dem Felsen, und plötzlich
packte voll Ungestüm der strudelnde Schwall des
   Wassers,
landwärts flutend, das Schiff und warf es zurück ans
   Ufer.
Aber ich griff mit den Händen eine mächtige Stange,
stieß das Schiff von Land und ermahnte meine Gefähr-
   ten,
eilig die Ruder zu bewegen, damit wir dem Verderben ent-
   rönnen. (482–489)

Da griff Polyphem, von Schmährufen des Odysseus aufs äußerste gereizt, einen anderen gewaltigen Stein:

... schwang ihn durch die Luft und warf ihn mit unge-
   heurer Kraft seewärts.
Doch der Fels ging diesseits des blaugeschnäbelten Schif-
fes nieder. (538–539)

Vorangegangen war diesen Erlebnissen die furchtbare Begegnung mit dem Riesen. Odysseus war mit zwölf Mann an Land gegangen, während die anderen Gefährten auf einer Insel zurückblieben. Der griechische König erkannte am Ufer bald die Behausung des Riesen, eine große, von Lorbeerbüschen überschattete Höhle. Ringsum war ein Gehege für Schafe und Ziegen. Die Reisenden betraten die Höhle, in der mächtige Käselaibe in Körben lagen sowie Eimer mit Milch standen, und warteten auf Polyphem:

> *Er kam mit seiner Viehherde. Er trug eine mächtige Ladung*
> *trockenes Holz, das er fürs Feuer gespalten hatte.*
> *Er warf es auf den Boden nieder: da krachte der Felsen.*
> *Wir erschraken und flohen in den äußersten Winkel.*
> *Er trieb in die Höhle die fetten Ziegen und Schafe*
> *zum Melken herein; die Widder und bärtigen Böcke*
> *ließ er draußen zurück, im hochummauerten Gehege.*
> *Dann griff er einen mächtigen, fürchterlich großen Felsen*
> *und setzte ihn vor den Eingang. Die Gespanne von zweiundzwanzig starken*
> *und vierrädrigen Wagen schleppten ihn nicht von der Stelle.* (233–242)

Der Riese melkte Ziegen und Schafe. Als er ein Feuer entzündete, konnten Odysseus und seine Gefährten ihn deutlich erkennen: Er hatte Beine, so stark wie tausendjährige Eichen, und Arme, kräftig genug, um mit Granitblöcken zu spielen. Als er der Fremden gewahr wurde, funkelte sein einziges Auge unter der Stirn böse zu den Eindringlingen hinüber – und dann rief er mit donnernder Stimme: »Wer seid ihr, und wo kommt ihr her?« Odysseus antwor-

tete: »Wir sind Griechen und kommen aus Troja. Wir bitten um Schutz. Zeus rächt jede Mißhandlung.«
Da lachte der Zyklop und sagte: »Was kümmern mich die Götter! Was gilt mir Zeus! Ich mache mit euch, was ich will!« Er packte zwei Griechen, zerriß sie und verzehrte sie wie ein Löwe. Dann trank er einen Eimer Milch und legte sich schlafen. Odysseus wollte ihm sein Schwert in den Leib stoßen. Doch dann, so überlegte er, wären sie in der Höhle eingeschlossen und es wäre ihnen unmöglich, den Fels vom Eingang zu wälzen. So unterblieb der Anschlag.

Die Keule des Polyphem

In der Frühe des nächsten Tages stand das Ungeheuer auf, melkte die Tiere und machte Feuer. Wieder fraß er zwei Griechen, trieb die Herde hinaus und verschloß die Höhle mit dem Stein.
Odysseus sann indessen darüber nach, wie sie sich aus der tödlichen Lage befreien könnten. Da erblickte er die riesige, aus grünem Olivenholz geschnittene Keule des Polyphem. Er ergriff sie, spitzte sie an einem Ende zu, härtete den Pfahl im Feuer und versteckte ihn.
Am Abend kam der Riese mit seiner Herde zurück und trieb sie in die Höhle. Dann schloß er den Eingang und fraß erneut zwei Griechen. Odysseus aber füllte einen Becher mit Wein aus dem vom Schiff mitgebrachten Schlauch und bot den Trank dem Riesen an. Dieser schlürfte den Wein mit Behagen und verlangte mehr. Er leerte noch dreimal den Becher, wurde redselig, sagte, er

heiße Polyphem, und fragte Odysseus nach dessen Namen. Der listige Ithaker sagte daraufhin, er heiße Niemand. Polyphem lachte und sicherte Odysseus als Gastgeschenk zu, ihn als letzten zu verspeisen. Dann stürzte er betrunken zu Boden und schlief ein. Jetzt holte Odysseus den Pfahl, machte die Spitze glühend – und stieß sie mit Unterstützung seiner Freunde ins Auge des Riesen.

> ... heißes Blut umquoll die eindringende Spitze.
> Alle Wimpern und Augenbrauen seines brennenden Auges
> versengte die Lohe; es prasselten brennend die Wurzeln...
> Also zischte das Auge um die feurige Spitze der Keule.
> Fürchterlich heulte der Riese. Davon erscholl ringsum die dumpfe Kluft. (11, 388–390, 394–395)

Polyphem schrie nach den anderen in der Nähe hausenden Zyklopen. Als sie herbeigeeilt kamen, fragten sie, welch Unheil ihn betroffen habe. Polyphem sagte: »Niemand bringt mich um! Niemand tut es mit Arglist!« Da sagten die Zyklopen: »Wenn niemand dir etwas zuleide tut, warum schreist du so fürchterlich?« und zogen sich wieder zurück.
Am Morgen rückte der Unhold den Stein beiseite und setzte sich an den Eingang der Höhle. Er tastete mit den Händen den Rücken der Tiere ab, die nach außen drängten. So wollte er feststellen, ob die Gefangenen sich hinausschleichen wollten. Doch Odysseus und seine Genossen banden immer drei Widder zusammen, und jeder klammerte sich am Bauch des mittleren Tieres fest. So entkamen sie dem wütenden Unhold.

Die Odyssee in Marmor

Es hat schon früh Darstellungen von der Blendung des Polyphem gegeben. Die älteste stammt aus dem 7. Jahrhundert v. Chr. und findet sich auf einer Amphora aus Eleusis, einer Ortschaft in Attika, etwa zwanzig Kilometer westlich von Athen gelegen. Die Abbildung zeigt den sitzenden, betrunkenen Riesen, den Weinbecher in der rechten, während er mit der linken Hand den glühenden Pfahl aus dem Auge reißt, mit dem Odysseus und seine Begleiter zugestoßen haben. Ein anderes Vasenbild zeigt der Krater (Mischkrug) des Aristonothos. Er wurde nahe Caere, einer ehemals etruskischen Stadt am Tyrrhenischen Meer, gefunden: Fünf archaisch anmutende Personen laufen hier mit dem Baumstamm auf den Riesen zu.
Stark zerstörte Skulpturen, die 1959 im westanatolischen Ephesos freigelegt wurden, ergaben in einem Rekonstruktionsversuch des Direktors des »Deutschen Archäologischen Instituts« in Rom, Professor Bernard Andreae, und des Bildhauers Heinrich Schroeteler eine Polyphem-Szene mit dem Riesen in der Mitte und Odysseus und seinen Freunden zu beiden Seiten. Die Gruppe war ursprünglich für den Giebel des Dionysos-Tempels vorgesehen, ist aber dort nie aufgestellt worden. Noch andere Darstellungen der Sage sind bekannt. Man fand sie beispielsweise im Nymphäum von Baia nahe Neapel, im Goldenen Haus des Nero in Rom und in den Villen des Domitian bei Castelgandolfo und des Hadrian bei Tivoli. Ferner ist ein 1773 freigelegtes Relief im »Museo Civico« in Catania zu sehen: Über dem auf einem Fels liegenden Polyphem steht Odysseus, neben ihm seine Begleiter. Die um 180 n. Chr. entstandene, später ausgebesserte und ergänzte Skulptur hat

wissenschaftlich zunächst wenig Beachtung gefunden. Sie gewann aber als Modell an Bedeutung, als die »Grotte des Tiberius« bei Sperlonga untersucht wurde. Der Ort, dessen Name auf Höhle (lateinisch »spelunca« genannt) zurückgeht, liegt östlich Terracina.

Die Grotte ist seit langem bekannt, wurde aber erst 1957 erforscht, als man eine Küstenstraße von Sperlonga nach Gaeta anlegte. Die auf natürliche Weise entstandene Höhle reicht tief in den Fels; im Hintergrund schließen sich noch zwei weitere kleinere Grotten an. Die Mitte der Höhle wird von einem runden Bassin eingenommen; vorgelagert ist ein rechteckiges Becken. In römischer Zeit gehörte die Anlage zu einer prunkvollen Villa, die Kaiser Tiberius (42 v. bis 37 n. Chr.) oft benutzt hat. Die Becken waren mit Wasser gefüllt, und im rechteckigen Bassin befand sich eine kleine Insel, auf der Tiberius im Kreis seiner Freunde zu speisen pflegte. Von dieser Stelle aus hatte man einen guten Blick auf die »Odyssee in Marmor«, die in der Grotte aufgestellt war: links Odysseus mit dem Leichnam des Achilles; rechts der Raub des Palladions, der bewaffneten Athene, mit der, dem Mythos nach, das Schicksal Trojas verbunden war; in der Mitte das Schiff des Odysseus mit dem Ungeheuer Skylla; ganz im Hintergrund stand die Polyphem-Gruppe.

Der italienische Experte Eugenio La Rocca schreibt dazu: »Man kann sich vorstellen, wie die geladenen Gäste voller Erstaunen die vom Schatten der Höhle halbverdeckten Wunderwerke betrachteten, während sich das leichte Schlagen der Wellen wie durch einen Zauber im Widerhall der ausgedehnten Höhlung fortsetzte. Im Licht der Fakkeln werden die Skulpturen, die sich wohl im Wasser und an den Felswänden widerspiegelten, das Ihre zu dem beeindruckenden Schauspiel beigetragen haben.«

Als man mit der Erforschung der Grotte 1957 begann, lagen Tausende von Fragmenten in dem Rundbecken, überdeckt von herabgestürztem Gestein, Sand und Gras. Die Vernichtung der Kunstwerke war im 4. Jahrhundert n. Chr. von Menschenhand geschehen, weil anstelle der ehemaligen Kaiservilla ein Konvent angelegt werden sollte. Alles wurde vernichtet, was an die heidnische Zeit erinnerte. Solche Zerstörungen sind nicht ungewöhnlich. Es hat sie in frühesten Epochen gegeben, und sie ereignen sich immer wieder – auch in neuester Zeit.

Die Zyklopeninseln vor dem Ort Aci Trezza auf Sizilien. Der Sage nach soll Polyphem die riesigen Felsen den flüchtenden Griechen nachgeschleudert haben

Polyphem

Der italienische Archäologe Giulio Jacopi hat sich 1957 darangemacht, die Fragmente auszugraben: Marmorsplitter, Reste von Körpern und Köpfen, Armen und Beinen. Es schien zunächst fast unmöglich, die Teile sinnvoll zusammenzusetzen, zumal es auch im Schrifttum kaum Hinweise auf die Plastiken gab. Da fiel Jacopi eine Marmortafel in die Hände mit den Namen Agesandros, Athanadoros und Polydoros. Diese Namen sind Kunsthistorikern und Archäologen bekannt. Es waren berühmte Bildhauer aus Rhodos, die im 1. Jahrhundert n. Chr. gelebt haben. Sie schufen die bekannte Gruppe des Priesters Laokoon, der mit seinen beiden Söhnen am Strand von Troja der Sage nach von zwei aus dem Meer auftauchenden Schlangen getötet worden war. Die 1506 in Rom aufgefundene, jetzt im Vatikan befindliche Plastik hat die Kunstgeschichte außerordentlich befruchtet. Bei der Wiederherstellung der Skulptur unterliefen dann allerdings einige Fehler, die erst 1960 korrigiert wurden.

Jacopi unterlag nämlich beim Zusammenfügen der Marmorfragmente einem größeren Irrtum. Ausgehend von den Namen der rhodischen Künstler, glaubte er an eine zweite Laokoon-Gruppe. Er war der Auffassung, eine Plastik vor sich zu haben, die bedeutender sei als die im Vatikan befindliche, die er für eine Nachahmung hielt. Jacopi fügte jedenfalls einen Teil der gefundenen Fragmente zu einer Gruppe zusammen und stellte sie im neuerbauten Museum von Sperlonga auf. Über den Fragmenten schwebten Reste eines Ungeheuers, wohl eines Drachens. Diese Aufstellung fand nicht ungeteilte Zustimmung. So glaubte Professor Andreae an eine fehlerhafte Rekonstruktion. Als er in Begleitung das Museum besucht hatte, schrieb er: »Vorläufig waren wir ratlos, als wir den Beischriften entnahmen, daß diese immerhin auch über zwei

Meter großen Männerfiguren die Kinder Laokoons seien, die erschrocken dem Angriff des Drachen zuschauen. Uns wurde sofort klar, daß ... diese Anordnung nicht das Richtige treffen konnte.« Andreae schrieb weiter: »So ist die verwirrende Rekonstruktion der Skulpturengruppen von Sperlonga wohl als das Werk eines phantasievollen, aber nicht von wissenschaftlichen Kriterien kontrollierten Restaurators anzusehen.«
Andreae war der Ansicht, daß es sich nicht um eine Laokoon-Plastik, sondern um eine Skulptur aus dem Odysseus-Mythos handeln müsse, bei der größten Gruppe um eine Darstellung der Blendung des Riesen Polyphem. Nun »begann eine ungemein spannende wissenschaftliche Auseinandersetzung, die auch heute [1982], ein Vierteljahrhundert nach der Entdeckung der Skulpturen von Sperlonga, noch nicht abgeschlossen ist und, wie sich abzeichnet, auch schwerlich jemals abgeschlossen werden kann«.
Bei der Vervollständigung der Polyphem-Gruppe spielte das Relief von Catania als Modell eine bedeutende Rolle. Dann waren natürlich die Marmortrümmer wichtige Bausteine: der Kopf des Odysseus; der Torso eines der Begleiter, der das Pfahlende ergreift; der rechte Arm eines anderen Gefährten mit einem Teil des Pfahls; der Gefährte mit dem Weinschlauch; die Beine des Riesen. Noch fehlende Teile – wie etwa der Kopf des Polyphem oder die Köpfe der den Pfahl tragenden Begleiter des Odysseus – konnten aufgrund von Vergleichen mit anderen Skulpturen ergänzt werden. Es entstand schließlich als Rekonstruktion eine der bedeutendsten Plastiken der Antike, ursprünglich geschaffen von den rhodischen Bildhauern nach einem griechischen Original.
Die Rekonstruktion war nur durch verschiedene glück-

liche Umstände möglich geworden, nicht zuletzt durch die Anwendung eines neuen Verfahrens zum Abformen antiker Marmoskulpturen. Dieses Verfahren war im Ruhrgebiet entwickelt worden, und in den Kunstsammlungen der Ruhruniversität Bochum ist auch – wie in Sperlonga – die Polyphem-Gruppe wirkungsvoll aufgestellt.

Eine der dramatischsten Plastiken der Antike

Die Gruppe ist eine der dramatischsten Plastiken der Antike. Von welcher Seite man sie betrachtet, es bleibt eine unerhörte Dynamik. Erhöht auf einem Stein steht Odysseus, der mit beiden Händen den Pfahl hält. Die glühende Spitze zeigt auf das geschlossene Auge des Polyphem. Zwei Gefährten des Helden halten das Pfahlende, um mit voller Wucht zuzustoßen. Lang hingestreckt liegt der betrunkene Riese; das rechte Bein ist abgewinkelt, der linke Arm hängt herunter. Polyphem ahnt nichts von dem Verhängnis. Es ist der entscheidende Augenblick vor der grausigen Tat in der Höhle des Zyklopen. Um die Dramatik zu steigern, haben die rhodischen Künstler noch eine Figur hinzugefügt – den Weinträger: In der Linken den Schlauch haltend, hält er die Rechte in Abwehr dem Riesen entgegen. Er ist vor Angst erstarrt, denn in wenigen Sekunden wird der geblendete Polyphem, von furchtbarem Schmerz gepeinigt, laut aufbrüllen und in ohnmächtigem Zorn aufspringen ...
Im Museum von Sperlonga ist neben dieser rekonstruierten Gruppe der Marmorkopf des Odysseus in Sichthöhe

des Betrachters aufgestellt. Man steht dem griechischen Sagenheld sozusagen Auge in Auge gegenüber. Auf den wirren Haaren liegt der kegelförmige Pilos, die Filzkappe, die von Handwerkern, Hirten und Seefahrern getragen wurde. Das bärtige Gesicht ist von höchster Spannung gezeichnet, die Augen sind aufgerissen, der Mund ist halb geöffnet.

Doch dieses Bild des Odysseus zeigt nur eine seiner Seiten. Der König von Ithaka, der Sohn des Laertes, der wagemutige Abenteurer, hat viele Gesichter. Am großen Krieg der Griechen gegen Troja, über den die Alte und die Neue Welt schrieben bzw. noch heute schreiben, wollte er gar nicht teilnehmen. Ihm war geweissagt worden, daß er erst nach zwanzig Jahren zurückkehren werde, allein und mittellos. Darum stellt er sich verrückt, als Palamedes aus dem euböischen Nauplia, Vertrauter des Sparterfürsten Menelaos, nach Ithaka kam, um ihn für den Feldzug zu gewinnen: Der listige König führte ein Gespann von Ochs und Esel und pflügte den Strand, wobei er Salz auf den Boden streute. Als aber Palamedes des Odysseus kleinen Sohn Telemachos vor das Gespann legte, hielt der Ithaker mit dem Pflügen inne und hob seinen Sohn auf – womit er sich verraten hatte. Nun nahm er, eher widerwillig, am Feldzug gegen Troja teil.

In der »Ilias« tritt Odysseus weniger als Kämpfer, sondern eher als kluger und listiger Ratgeber auf. Er ersinnt auch das hölzerne Pferd, mit dem Troja schließlich erobert wird. Danach irrt er zehn Jahre durchs Mittelmeer und besteht unglaubliche Abenteuer. Der König von Ithaka trotzt den Göttern, und vor allem Poseidon ist es, der seinen Zorn gegen den Listigen richtet. Odysseus wird zum Inbegriff der Seefahrer der griechischen Kolonialzeit, die in unbekannte Bereiche vorstoßen. Zu Anfang der Odyssee heißt es:

*Singe mir, Muse, die Taten des weitgereisten Mannes,
der auf langer Irrfahrt nach der Zerstörung Trojas
vieler Städte Menschen gesehen, ihre Sitten kennengelernt
und auf dem Meer soviel unnennbare Leiden erduldete.* (1, 1–4)

Aus den gefahrvollen, märchenhaften Erlebnissen rettet er sich durch Intelligenz, Erfindungsreichtum, Mut und Ausdauer; Homer schildert ihn bei all diesen Ereignissen sympathisch. Verschiedene griechische Dramatiker haben ihn jedoch anders gesehen; sie zeichnen ihn auch ruhmsüchtig und egozentrisch. Jede Zeit hat Odysseus, eine der am häufigsten dargestellte Figur der Weltdichtung, verschieden bewertet.

Ein neuer Menschentypus

Bernard Andreae sagt: »Homer... hat in der Odyssee-Gestalt einen neuen Menschentypus entworfen. Er ist der erste sich selbst bestimmende, nicht mehr schlechthin dem Schicksal oder dem Willen der Götter unterworfene Mensch der Weltliteratur.«
In Dante Alighieris (1265 bis 1321) »Göttlicher Komödie«, die zu Beginn des 14. Jahrhunderts erschien, in dieser visionären Wanderung durchs Jenseits, erscheint er beispielsweise als großer Forscher, der die dem Menschen gesetzten Grenzen durchbricht. Und der Ire James Joyce (1882 bis 1941) hat schließlich in seinem »Ulysses« in achtzehn Sze-

nen mit der Person des Leopold Bloom den »detailliertesten Charakter« eines Menschen beschrieben, wobei das Unbewußte eine wesentliche Rolle spielt. Mit diesem »Odysseus« wurden neue Maßstäbe gesetzt, die darüber hinaus wieder zurückweisen in die Anfänge der Literatur.

Der Scilla-Felsen an der Straße von Messina, nordöstlich von Villa San Giovanni. Der Felsen wird mit der Sage von Skylla und Charybdis in Verbindung gebracht

Die Ungeheuer der Straße von Messina

Skylla und Charybdis

»Seufzend ruderten wir hinein in die schreckliche Enge:
Denn hier drohte Skylla und dort die wilde Charybdis.«

»Odyssee«, 12, 234–235

Am tragischen Schicksal Messinas, der Hafenstadt im Nordosten Siziliens, ist abzulesen, was Geschichte ist. Ursprünglich waren auf Sizilien die Sikaner ansässig, die von den Sikulern verdrängt wurden. Mit Beginn des 1. Jahrtausends v.Chr. tauchten die Phönizier auf, seit der Mitte des 8. Jahrhunderts v.Chr. die Griechen. Die Region des heutigen Messinas war von diesen Veränderungen mehr oder weniger betroffen. Nach wechselndem Schicksal wurde die Stadt 396 v.Chr. von den Karthagern zerstört. Im 3. Jahrhundert v.Chr. kamen die Römer und bauten einen Flottenstützpunkt. 330 n.Chr. erscheinen die Vandalen, gefolgt von den Ostgoten. 525 nahm Byzanz Besitz von der Stadt, 831 eroberten die Sarazenen Messina, 1061 kamen die Normannen, danach die Staufer. Im 15. Jahrhundert geriet Messina unter spanische Herrschaft, die abgelöst wurde von den Savoyern, den Habsburgern und schließlich den Bourbonen. 1860 besetzten die Truppen Garibaldis die Stadt, und schließlich wurde Sizilien Italien angegliedert.

Was an Zerstörungen und Vernichtungen, blutigen Ereignissen, menschlichen Übergriffen und Demütigungen erfolgte, ist nur zum kleinen Teil aufgezeichnet worden. Es waren grauenvolle Zeiten. Sie erinnern an das Stichwort, das der Kulturphilosoph Theodor Lessing (1872 bis 1933) gegeben hat, als er von der Geschichte als der »Sinngebung des Sinnlosen« sprach. Dabei hatte Messina nicht nur unter Eroberungswillen, Zerstörungswut und menschlicher Willkür zu leiden. 1743 wütete die Pest und forderte 40 000 Opfer. Die Stadt verödete. 1783 ereignete sich ein schweres Erdbeben, das halb Messina in Trümmer legte. Am 28. Dezember 1908 kam es zu einem der schwersten Erd- und Seebeben, die sich in Europa je ereignet haben. Die Häuser stürzten ein, Erdspalten brachen auf, eine bis zu drei Meter hohe Flutwelle ergoß sich über die Trümmer. Die Zahl der Toten wird auf 80 000 geschätzt. Die Verwüstungen waren so ungeheuerlich, daß Messina fast zwanzig Jahre lang eine Barackenstadt blieb. Mühsam aufgebaut, brachte der Zweite Weltkrieg erneut schwere Zerstörungen.

Das dramatische historische Schicksal lag darin begründet, daß Messina ein guter Naturhafen und strategischer Schnittpunkt erster Ordnung ist und damit durch die Jahrhunderte die Begehrlichkeit vieler Herrscher geweckt hat. Die Naturkatastrophen waren dadurch bedingt, daß die Stadt an einem großen, im Tertiär entstandenen tektonischen Grabenbruch liegt. Auch heute ist die Region nicht zur Ruhe gekommen, wie Erdbeben und vulkanische Tätigkeit bezeugen. Der Ätna, einer der größten feuerspeienden Berge der Welt, südwestlich von Messina, mit über zweihundert Einzelkratern, beunruhigt immer wieder die Menschen. Fünfzehn Ausbrüche hat man allein in diesem Jahrhundert gezählt, zuletzt im Sommer 1989. Lavaströme zerstörten Dörfer und Obstplantagen, sperrten Straßen und flossen ins Meer. Im Nordwesten von Messina liegen

In dieser Region spielt die Sage von Skylla und Charybdis

Skylla und Charybdis 100

die Äolischen Inseln, von denen Stromboli und manchmal auch Vulcano nachts ein feuriges Schauspiel bieten.

Daß sich vor langer Zeit hier gewaltige Erdverschiebungen ereignet hatten, war schon den Römern bekannt. Vergil schreibt im 3. Kapitel der »Aeneis«:

> *Hier sei einst, so heißt es, durch die Gewalt der Natur*
> *bei einem mächtigen Einsturz (so viel vermag die lange Zeit zu verändern)*
> *auseinandergebrochen, was früher ein einziges Land war,*
> *ungetrennt. Das Meer brach ein und riß mit den Wogen das hesperische Land von Sizilien. Fluren und Städte wurden*
> *durch flutende Enge des Meeres vom Festland geschieden.* (414–419)

Die Straße von Messina

Der gigantische tektonische Einbruch schuf die Straße von Messina, den »Stretto«, wie man in Italien sagt, der das Tyrrhenische mit dem Ionischen Meer verbindet. Er ist im Norden etwa drei Kilometer breit und erweitert sich im Süden auf rund sechzehn Kilometer. Dieser gewaltige »Wassertrichter« ist ein interessantes geographisches Problem. Es bilden sich hier mächtige Strömungen von beträchtlicher Geschwindigkeit und gefährliche Wasserstrudel. Zu bestimmten Zeiten – im November, Dezember und Februar – laufen die Fluten zu besonderer Stärke auf und werden zu einem ungewöhnlichen Schauspiel. Es war in der Antike wahrscheinlich noch ausgeprägter. Der Wissenschaftler Defant vom Berliner Institut für Meereskunde schreibt dazu: »Keine andere Naturerscheinung hat im Altertum eine so große Volkstümlichkeit erreicht wie die im gesetzmäßigen Rhythmus vor sich gehenden Stromerscheinungen von Messina.«

Man hat schon damals versucht, hinter die Geheimnisse zu kommen, vorherrschend blieb die sagenhafte Auslegung. Kaiser Friedrich II., der »erste moderne Mensch auf dem Thron«, von großer politischer Spannkraft und für die Naturwissenschaften aufgeschlossen, ließ es dabei nicht bewenden. Er wollte Genaueres erfahren und wissen, was sich in der Tiefe der Straße von Messina abspielte, wo nach den Volkserzählungen das Ungeheuer Charybdis lauerte. So ließ er den italienischen Fischer Nikolao Capopesce (manchmal in der Überlieferung auch Pescecola genannt) in die Strudel tauchen. Friedrich von Schiller schuf danach das Gedicht »Der Taucher«:

> »Wer wagt es, Rittersmann oder Knapp',
> zu tauchen in diesen Schlund?
> Einen goldenen Becher werf' ich hinab,
> verschlungen schon hat ihn der schwarze Mund.
> Wer mir den Becher kann wiederzeigen,
> er mag ihn behalten; er ist sein eigen.«

Ein Edelknapp tritt vor...

> und blickt in den Schlund hinab:
> Die Wasser, die sie hinunterschlang,
> die Charybde jetzt brüllend wiedergab,
> und wie mit des fernen Donners Getose

Skylla und Charybdis

entstürzen sie schäumend dem finsteren Schoße.
Und es wallet und siedet und brauset und zischt,
wie wenn Wasser mit Feuer sich mengt,
bis zum Himmel spritzet der dampfende Gischt,
und Flut auf Flut sich ohn' Ende drängt,
und will sich nimmer erschöpfen und leeren,
als wollte das Meer noch ein Meer gebären.

Der Edelknappe stürzt sich in die Tiefe – und kommt zurück:

... und ein Arm und ein glänzender Nacken wird bloß,
und es rudert mit Kraft und mit emsigem Fleiß,
und er ist's, und hoch in seiner Linken
schwingt er den Becher mit freudigem Winken.

Doch der König wirft den Becher noch einmal ins Meer und verspricht seine Tochter dem Edelknappen, wenn er ihm Nachricht brächte von »des Meeres tiefunterstem Grunde«. Und der Knappe stürzt sich noch einmal in die unheimlichen Strudel.

Es kommen, es kommen die Wasser all,
sie rauschen herauf, sie rauschen nieder,
den Jüngling bringt keines wieder.

Grundlegende Untersuchungen

Die erste eingehende Untersuchung der Ursachen der Wasserströmungen nahm 1824 der französische Vizekonsul in Messina, Ribaud, vor. Knapp hundert Jahre später, 1907, folgt eine ausführliche Darstellung des Italieners Marini. Eine grundlegende ozeanographische Forschung wurde 1922/23 durch den italienischen Professor Vercelli mit dem Schiff »Marigli« durchgeführt.

Das sind die Ergebnisse, die in der Folgezeit noch ergänzt bzw. korrigiert wurden: Die Strömungen sind ein komplexes Geschehen, begründet durch verschiedene Faktoren, besonders durch die Gezeiten. Sie spielen im Mittelländischen Meer zwar im allgemeinen keine große Rolle. Aber in engen Wasserstraßen wirken sie sich dennoch aus. Das ist außer beim Stretto zum Beispiel auch bei der Straße von Gibraltar der Fall oder bei der griechischen Insel Euböa. Außer Ebbe und Flut sind in der Straße von Messina die von Süd nach Nord sich verrringernde Breite und vor allem die wechselnde Tiefe von Bedeutung. Diese beträgt nördlich Messina rund hundert Meter, zwischen Capo d'Ali und Punte Pellaro im Süden aber 1200 Meter. Solche unterschiedliche Morphologie und die dadurch entstehende verschiedene Reibung der Wassermassen beeinflussen die Geschwindigkeit. Außerdem ist das Ionische Meer kälter und salzhaltiger als das Tyrrhenische und damit schwerer als dieses.

All das führt zu wechselnden Wasserrichtungen. Einmal fließt die Strömung von Süd nach Nord, dann in Gegenrichtung, wobei obere Wasserschichten häufig eine andere Richtung nehmen als untere. Es entstehen Wirbel und kräftige Turbulenzen mit vertikaler oder horizontaler

Achse. Der Wasserspiegel verändert sich. So kann der Pegelunterschied zwischen Messina und der gegenüberliegenden Küste einen halben Meter betragen. Die Geschwindigkeiten erreichen über neun Stundenkilometer. Bei Voll- oder Neumond und starkem Wind ereignen sich imposante Naturschauspiele. Dann kann es an der engsten Stelle des Stretto zu Wellen mit einer Höhe von eineinhalb Meter kommen.

In früheren Zeiten war dies eine beträchtliche Gefahr, zumal die Schiffe im allgemeinen klein waren und durch Segel und Ruder betrieben wurden. Sie erreichten bei günstigen Verhältnissen eine Geschwindigkeit von sieben bis elf Stundenkilometer und waren darum den Bedingungen der Straße von Messina – vor allem in kritischen Zeiten – kaum gewachsen. Es gab dramatische Unfälle. Die Seeleute übersteigerten in ihren Erzählungen noch die Ereignisse und personifizierten die aufgewühlte See mit ihren Strömungen und Strudeln und den aufragenden Klippen an den Ufern. Es entstand die Sage von den Ungeheuern Skylla und Charybdis, wobei die Phönizier die ersten gewesen sind, die von diesen Bestien erzählt haben.

Skylla war in einer Höhle versteckt

Von den Meeresungeheuern berichten verschiedene antike Schriftsteller, wie etwa Ovid (43 bis 17 n. Chr.) oder Lucanus (39 bis 65). Dramatisch schildert Vergil die Bestien. Er erzählt davon, wie Äneas vom Seher Helenos vor den Gefahren gewarnt wird:

> *Skylla behauptet das rechte, Charybdis das linke Ufer,*
> *unbarmherzig. Diese schlingt in des Abgrunds verborgener Tiefe*
> *dreimal am Tag die Fluten und peitscht mit den Wogen die Sterne.*
> *Doch Skylla ist versteckt in einer finsteren Höhle,*
> *Steckt sie den Kopf heraus, so zieht sie auf die Felsen die Schiffe.*
> *Sie ist schön mit weiblichem Busen und in Gestalt eines Menschen*
> *bis zum Schoß, dann aber ein grauenerregendes Meertier,*
> *wie Delphine geschwänzt und mit dem Bauch eines Seewolfs.*
> *Besser umfährst du Trinacrias' [Siziliens] Berge, die Höhen Pachynums [des Südkaps],*
> *ohne Eile und segelst auf weitem Bogen den Umweg,*
> *als daß du einmal in der riesigen Höhle das Scheusal Skylla siehst*
> *und die Klippen, die widerhallen vom Bellen der bläulichen Hunde.* (Aen. 3, 420–432)

Äneas folgt dem Ratschlag des Sehers. Er vermeidet die Meerenge von Messina und umsegelt Sizilien.
Anders Odysseus. Er durchfährt die Gefahrenzone, nachdem die Zauberin Circe ihn zuvor beraten hat. Seine Abenteuer erzählt Odysseus dem König der Phäaken, Alkinoos. Von der Circe sagt er, sie habe ihm von der Höhle auf dem italischen Festland berichtet:

Skylla und Charybdis

*Diese Höhle bewohnt die fürchterlich bellende Skylla,
deren Stimme hell wie der jungen saugenden Hunde
Winseln ertönt. Sie selbst ist ein greuliches Scheusal,
dessen Gestalt niemand erfreut, wenn auch ein Gott ihm
   begegnet.
Dieses Ungeheuer hat zwölf abscheuliche Klauen
und sechs Hälse unglaublicher Länge, auf jeglichem Hals
einen gräßlichen Kopf mit dreifachen Reihen spitzer,
dichtgeschlossener Zähne in der Art des schwarzen To-
   des.
Bis an die Mitte steckt ihr Leib in der Höhle des Felsens,
aber die Köpfe steckt sie hervor, und aus dem schrecklichen Abgrund
blickt sie heißhungrig hervor, und fischt sich rings um
   den Felsen
Meerhunde oft und Delphine und manchmal noch grö-
   ßeres Seewild
aus der unzähligen Art der brausenden Amphitrite.
Noch kein kühner Steuermann, der an Skyllas Felsen
   vorüberfuhr,
rühmt sich, verschont worden zu sein; sie holt mit jedem
   ihrer
Rachen einen Mann aus dem blaugeschnäbelten Schiff.*
                                                     (Od. 12, 85–100)

Rekonstruktionsversuch der Skylla-Gruppe aus der Villa Hadriana bei Rom von H. Schroeteler nach Angaben von B. Andreae. Foto: Andreae

Skylla und Charybdis

Wasserstrudelnde Göttin

Odysseus schildert dann, was die Zauberin ihm von dem Ungeheuer Charybdis auf der anderen Seite der Meerenge berichtet hat:

> *Dort ist ein Feigenbaum mit großen laubdichten Ästen;*
> *darunter lauert Charybdis, die wasserstrudelnde Göttin.*
> *Dreimal gurgelt sie täglich das Wasser aus und schlurft es dreimal*
> *schrecklich wieder ein. Weh dir, wenn du der Schlurfenden nahst!*
> *Selbst Poseidon könnte dich nicht dem Verderben entreißen.*
> *Darum halte dich dicht an Skyllas Felsen und rudre*
> *schnell mit dem Schiff davon: es ist doch besser, Odysseus,*
> *nur sechs Gefährten des Schiffes zu verlieren als die ganze Besatzung.* (Od. 12, 103–110)

Odysseus erzählt nun dem Phäakenkönig, wie er mit seinem Boot fortgesegelt ist und sich der Meerenge von Charybdis genähert hat:

> *... ich sah von ferne*
> *Dampf und brandende Flut und hörte ein dumpfes Getöse.*
> *Schnell entflogen den Händen der zitternden Freunde die Ruder;*
> *sie blickten alle dem Strom nach, und das Schiff stand still,*
> *weil keiner mehr das lange Ruder bewegte.*

Aber ich eilte durchs Schiff und ermahnte meine Gefährten,
trat zu jedem Mann und sprach mit freundlicher Stimme:
... ›Auf denn, Geliebte, tut, was ich euch jetzt befehle.
Schlagt des Meeres hochstürmende Wogen mit den Rudern,
während ihr auf den Bänken sitzt! Vielleicht gestattet Kronion Zeus,
daß wir durch die Flut diesem Verderben entrinnen.‹
                    (Od. 12, 201–207, 213–216)

Odysseus hatte aber seinen Gefährten nichts von dem bevorstehenden, tödlichen Verhängnis berichtet. Er fürchtete, dies würde seine Freunde so erschrecken, daß sie kopflos und alle eine Beute des schrecklichen Untiers würden. Er erzählt Alkinoos seine abenteuerliche Geschichte weiter und berichtet davon, wie er mit dem Boot dem Meerungeheuer näher kam. Da ...

neigte sich Skylla herab und griff aus dem Schiff
mir sechs Männer, die mutigsten und jene mit kräftigen Armen.
Als ich jetzt auf das eilende Schiff und die Freunde blickte,
da sah ich oben die Hände und Füße der Lieben,
die hoch über mir schwebten. Alle schrien und jammerten laut
und riefen mich, ach, zum letzten Mal beim Namen ...
Sie wurden zappelnd auf den Felsen hochgezogen.
Dort an der Höhle fraß sie das Ungeheuer, und schreiend

*streckten sie bei der grausamen Marter die Hände nach
  mir aus.
Nichts Erbärmlicheres habe ich gesehen,
so viel Schlimmes ich auch auf dem stürmischen Meer
  erlebt habe.* (Od. 12, 245–250/255–259)

Jaulende Geräusche wie Hundebellen

Wer heute die Straße von Messina bereist, findet Hinweise auf die alte Zeit. Am östlichen Eingang zum Stretto liegt ein Ort, der an das antike Ungeheuer erinnert. Es ist Scilla, eine Siedlung von etwa sechstausend Einwohnern. Früher hat der Ort Scillaeum geheißen. Westlich von hier schiebt sich ein Gebirgsausläufer des Aspromonte ins Meer und bricht steil in die See ab. Auf dem über siebzig Meter hohen Fels sieht man die Ruinen des Kastells Ruffo. Dieser Fels war wahrscheinlich Anlaß für die Sage von dem Meerungeheuer. Wenn Sturm aufkommt und die Wellen hoch gegen die Bergwand schlagen, wenn der Wind sich in den Scharten und Höhlen verfängt, entstehen laute, pfeifende und jaulende Geräusche, die an Hundebellen erinnern. Schon im Altertum fand man das Phänomen bemerkenswert. Auch in späteren Zeiten hat man es als denkwürdig zur Kenntnis genommen. So schrieb ein holländischer Geograph im 18. Jahrhundert: »Der Fels weist breite Spalten und tiefe Höhlen auf, in denen der Wind und die Wellen ein gräßliches Jaulen erzeugen.«
Der Fels und der Ort Scilla liegen zwischen zwei Sandbuchten mit schönen Sandstränden. Die Anwohner haben

Odysseus. Römische Kopie eines griechischen Originals aus der Zeit des Kaisers Tiberius (42 v. bis 37 n. Chr.). Museum Sperlonga

hier ihre bunten Kähne abgestellt, mit denen sie auf Fischfang gehen. Die See ist in dieser Region besonders fischreich, man zählt 140 verschiedene Arten. Sehr beliebt ist die Harpunenjagd auf Schwertfische.

Tiefseefische werden hochgespült

Zu gewissen Zeiten ist an den Stränden ein merkwürdiges Schauspiel zu beobachten. Bei Sturm und wenn die Tiefseeströmungen auf die Turbulenzen des Stretto stoßen, werden Fische aus den unteren Schichten des Meeres hochgespült und an den Strand geworfen. Der Anblick dieser Seetiere erstaunt selbst Experten. Der amerikanische Biologe Paul Zahn schreibt: »Nach einem starken, auflandigen Wind habe ich den Strand von Messina übersät gesehen mit Tausenden von toten und halbtoten Geschöpfen, deren phantastisches Aussehen selbst einen Salvador Dalí zusammenzucken ließe.« Der englische Segelsportler Ernle Bradford meint darum: »... es ist nicht abwegig, in der scheußlichen Skylla eine Anspielung auf die außerordentlichen Seegreuel zu sehen, die in diesen Gewässern vorkommen – den Kraken zum Beispiel oder den Viperfisch mit seinen Säbelzähnen. Es wimmelt in diesen Gewässern von Tintenfischen, Kraken und Quallen. In den zwölf Füßen und sechs Hälsen der Skylla darf man wohl eine Anspielung auf Kraken und Tintenfische sehen.«
Einen reizvollen Blick gewinnt man von der Küstenstraße, die sich von Scilla über Villa San Giovanni nach Reggio di

Calabria zieht. Man erkennt auf der anderen Seite der Meerenge am Eingang des Stretto die Landzunge mit dem Faro, dem Leuchtturm, dann die Orte Ganzirri und Santa Agata und weiter südlich Messina. Darüber steigt der Pizzo di Vernà und weiter südlich der Ätna auf, der schneebedeckte Kegelberg mit einer Höhe von über dreitausend Metern.
Über die Meerenge spannt sich seit 1955 eine moderne Stromleitung, getragen von zwei riesigen Masten. Modern sind auch die Schiffe, die den Stretto befahren, darunter die Eisenbahnfähren. An einigen Schiffen steht am Bug »Scilla«, womit nicht nur der gleichnamige Ort gemeint ist, sondern ebenfalls das jahrtausendealte Ungeheuer. Doch auch das andere Monster der Meerenge von Messina, die Charybdis, zeigt Spuren: Vor dem Ort Ganzirri ist die Wasseroberfläche unruhig, kabbelig.

Kunst und Fabelwesen

Wenngleich beide Untiere in der Vorstellungswelt der Antike einen vorrangigen Platz einnahmen, so hat sich die darstellende Kunst fast nur mit einem der Fabelwesen beschäftigt, mit Skylla, weil diese in der Literatur so besonders abenteuerlich geschildert wird.
Von den ehemaligen Kunstwerken des Ungeheuers ist allerdings wenig geblieben. Es sind Fragmente – überdies weithin verstreut. Dem deutschen Bildhauer Heinz Schroeteler ist es nach Angaben von Professor Bernard Andreae gelungen, eine Skylla-Gruppe zusammenzustellen.

Aus der Skylla-Gruppe im Museum in Sperlonga: Der Steuermann des Odysseus. Die Gesamtszene, die nur zum Teil erhalten ist, zeigte das Ungeheuer Skylla, wie es den Steuermann, der in den Wasserstrudeln unterging, beim Schopf packte

Erstaunlicherweise gibt es auch nördlich der Alpen eine alte Darstellung. Sie wurde in den sechziger Jahren dieses Jahrhunderts bei Renovierungsarbeiten im Kloster Corvey bei Höxter freigelegt. Das Kloster hat eine tausendjährige Geschichte, deren Anfänge bis in die Zeit nach den Sachsenkriegen Karls des Großen zurückreichen. Bei den Fresken handelt es sich um farbige Reste der karolingischen Ausmalung. Sie wurden in der Emporenkirche des Westwerks, in der Kaiserloge, entdeckt. Die Malerei ist zwar verblaßt, aber man kann doch Odysseus in seinem Schiff erkennen, wie er sich mit Schild und Speer gegen Skylla und die bellenden Hunde wehrt, die schon einen der Griechen gepackt haben. Nun ist es ganz ungewöhnlich, eine solche Szene in einem sakralen Raum zu finden. Sie war auch nur durch eine christliche Umdeutung der griechischen Sage möglich: Odysseus wurde bei den Mönchen zum tugendhaften Vorbild gegen die Anfechtungen dieser Welt, wobei Skylla die Verkörperung von allem Bösen war. Künstlerisch weit bedeutungsvoller ist eine Rekonstruktion, die der italienische Bildhauer Vittorio Moriello in zehnjähriger Arbeit nach Anweisung von Baldo Conticello hergestellt hat. Bei diesem Versuch ging es um Fragmente der Marmorgruppe, die früher in der Tiberiusgrotte bei Sperlonga aufgestellt war. Sie befindet sich heute – wie die Polyphemgruppe – im dortigen Museum. Man muß sich aber mit den Epen Homers und Vergils auskennen, um die Gesamtplanung zu verstehen. Dann wird die Idee, die dem Kunstwerk zugrunde liegt, vorstellbar: Das Monster reißt die Gefährten des Odysseus aus dem Schiff und wirft sie den Hunden vor, die aus ihrem Unterleib wachsen, während zwei Fischschwänze der Skylla die Unglücklichen umschlingen und fesseln... Dies ist schon ein verwegener Ausflug in die Welt der Phantasie.

Odysseus und Skylla, Malerei im Kloster Corvey bei Höxter. Odysseus in seinem Schiff wehrt sich mit Schild und Speer gegen Skylla und die bellenden Hunde

Wesentlicher Teil der Gruppe und glücklicherweise weitgehend erhalten ist der Steuermann, der auf das Heck des Schiffes gestürzt ist und sich verzweifelt an die Schiffsplanken klammert. Indessen greift die rechte Hand der Skylla den Schopf des Steuermanns – Hand und Schädeldecke fehlen allerdings. Das Gesicht des Steuermanns ist von Todesfurcht gekennzeichnet und erinnert an den von Schrecken erfüllten Ausdruck des Laokoon, der heute in den va-

tikanischen Sammlungen steht. Nun stammt auch der Laokoon von den drei rhodischen Künstlern Athanadores, Agesandros und Polydoros, die die Skylla schufen. Sie haben das Schiff mit ihren Namen signiert.
Bernard Andreae, der sich lange mit der Skylla-Problematik befaßt hat, schreibt, daß man mit dieser Rekonstruktion »ein großartiges, bereits endgültig verloren geglaubtes Kunstwerk wiedererstehen sieht, das als die erstaunlichste Gruppenkonstruktion des ganzen Altertums gelten muß.«

Die Bucht von Malata in Südkreta mit dem Ida-Gebirge im Hintergrund. Hier soll, wie die Sage berichtet, Zeus als Stier mit der Europa auf dem Rücken kretischen Boden betreten haben

Zeus, das Labyrinth und der Minotaurus

Kreta

»Kreta ist ein Land im dunkelwogenden Meer, fruchtbar und anmutsvoll und rings umflossen.«

Homer, »Odyssee«, 19, 172–173

Am Abend gewinnt der Venizelos-Platz in Kretas Hauptstadt Iraklion eine eigenartige Atmosphäre. Hunderte von Gästen, meist Bewohner der Stadt, aber auch Fremde, haben im gedämpften Licht unter einer Art von Feigenbäumen an den weit auf den Platz hinausgeschobenen Tischen Platz genommen. Sie sind im lebhaften Gespräch. An diesem Sonntagabend, Ende April, gibt es nur ein Thema.

»Haben Sie davon gehört...«, fragt der Kellner Alexandros, »...von dem Flug des Kanello Kanellopoulos, der, ohne Motor, nur mit Muskelkraft, von Kreta nach Santorin geflogen ist? Nein? Dann will ich Ihnen die Geschichte erzählen.«

Alexandros berichtet von dem Piloten, dessen Flug Geschichte gemacht hat. Er benutzte ein Flugzeug von nur 32 Kilogramm Gewicht, aus Balsa-Holz, kohlefaserverstärktem Kunststoff und Kunststoffolien. Die Spannweite betrug 43 Meter. Der Antrieb erfolgte durch das Treten von Pedalen, womit der Propeller bewegt wurde. In drei Stunden und 55 Minuten erreichte das Flugzeug die Insel Santorin, 199 Kilometer nördlich von Kreta.

»Das Flugzeug trug einen antiken Namen«, sagt Alexan-

dros. »Es hieß ›Dädalos‹. Der Name bezog sich auf den sagenhaften griechischen Erfinder und geschickten Handwerker. Erinnern Sie sich?«
Dädalos hatte für König Minos auf Kreta das Labyrinth gebaut. Um dem Machtbereich des Königs zu entkommen, fertigte er für sich und seinen Sohn Ikaros Flügel aus Federn und Wachs. Beide verließen dann im Flug die Insel. Doch Irakos flog zu hoch und kam der Sonne zu nahe. So schmolzen seine Flügel. Ikaros stürzte ins Meer und ertrank.
»Aber ist Kanello sicher auf Santorin gelandet?« fragen wir.
»Es gab einen Zwischenfall. Zehn Meter vor der Küste stürzte die ›Dädalos‹ ins Meer und zerbrach. Der Pilot konnte sich retten. Er schwamm an Land und wurde hier von einigen hundert Menschen groß gefeiert.«
So werden durch aktuelle Ereignisse die alten Sagen Kretas ins Gedächtnis gerufen, Sagen von Dädalos, Ikaros, Minos, dem Minotauros und dem Labyrinth. Doch noch an-

Es gibt viele sagenumwobene Orte auf Kreta, jener Insel, wo Europas erste Hochkultur entstand

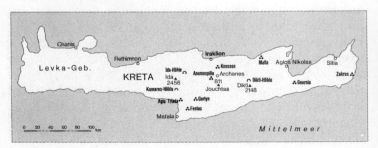

dere alte Sagen werden auf dieser Insel, wo die erste Hochkultur Europas entstand, lebendig.

Wir brauchen nur zum östlichen Ende des Venizelos-Platzes zu gehen, zum Morosini-Brunnen, den der venezianische Statthalter Francesco Morosini im Jahr 1628 errichten ließ. Die acht Ausbuchtungen des Brunnens sind mit Reliefs aus der griechischen Mythologie geschmückt, mit Darstellungen des Poseidon, mit Bildern von Tritonen und Delphinen. Bemerkenswert ist das Relief des Stiers, auf dem Europa reitet. Sie war die Tochter des Königs von Tyros und Sidon im damaligen Phönizien, dem heutigen Libanon. Nach der Königstochter wurde der Kontinent Europa benannt.

Es gibt auch andere Auslegungen. Der Begründer der griechischen Geschichtsschreibung, Herodot, der im 5. Jh. v. Chr. lebte, ist nur zögernd bereit, solcher Namensgebung zu folgen. Er schreibt in den »Historien«: »Von Europa aber weiß kein Mensch, weder ob es vom Meer umflossen ist, noch woher es benannt ist, noch wer es war, der ihm den Namen Europa gegeben hat. Oder sollen wir annehmen, daß es seinen Namen nach der Europa von Tyros hat und vor der Zeit namenlos war wie die anderen Erdteile? ... Wir sollten bei den überlieferten Namen bleiben.«

Die alte Sage aber berichtet: Von seinem heiligen Berg Ida auf Kreta erblickt Zeus eines Tages im fernen Asien die junge Europa, die Tochter des Königs Agenor und seiner Frau Telephas. Zeus nimmt die Gestalt eines strahlend schönen, schneeweißen Stieres an und begibt sich an den Strand von Phönizien. Der Stier zeigt sich etwa so, wie ein Künstler ihn im Jahr 490 v. Chr. auf einem Krater (Mischkrug) dargestellt hat, der heute im »Museo Nazionale Archeologico« von Tarquinia (Italien) zu sehen ist. Das Tier ist sanft und freundlich, die Hörner sind klein. Europa nähert sich dem Stier, beginnt mit ihm zu spielen, steckt ihm Blumen ins Maul und hängt Girlanden um die Hörner. Sie krault ihm das zottige Fell, schließlich steigt sie übermütig auf seinen Rücken. Da setzt sich der Stier in Trab und läuft zum Strand, springt durch die Brandung und schwimmt ins Meer hinaus. Es wird eine lange Reise. Erst in Kreta steigt der Stier an Land. Er läßt Europa vom Rücken gleiten, schüttelt das Wasser aus dem Fell und ist plötzlich verschwunden. An seiner Stelle steht Zeus, Herrscher über die olympischen Götter.

Ein mythologischer Ort

Diese Europa-Sage ist jedem Kreter geläufig. Wo Zeus an Land gegangen sein soll, ist strittig. Einige sagen, dies sei am Kap Sideron gewesen, im Osten der Insel. Doch im allgemeinen heißt es, der Gott habe Kreta in der Nähe des heutigen Matala betreten. Hier war früher der Hafen von Phaistos (heute Festos), später der Hafen von Gortyn (heute Gortys) und hieß in alten Zeiten Matalon. Es gibt noch Reste aus römischer Zeit mit Felsgräbern und Kultstätten. In den Höhlen der Felswände haben heute oft Jugendliche kampiert, bis es verboten wurde. Matala ist jetzt ausgesprochener Touristenort.

Ein Schild an der Straße nach Matala (wenn man von Pitsidia kommt) verweist auf diesen mythologischen Ort. Hoch über dem Wasser ist hier ein kleines Cafeneion mit Blick auf eine große Szenerie. Zu Füßen die blaue See mit breitem, gelbem Strand, dahinter leicht gewellte Hügel mit

eingestreuten Olivenbäumen. Darüber das bis zu 2456
Meter aufsteigende Ida-Gebirge, dessen weiße Schneegipfel in den azurenen Himmel steigen.

Das erste in Europa kodifizierte Gesetz

Die Sage der Europa endet nicht am Strand von Kreta. Sie
erzählt weiter, wie Zeus und Europa durch die Mesara-
Ebene ziehen und nach Gortyn gelangen. Hier verbringen
sie ihre Hochzeit unter einer Platane. Den Baum erwähnt
der römische Schriftsteller Plinius der Ältere (23 bis 79),
der als Offizier große Teile des Reiches kennengelernt
hatte. Vorher will der griechische Philosoph Theophrast
(371 bis 287), Schüler des Aristoteles, der sich auch als Naturforscher einen Namen gemacht hatte, den Baum gesehen haben. Es war eine Platane von immergrünem Laub,
die in etwa dreißig verschiedenen Arten nur in Kreta vorkommt. Heute wird ein Ableger gezeigt, ganz nahe dem,
aus dem ersten nachchristlichen Jahrhundert stammenden
Odeion, einem früher überdachten Gebäude für musikalische und deklamatorische Aufführungen. An der Nordseite ist eine ältere, gebogene Wand mit einer berühmten
Inschrift, die 1884 von dem italienischen Wissenschaftler
Federigo Halbherr und dem deutschen Historiker Ernst
Fabricius entdeckt wurde. Es sind 42 Blöcke eines Rundbaus aus dem 5. Jahrhundert v. Chr. Sie stellen das erste in
Europa kodifizierte Gesetz dar, das vollkommenste, das in
Griechenland erhalten ist. Es behandelt Sklaven-, Familien-, Erb- und Strafrecht. Die Inschrift hat sechshundert

Zeilen. Sie werden von links nach rechts und dann von rechts nach links gelesen – in der Art, »wie man beim Pflügen die Ochsen wendet«. Dieses »Bustrophedon« war Kennzeichen archaischer griechischer und lateinischer Inschriften.

Gortyn ist schon bei Homer erwähnt

Gortyn war in mykenischer Zeit eine Burgsiedlung, ist bei Homer erwähnt und hat jahrhundertlang eine außerordentliche Rolle gespielt. Die Stadt wurde erst 824 von den Arabern zerstört. Weil Gortyn in der Antike eine so überragende Bedeutung gehabt hat, wurde der Mythos von Zeus und Europa hierher verlegt. Europa, so schließt die Sage, bringt drei Söhne zur Welt: Minos, den späteren König von Kreta; Rhadamanthys, Herrscher in Phaistos (nahe Gortyn); und Sarpedon, König von Malia, östlich des heutigen Iraklion.

Ursprünglich gab es in Kreta einen anderen Hauptgott. Von ihm ist wenig überliefert, einiges aus seiner Kindheit und Jugend. Vielleicht hat er Zagreus geheißen. Es scheint ein Vegetationsgott gewesen zu sein, geprägt durch orientalische Einflüsse. Die eingewanderten Griechen vereinigten ihn mit Zeus, dessen indogermanische Herkunft als gesichert gelten darf. Zeus war fortan der Herrscher im kretischen Götterhimmel. Sein Bild erkennt man sogar in der Topographie der Insel, am über achthundert Meter hohen Berg Jouchtas, südlich von Iraklion. Der Berg hat aus der Ferne das Profil eines liegenden bärtigen Gesichts und

gilt als schlafender Zeus. In einer in der Nähe befindlichen Höhle soll er begraben sein. Das ist ein Hinweis auf den ursprünglichen Vegetationskult, bei dem die Götter im Frühling auferstanden und im Herbst starben wie die Natur.
In Kretas Frühzeit haben Höhlen eine große Rolle gespielt. Im verkarsteten Gestein der Insel zählt man rund dreitausend Grotten; so ist Kreta ein Paradies für Höhlenforscher. Die Hälfte der Grotten ist in alter Zeit bewohnt gewesen, viele waren heilig. Da die Höhlen als Zuflucht dienten, lagen sie oft versteckt oder in großen Höhen wie die Kamares-Höhle am Südhang des Ida-Gebirges, nördlich des Dorfes Kamares. Der Aufstieg mit einem einheimischen Führer und Esel ist beschwerlich und dauert vier Stunden. Nach Funden von dünnwandigen bemalten Gefäßen in der Höhle und einer nahen Nekropole ist die Zeit von 1900 bis 1700 v. Chr. Kamares-Periode genannt worden.

Zehntausend Windmühlen mit weißen Segeln

Eine weitere, kulturell bedeutende Grotte findet sich in 1578 Meter Höhe am Rand des Dikti-Gebirges, die sogenannte Diktäische Höhle. Man erreicht sie, wenn man von Iraklion südwärts fährt zur Lassithi-Hochebene, die von Bergen eingeschlossen und von besonderer Fruchtbarkeit ist. Der Boden besteht aus heruntergespültem Schwemmland, die Bewässerung erfolgt durch rund zehntausend Windmühlen, die mit ihren weißen Segeln ein höchst romantisches Bild zaubern. Im Südwesten der Hochebene, im Ort Psichro, führt ein Weg zum Grotteneingang. Die

Höhle ist 1886 von Federigo Halbherr und dem griechischen Archäologen Joseph Hazzidakis entdeckt und 1889 von dem englischen Archäologen David George Hogarth systematisch erforscht worden. Messer und Dolche wurden gefunden, Doppeläxte und Bronzefiguren, Gegenstände aus Gold, Elfenbein, Knochen und Terrakotta. Sie sind heute im archäologischen Museum von Iraklion. Auch der englische Archäologe Sir Arthur Evans (1851 bis 1941), der Knossos ausgegraben hat, kam Ende des 19. Jahrhunderts zur Höhle von Psychro. Hier zeigten ihm die Bauern ein Stück Speckstein mit Zeichen der von ihm gesuchten altkretischen Linearschrift.
In der Diktäischen Grotte, berichtet die Sage, soll Zeus geboren worden sein. Sein Vater war der Titan Kronos, seine Mutter die Titanin Rhea. Kronos war geweissagt worden, er werde von einem seiner Kinder entthront werden. Darum verschlang er alle Knaben bis auf den jüngsten Sohn, Zeus, den seine Mutter dadurch rettete, daß sie Kronos statt des Sohnes einen in Windeln gewickelten Stein überreichte, den Kronos hinunterwürgte (Mythenforscher wollen darin einen Hinweis auf Kannibalismus im frühen Griechenland erkennen).

Die Idäische Grotte

Die Sage findet ihren Fortgang in einer anderen Höhle, der Idäischen Grotte am Nordhang des Ida-Gebirges. Die Straße zu dieser Höhle führt von Iraklion über Tilisos und Anogia in vielen Kehren durchs Gebirge. Die letzten acht-

zehn Kilometer werden zu einem schwer befahrbaren Schotterweg durch eine einsame Gebirgswelt, die früher waldreich gewesen ist. Besonders Zypressen wuchsen hier, wie die alten Schriftsteller berichten. Heute sind nur wenige Bäume geblieben, einige Zypressen, einige Platanen oder Steineichen. Schließlich gelangt man in das Hochtal Nida, das der Lassithi-Hochebene ähnlich ist. Das Tal ist reich an Quellen, Schafe und Ziegen weiden hier: Tausende von Bienen umschwärmen die Blüten von Anemonen, Asphodill, verschiedenen Orchideenarten, Bergminze, Thymian oder kretischer Iris.
Von der Ebene führt ein langer Serpentinenweg aufwärts zum Höhleneingang, der 1540 Meter hoch gelegen ist. Schneefelder ziehen sich den Berg hinauf, eine breite Schneewächte liegt vor der Höhle. Steil abwärts geht es zum fast quadratischen Innenraum, der 34 mal 36 Meter mißt. An die Grotte schließt sich eine hintere Höhle an von 22 Meter Länge, 12 Meter Breite und über 4 Meter Höhe. In jedem Winter schieben sich große Schneemassen, vermischt mit Steinen und Erde in die Vorderhöhle, deren Boden überdies mit Asche und verkohltem Holz bedeckt ist. Die Ablagerungen werden mit einer Feldbahn beseitigt, damit wissenschaftliche Arbeiten durchgeführt werden können.
Entdeckt wurde die Höhle von dem Hirten Pasparakis. Auf seine Spuren begab sich 1883 der damals 28jährige Ernst Fabricius. Er erklärte wenig später, die oft genannte und seit langem gesuchte »Idäische Zeushöhle« sei nun gefunden. Schon Fabricius veranlaßte Grabungen, die später fortgesetzt wurden. Gefunden wurden viele Stierschädel, ein wichtiger Hinweis für die kretische Frühzeit. Ferner wurden freigelegt: Bronzen, Weihegeschenke, Dreifüße, Schalen, Kessel, Sphinxe, Schilde und Lanzenspitzen. Im

Die Idäische Grotte in der Felswand des Berges Ida. Die Grotte liegt über einem Hochtal in 1540 Meter Höhe. Meist sind Schneefelder vor der Grotte. Links vor der Grotte der alte Brandopferaltar. Um den Schutt aus der Grotte abzutransportieren, haben die Archäologen eine Feldbahn installiert

Hintergrund der Höhle entdeckte man zahlreiche Lampen, ein Zeichen dafür, daß die Grotte oft beleuchtet war, wodurch der mystische Eindruck noch verstärkt wurde.

Die Ziege Amaltheia und die Biene Melissa

In diese »Idäon Antron«, wie die alten Griechen die Idäische Grotte genannt hatten, hat Erdmutter Gaia ihren Enkel Zeus gebracht, um ihn vor dem blindwütigen Vater Kronos zu retten. Hier bleibt Zeus sich selbst überlassen. Die Ziege Amaltheia, die sich von ihrer Herde getrennt hat, säugt das Kind, während die Biene Melissa von Blüte zu Blüte fliegt, Honig sammelt und den jungen Zeus füttert. Da erscheinen auf Geheiß seiner Mutter Rhea Dämonen und Geister, die Kureten. Sie führen vor der Höhle Tänze auf, schlagen mit Waffen gegen ihre Schilde und übertönen damit das Jammern des Kindes. So wächst der künftige Gott in der Idäischen Höhle heran. Zeus hat sich hier auch später aufgehalten. Sein Sohn Minos, König von Kreta, hat ihn in der Grotte, wie die Sage erzählt, regelmäßig aufgesucht. Minos erfuhr bei diesen Zusammenkünften von seinem Vater, welche Fehler er gemacht, was er besser tun und welche Gesetze er erlassen sollte.
Während Minos in der Höhle weilte, brachten seine Priester Opfer dar. Dies geschah nicht in der Höhle, sondern davor. Links vor dem Eingang zeichnet sich noch heute ein Opferaltar ab, der aus dem anstehenden Stein herausgeschlagen wurde. Er ist fast fünf Meter lang, über zwei Meter breit und etwa ein Meter hoch. Er hat Schrunden und

ist zum Teil zerborsten, aber als Altar deutlich erkennbar. Gegenüber, rechts vor dem Eingang, sind Steinstufen, auf denen Spuren von Bronzestatuen auszumachen sind.
Noch andere Höhlen als die genannten sind von Interesse, so die Grotte von Arkalochori. Von dieser Höhle sagt der ungarisch-schweizer Wissenschaftler Karl Kerenyi (1897 bis 1973), der vor allem über die griechische Mythologie gearbeitet hat: »Ich würde... empfehlen, wenn man die Zeus-Höhle sucht, auch nach Arkalochori zu pilgern, achtundzwanzig Kilometer entfernt von Knossos, in der Richtung zum Lassithi-Gebirge... In der Höhle von Arkalochori wurden wertvolle Metallgegenstände in solcher Menge ausgegraben, daß Spyridon Marinatos, ein anderer großer Meister der Archäologie, da den Sitz einer minoischen Schmiedezunft gefunden zu haben meint.«

Goldene Doppeläxte

Marinatos († 1974) hat zahlreiche verzierte und unverzierte Doppeläxte, zum Teil aus Goldblech, zum Teil aus massivem Gold gefunden. Er schreibt: »Das größte Exemplar ist 9 Zentimeter hoch und 8,5 Zentimeter breit, 19,3 Gramm schwer, das schwerste wiegt 21,5 Gramm, jenes trägt auf den Schneiden ein graviertes Blattmuster, das den Fund in den Anfang der zweiten spätminoischen Periode (um 1550 v. Chr.) verweist.« Diese goldenen Doppeläxte sind heute eine besondere Kostbarkeit des Archäologischen Museums in Iraklion.
Manche Rätsel der minoischen Zeit sind gelöst worden,

bei weitem nicht alle. Aber die Forschung führt zu immer neuen Erkenntnissen. Besonders beachtet wurden Grabungsergebnisse des griechischen Archäologen Yannis Sakellarakis und seiner Frau Efi im Sommer 1979 am Fuß des Jouchtas an einem Platz, der als Anemospilia (»Höhlen des Windes«) bekannt ist. Hier, nahe dem Ort Archanes, sieben Kilometer südlich von Knossos, legten die beiden Wissenschaftler einen Tempelbezirk frei. Die Anwohner, die oft zu den Ausgrabungen kamen und mit Interesse den Fortgang der Arbeiten verfolgten, nahmen mit Erstaunen wahr, was alles gefunden wurde. Besonders wunderten sie sich über die zahlreichen großen Krüge, die Opfergaben enthalten hatten wie Früchte, Getreide, Milch, Honig und Wein. Ein Bauer aus der Umgebung sagte: »Merkwürdig, daß wir ein Leben lang über diese Dinge gelaufen sind und nichts davon gewußt haben.«

Ein Menschenopfer

Die große Überraschung stellte sich bei weiteren Grabungen ein. In der westlichen Kammer des Tempelbezirks, der drei Räume und einen Korridor umfaßte, fand man auf einem Altar ein menschliches Skelett mit einem Dolch zwischen den Knochen. Das Opfer, ein etwa 18jähriger, 1,65 Meter großer junger Mann, lag auf der rechten Seite und ist wahrscheinlich gefesselt gewesen. Außerdem entdeckte man eine Kultvase mit Stierrelief, mit der Opferblut aufgefangen wurde.
Sakellarakis ist davon überzeugt, daß hier ein Menschen-

opfer stattgefunden hat, etwa um das Jahr 1700 v. Chr., als ein Erdbeben die Insel erschütterte. Das Opfer, mit dem die Götter besänftigt werden sollten, wurde von einem etwa 38jährigen Priester und einer etwa 28jährigen Priesterin vollzogen, deren Skelette neben dem Altar gefunden wurden. Doch das Opfer für die Gottheit bewirkte nichts. Der Tempel stürzte ein, Öllampen setzten ihn in Brand.
Das Menschenopfer von Anemospilia erinnert an eine minoische Malerei aus der Zeit von 1400 v. Chr. an einem Sarkophag aus Agia Triada (im Museum von Iraklion). Ein gefesselter Stier liegt auf einem Opferstein, Blut läuft aus dem Hals in ein Gefäß, während ein Tempeldiener Flöte bläst und eine Priesterin Stierblut in einer Vase sowie Früchte darbringt.
Die Tatsache, daß es im frühen Kreta nicht nur Tier-, sondern auch Menschenopfer gab, wie im Tempel von Anemospilia bezeugt, hat schockiert. Denn, wie Sakellarakis schreibt, mochten es seine griechischen Landsleute nicht glauben, »daß minoische Zivilisation, die Vorläuferin ihrer griechischen Kultur, eine dunkle Seite hatte. Die Kreter, so waren sie von klein auf belehrt worden, lebten in Frieden und Schönheit und waren ein Kulturvolk, das solch brutales Ritual – wie ein Menschenopfer – verabscheute.«
Sakellarakis schreibt weiter: »Menschenopfer gab es auch auf dem griechischen Festland, wie schriftliche Beweise dokumentieren. Die Myhtologie beschreibt sie im vorgeschichtlichen Kreta ebenfalls, wie die Erzählungen des Minotaurus und der athenischen Jungen und Mädchen bezeugen...
Plutarch erzählt uns z. B., daß Themistokles drei Männer opferte, um den Sieg in der Schlacht von Salamis zu garantieren. Einige Gelehrte bezweifeln diesen Bericht.«

Die Sage der Iphigenie

Es gibt noch andere Hinweise auf Menschenopfer in Griechenland, etwa in der Sage der Iphigenie. Sie sollte der erzürnten Göttin Artemis geopfert werden. Aber vor dem Altar wurde sie von der inzwischen wieder besänftigten Göttin durch eine Hirschkuh ersetzt und zu den Tauren auf der Krim »entrückt«. Wahrscheinlich war aber dieser »magische Tausch« nur die Milderung eines ursprünglich wirklich vollzogenen Menschenopfers.
Ähnlich könnten die Funde des Wissenschaftlers Catling ausgelegt werden, der 1979/80 in einem minoischen Haus in der Nähe des Palastes von Knossos auf die Reste von zehn Jugendlichen stieß, die geopfert worden waren. Dieser Fund erinnert an die alte berühmte kretische Sage: Der Sohn des Königs Minos, Androgeos, hatte sich bei Wettspielen in Athen besonders hervorgetan, wurde aber von Neidern im attischen Gebirge hinterlistig umgebracht. Daraufhin hatte Minos einen Rachefeldzug gegen Athen unternommen, an dem sich sogar die Götter beteiligten, indem sie das Land mit Dürre und Seuchen überzogen. Als die Athener das Orakel von Delphi befragten, was sie tun sollten, um ihre Not zu beenden, sagte das Orakel, sie müßten König Minos versöhnen. Doch Minos war zum Frieden nur bereit, wenn Athen alle neun Jahre sieben edle Jünglinge und sieben edle Jungfrauen nach Kreta schickte. Hier wurden sie im Labyrinth eingeschlossen und dem Ungeheuer Minotauros, das halb Mensch, halb Stier war, zum Fraß vorgeworfen.
Diese Erzählung geht zum Teil auf eine historische Tatsache zurück, auf die überragende Rolle der minoischen Könige. Um das Jahr 2000 waren Kreta und seine Kultur so

Kreta 134

beherrschend, daß diese Lebensart sich weitgehend in der Ägäis durchsetzte. Der griechische Geschichtsschreiber Thukydides schrieb dazu: »Als erster all derer, von denen die Überlieferung berichtet, baute Minos sich eine Flotte und errang damit die Vormacht über den größten Teil des heute griechischen Meeres. Auch über die Kykladen gewann er die Herrschaft.«

Stierhörner als Symbol

Das alte Kreta ist ohne den Stier undenkbar. Seine Hörner waren ein Symbol, ein Inbegriff göttlicher Macht. Am Südende des Palastes von Knossos hat man auf der Mauer große Kulthörner aus Porosstein errichtet. Und in früheren Zeiten dürfte das Gesims auf den Palastbauten zumindest zum Teil aus stilisierten Kulthörnern bestanden haben. So ist die in Treppen aufsteigende Gartenfront des Palastes von Knossos in einer Rekonstruktion mit Kulthörnern besetzt. Arthur Evans, der britische Ausgräber von Knossos, nannte diese Symbole »Horns of consecration«, »Hörner der Weihe« oder »Heilige Hörner«.
Die beherrschende Rolle des Stiers in kretischer Vorstellung wird in vielen Ausstellungsstücken des Museums in Iraklion deutlich, in Plastiken, Siegeln, Gefäßen und Malereien. In Vollendung zeigt sich ein Stierkopf aus schwarzem Steatit. Der Kopf wurde in einem Brunnen des Kleinen Palastes von Knossos gefunden. Die ursprünglichen Hörner aus Holz, mit Goldblech belegt, sind nicht erhalten und wurden nachgebildet. Das Maul ist mit weißem Perl-

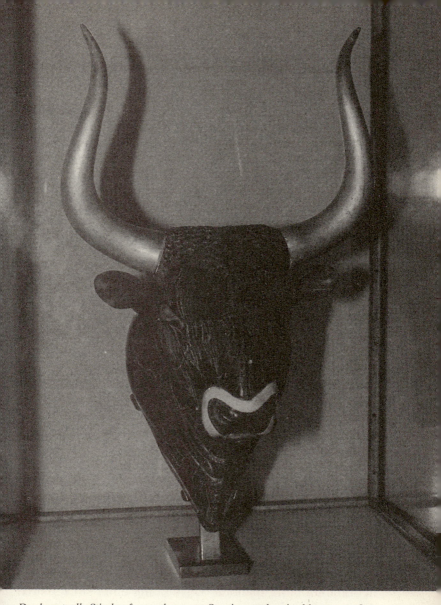

Der kunstvolle Stierkopf aus schwarzem Steatit, zu sehen im Museum zu Iraklion. Da die ehemals mit Goldblech belegten Hörner nicht erhalten waren, wurden sie nachgebildet

mutt umgeben. Die Plastik ist ein Rhyton, ein kultisches Trinkgefäß, in dem das Blut des Stiers aufgefangen wurde. Großartig ist die Darstellung von Stieren auf zwei Goldbechern aus der Mitte des 15. Jahrhunderts v. Chr., die in der Nähe von Sparta gefunden wurden, aber kretischer Herkunft sind. Beide Becher, die acht Zentimeter hoch sind, wurden 1888 in einem Kuppelgrab bei dem Ort Vaphio gefunden. Der Grabtypus ähnelt dem bekannten »Schatzhaus des Atreus« bei Mykene. Es handelt sich hier wie dort um einen großen Kuppelraum, eine bedeutende Leistung früher abendländischer Baukunst.

Die beiden Goldbecher stellen heute ein Glanzstück des Mykenischen Saales im Athener Nationalmuseum dar. Während auf dem einen Gefäß gezähmte Stiere abgebildet sind, zeigt das andere das Einfangen wilder Stiere. Es geschah mit zwischen Bäumen aufgespannten Netzen, auf die die Tiere zugetrieben wurden. Es war eine gefährliche Jagd. Waren die Fänger nicht schnell genug und konnten sie sich nicht rechtzeitig hinter Bäumen oder hinter dem Netz vor dem heranstürmenden Stier retten, so wurden sie von den Hörnern des Tieres ergriffen oder in den Boden gestampft, wie es eine Szene zeigt. Überaus dramatisch ist das Relief vom im Netz gefangenen oder von einem im Galopp dahinjagenden Stier. Die Bilder überzeichnen allerdings die Realität, wie der deutsche Wissenschaftler Wolfgang Schiering feststellt. Er sagt, in der kretischen Kunst sei solche Abbildung so beliebt gewesen, daß man von einem »kretischen Galopp« sprechen könne. In jedem Fall entsteht durch diesen Effekt eine gesteigerte Spannung. Donald Strong vom Britischen Musuem in London meint dazu: »In der ganzen Geschichte klassischer Kunst werden wir keine überzeugendere Darstellung einer stürmischen Bewegung finden.«

Faszinierende Stierspiele

Von besonderem Reiz waren die Stierspiele, die in dieser Form nur aus Kreta bekannt sind. Sie haben die ganze Insel fasziniert. Auf einem Fresko im Museum in Iraklion rast ein Stier auf ein Mädchen zu, das die Hörner des Tieres ergreift. Ein junger Mann hat indessen einen Salto über den Kopf des Stieres geschlagen, während ein Mädchen hinter dem Stier mit ausgebreiteten Armen bereitsteht, dem Springer Hilfestellung zu geben. Solche Sprünge waren gefährlich, der geringste Fehler konnte tödlich sein.
Nun hat man spanische Stierkämpfer über die Möglichkeit dieser Sprünge befragt. Ein Torero erklärte: »Wenn jemand versuchen sollte, die Hörner eines anstürmenden Stieres zu ergreifen, um durch die Luft geschleudert zu werden, so hätte er keine Aussicht, lebend davonzukommen. Der angreifende Stier würde den Kopf seitwärts drehen und jeden durchbohren, der ihm gegenüberträte.«
Amerikanische Cowboys haben dem englischen Archäologen Sir Arthur Evans gesagt, ein solches Kunststück könne nur das Ergebnis einer uns unbekannten, verlorengegangenen Spezialdressur gewesen sein.
Bei diesen gewagten Stierspielen, die in irgendeiner Form sicherlich stattgefunden haben, ist es natürlich zu Unfällen gekommen. Auf einem Siegelring aus Smyrna ist ein solches Mißgeschick abgebildet: Ein Springer, unter einem Stier liegend, hebt verzweifelt die Hände, während der Stier erstaunt den Kopf rückwärts nach unten dreht.
Stierspiele fanden in der Mitte der kretischen Paläste statt, auf dem gepflasterten Innenhof, der in Knossos 50 mal 25 Meter groß war. Der Hof ist heute noch deutlich in Knossos zu erkennen, so auch in Festos, Agia Triada, Malia

und Zakros. Bei den Spielen waren die Seiten des Hofes von Zuschauern dicht besetzt, wie ein Fresko aus Knossos zeigt. An bevorzugten Plätzen saßen die königliche Familie und wichtige Persönlichkeiten der minoischen Gesellschaft.

1200 Räume und Gemächer

Rings um den Innenhof lagen Königsgemächer, Vorräume, Treppenhäuser, Säulenhallen, Archive, Korridore, Werkstätten oder Magazine. In Knossos war dies eine riesige Anlage mit etwa 1200 Räumen, von denen heute noch 800 zu erkennen sind. Die Vielzahl der sich kreuzenden und verschlungenen Gänge machte es schwer, sich zurechtzufinden. Es war ein »Labyrinth«. »Das Labyrinth wird heute allgemein für eine mystische Chiffre des minoischen Palastes in Knossos mit seiner verwirrenden architektonischen Gestaltung gehalten«, schreibt der Tübinger Professor für Rhetorik, Egidius Schmalzriedt. Der Name Labyrinth stammt vom Wort »Labrys«, der heiligen Doppelaxt, die noch an einigen Wänden des Palastes als Einritzung zu erkennen ist. Ein Raum ist sogar nach der Doppelaxt benannt.
Im Labyrinth hat, wie geschildert, der Sage nach der Minotaurus gelebt, jene Mischung aus Mensch und Stier. Die alten Schriftsteller haben bei der Beschreibung des Ungeheuers sein fürchterliches Gebrüll hervorgehoben und die Gefahr, die jedem, der sich dem Monstrum näherte, von den Hörnern drohte. Nun haben die Minoer die sagen-

Vorratsgefäße im Palast von Knossos. Im Hintergrund ein kultisches Stierhorn

hafte Bestie nicht selbst erfunden. Sie haben sie aus dem Orient übernommen, in dem der Stier eine besondere Rolle gespielt hat. In Babylonien gab es Stiergötter als Wächter an Tempelpalästen, zum Beispiel am Thronsaal von Nimrud. Im Gegensatz zu den kretischen Vorstellungen hatten diese märchenhaften Doppelwesen aber keine menschlichen Körper mit Stierkopf, sondern waren Stiere mit Menschenkopf. In beiden Fällen ging es um die Manifestation überirdischer Kraft.

Die Sage vom Minotaurus beginnt mit König Minos. Er bittet Poseidon um einen majestätischen Stier zur Beglaubigung seiner Herrschaft und verspricht, das Geschenk dem Gott zu opfern. Poseidon erfüllt den Wunsch und schickt einen Stier von solcher Schönheit und Großartigkeit, daß Minos ihn seinen königlichen Herden einreiht und einen anderen Stier opfert. Darüber ist Poseidon empört und nimmt Rache. Er vollzieht die Strafe aber nicht an Minos selbst, sondern an dessen Frau Pasiphae. Er verleiht ihr eine widernatürliche Leidenschaft und läßt sie sich in den von ihm geschenkten Stier unsterblich verlieben. Pasiphae nähert sich dem Tier auf den Wiesen und will ihn liebkosen. Doch der Stier erschrickt und rennt davon. Da wendet sich Pasiphae an Dädalos und klagt ihm ihr Leid. Dädalos schnitzt daraufhin aus Holz eine lebensgroße Kuh, höhlt sie aus und überzieht sie mit einer Rindshaut. Dann stellt er das künstliche Tier auf die Weide, und Pasiphae steigt hinein. Der Stier kommt neugierig herbei und läßt sich täuschen.

Pasiphae gebiert zum Entsetzen ihres Mannes den Minotaurus. Um die Schande der königlichen Familie zu verbergen und das abscheuliche Monstrum zu verstecken, gibt Minos seinem Baumeister Dädalos den Auftrag, das Labyrinth zu errichten. Dädalos nimmt sich dabei als Vor-

bild den ägyptischen Reichspalast am Moerisee mit zwölf überdachten Höfen und dreitausend Gemächern. Danach baut er den kretischen Irrgarten, der mit tausend verschlungenen Gängen so verwirrend ist, daß keiner, der ihn betrit, wieder herausfindet.
Der im Labyrinth eingesperrte Minotauros lebt von Menschenfleisch. Nicht nur Untertanen von Minos werden geopfert, auch Menschen aus Vasallenstaaten. Als zum dritten Mal sieben Jünglinge und sieben Jungfrauen aus Athen als Beute für das Ungeheuer nach Kreta geschickt werden sollen, empören sich die Bürger der Stadt gegen ihren König Ägeus, weil er die unmenschlichen Bedingungen des Königs Minos angenommen, selbst aber darunter nicht zu leiden habe. Da tritt der Sohn des Königs, Theseus, vor und sagt, er wolle dem Unwesen ein Ende machen. Er werde mit den jungen Menschen nach Kreta fahren und den Minotaurus töten.
König Ägeus versucht, seinem Sohn das Abenteuer auszureden. Umsonst. So wird ein Schiff seefertig gemacht, um die 14 Opfer nach Kreta zu bringen. Es werden schwarze Segel gesetzt. Doch Ägeus gibt dem Schiff auch weiße Segel mit. Sie sollen bei der Rückkehr gesetzt werden, wenn Theseus und seine Gefährten lebend davonkommen.

Das Wollknäuel der Ariadne

Als das Schiff in Kreta gelandet ist, werden die Opfer vor König Minos gebracht. Auch die Tochter des Königs, Ariadne, ist anwesend und wird zu dem jugendlichen Theseus von Liebe ergriffen. Sie läßt ihn zu einer geheimen Unterredung kommen und erklärt, sie wolle ihn retten. Sie übergibt Theseus ein Wollknäuel und sagt, er müsse es am Eingang des Labyrinths anbinden und dann ablaufen lassen, bis er zu dem Ungeheuer gelange. Habe er den Minotaurus erschlagen, solle er den Faden wieder aufspulen. So werde Theseus die Irrwege vermeiden und wieder sicher zum Eingang gelangen. Um das Ungeheuer zu töten, übergibt Ariadne dem Königssohn ein geweihtes Schwert.

Theseus betritt das Labyrinth, läßt seine Genossen zurück, spult den Wollfaden ab, trifft das Ungeheuer, erschlägt es und findet den Weg zurück. Er trifft Ariadne, die nun Theseus rät, die minoischen Schiffe mit dem Schwert zu zerstören, damit eine kretische Verfolgung unmöglich wird. Dann sticht Theseus mit Ariadne und seinen Gefährten in See. Ein günstiger Wind trägt sie zur Insel Dia, dem jetzigen Naxos. Doch hier erscheint Gott Dionysos Theseus im Schlaf und befiehlt ihm, Ariadne zurückzulassen, denn sie sei seine Braut. Der in Gottesfurcht erzogene Theseus folgt dem Befehl und verläßt im Morgengrauen, ohne Ariadne, mit seinen Genossen die Insel.

Theseus ist darüber, daß er seine Geliebte zurücklassen mußte, so niedergeschlagen, daß er auf der Weiterfahrt vergißt, die Segel zu wechseln. Sein Vater, der indessen auf einer Felsenklippe die Rückkehr des Schiffes erwartet, erblickt über der See die schwarzen Segel. Er muß annehmen, sein Sohn sei getötet worden und stürzt sich ins Meer. Es wird seit dieser Zeit »Ägäisches Meer« genannt.

Täglich Tausende von Besuchern

Das Museum in Iraklion gehört zu den bedeutenden archäologischen Sammlungen der Welt. Täglich wird es von Tausenden von Menschen aufgesucht, die die Fülle von Funden aus der europäischen Frühzeit bewundern:

- Den goldenen Anhänger mit Bienen aus Malia (17. Jh. v. Chr.). Die sich gegenüberstehenden Bienen umkreisen eine Honigwabe, die mit mikroskopisch kleinen Granulomen geschmückt ist.
- Den Helm aus den Stoßzähnen eines Ebers, den Homer beschrieben hat (13. Jh. v. Chr.).
- Die aus Serpentin gefertigte Schnittervase mit einer Gruppe von Bauern, die lachend und singend von der Arbeit zurückkehren (Agia Triada, 16. Jh. v. Chr.).
- Das berühmteste Fresko aus dem Palast von Knossos, das dunkelhaarige, rotlippige Mädchen mit großen Augen, das die Arbeiter beim Auffinden »Die kleine Pariserin« nannten (16 Jh. v. Chr.).

Rätselhafter erscheinen Funde wie die folgenden:

- Der Diskos von Phaistos mit einer nicht entzifferten Schrift von 241 Zeichen, unter denen Männer, Frauen, Kinder, Vasen, Fische und Vögel zu erkennen sind (um 1600 v. Chr.). Die Inschrift verläuft spiralartig vom Rand zur Mitte und stellt vielleicht eine religiöse Hymne mit magischer Bedeutung dar.
- Der sakrale Knoten aus Elfenbein (mittelminoisch), der an den Knoten von Gordion erinnert, den Alexander der Große durchschlug.

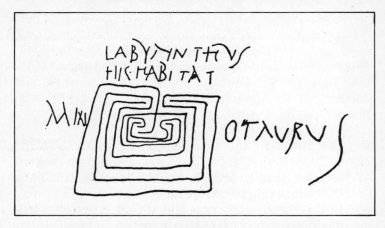

*Wandkritzelei aus Pompej: LABYRINTHUS – HIC HABITAT MINOTAURUS
– was heißt: Labyrinth – Hier wohnt der Minotaurus (1. Jh. n. Chr.)*

- Die barbusige, vielfarbige Göttin aus Knossos (17 Jh. v. Chr.) mit einer Schlange in jeder Hand, die kultische Bedeutung hatte.
- Die tönerne Göttin aus Gazi (13. Jh. v. Chr.) mit Mohnkapseln im Diadem.

Das aus Mohnkapseln gewonnene Opium wurde bei religiösen Handlungen eingenommen. Damit wurde der Austritt aus der Wirklichkeit und der Übergang in eine irreale Welt vollzogen, in die Welt der Halluzinationen. Kamen die kultischen Tänze hinzu, so verfielen die Tänzer in einen rauschartigen Zustand. Es ging um die »Epiphanie«, das Erscheinen der Götter. »Durch ekstatische Tänze und Gebete und Opfer wurden die Gottheiten beschworen«, schreibt der deutsche Archäologe Friedrich Matz.

Tänze und das Labyrinth

Alte minoische Tänze sind an einigen Tonplastiken im Museum von Iraklion ablesbar. Die Tänzer im Kreis sind im Schulterschluß miteinander verbunden. Gruppen tanzten nebeneinander, verbanden sich miteinander, wechselten die Richtung, lösten sich auf und fanden wieder zueinander. Es waren feststehende Figuren, Spiralen, die auf den alten Vasen, auf Steinen und Schalen häufig vorkommen. Vergil schreibt darüber in der »Aneis«:

So wie vor Zeiten im gebirgigen Kreta das Labyrinth –
das aus blinden Wänden errichtet und mit seinen
    zahllosen
Gängen und täuschenden Fluchten derart verwirrte,
    daß keine Spur
weiterführte und kein Irrweg aufgelöst werden
    konnte –,
so kreuzten auch die Söhne der Teukrer [ein trojanischer Volksstamm]
im Tanz die Spuren und ließen im Spiel ein Fliehen
und Kommen entstehen. (5, 588–592)

Bei den alten Schriftstellern wird nicht nur das Labyrinth mit den minoischen Tänzen in Verbindung gebracht, auch Dädalos und Ariadne werden in diesem Zusammenhang gestellt. Beide sind im 18. Gesang der »Ilias« genannt. Hier schildert Homer, wie der göttliche Schmied Hephaistos für Achill einen prunkhaften Schild fertigt und was er darauf abbildet, auch einen Reigen, vergleichbar »dem Tanz, den Dädalos in Kreta für Ariadne ersonnen hatte«:

Kreta

Diese Skulptur aus dem 1. Jahrhundert v.Chr. zeigt, wie Theseus den Minotaurus bezwingt. Sie ist in den Staatlichen Museen in Ost-Berlin zu sehen. Foto: Staatliche Museen Berlin

Blühende Jünglinge und vielgefeierte Jungfrauen
tanzten dort den Ringeltanz, an der Hand einander haltend...
Bald mit gut gemessenen Schritten schwebten sie im Kreis
leicht umher, wie ein Töpfer die runde Scheibe
sitzend dreht und kunstfertig prüft,
wie schnell sie sich bewegen lasse.
Bald tanzten sie wieder in Reihen einander entgegen.

(5, 593 ff.)

Die Entstehung der alten Sagen

Noch etwas kommt hinzu. Gemeint ist das Seil, das manchmal die Tänzer miteinander verband. Eine solche Choreographie gab es beim römischen Chorus Proserpinae. Auch beim griechischen Gerano-(Kranich-)Tanz war ein Seil unerläßlich, um den schwierigen labyrinthischen Figuren zu folgen. »Die Tänzer halten gleichsam den Faden der Ariadne in der Hand«, schreibt der Mythenforscher Karl Kerenyi. »Wie man jenen zuerst abwickelte und dann aufwickelte, ebenso führte ihr Seil die Geranotänzer hinein und dann zurück.«

Der Faden der Ariadne, die Tänze der Minoer und das alte Spiralsymbol, das Labyrinth von Knossos und sein Erbauer Dädalos sind hier angesprochen. Es sind Hinweise zur Entstehung der alten Sagen.

Diese Wandmalerei aus Akrotiri auf Santorin entstand um 1500 v.Chr. »Boxende Knaben« heißt diese Malerei, die als die älteste bekannte Darstellung spielender Kinder gilt und im Nationalmuseum zu Athen zu sehen ist

Santorin und das sagenhafte Inselreich der Antike

Atlantis

> »Die Menschen wollen glauben und werden das tun,
> solange auch nur die leiseste Chance besteht, daß Atlantis
> einmal existiert hat. Jede neue Theorie verlängert die
> Hoffnung.«
>
> *Edwin S. Ramage*

Am alten Kraterrand von Santorin, an der sogenannten Caldera, liegt das Hotel »Kawalari«. Am oberen Eingang des Hauses führt die Straße ins Zentrum von Thera, das heute Fira heißt und mit Gassen und Treppen eine Fußgängerzone ist. Beidseits der Wege sind blendendweiß gestrichene Häuser mit Flachdächern und Kuppeln im Kykladenstil. Sie reflektieren mittags das grelle Sonnenlicht so stark, daß die Augen schmerzen. In den Läden warten indessen geschäftstüchtige Griechen auf die Touristen, die im Sommer in so großer Zahl einfallen, daß die Wege verstopft sind. Vor allem die Juweliere machen mit ihren silbernen und goldenen Nachbildungen minoischer Kunst – Nachbildungen etwa der Bienen von Malia oder der Doppelaxt von Knossos – glänzende Geschäfte.

Am etwa fünfzig Meter tiefer gelegenen zweiten Eingang des Hotels führt die vom Hafen kommende Straße vorbei. Es ist der Weg der Maulesel; sie tragen die Touristen über viele Serpentinen die steile Bergwand hinauf. Die Treiber feuern dabei ihre Tiere heftig an und schlagen mit Stöcken zu, damit die Mulis – trotz sengender Hitze – noch schnel-

ler laufen. Die Treiber wollen nämlich in aller Eile wieder nach unten; sie möchten weitere Touristen abfangen, die von den auf Reede liegenden Schiffen mit Motorbooten in den kleinen Hafen gebracht werden. Fromme Inselbewohner, denen die Mulis leid tun, glauben, die Tiere seien nichts anderes als Seelen im Fegefeuer, die durch das mühsame Hinaufquälen auf die Berghöhe Vergebung ihrer Sünden erlangten. »Überall in Griechenland«, erzählt der griechische Archäologe Spyridon Marinatos, »fordern Mulitreiber darum widerspenstige Tiere auf, folgsam zu sein – ›oder du kommst nach Santorin!‹«
Im Hotel »Kawalari« herrscht gelöste Stimmung, die für Santorin typisch ist. Auch das Personal ist davon angetan. Am Empfang bedient ein junger Amerikaner, der das »Ratenrennen« in den USA herzlich leid ist und ein kleines Glück in Thera sucht. Auch Robert, Kellner und »Mädchen für alles«, ist »Aussteiger«. Er kommt aus Karl-Marx-Stadt in der ehemaligen DDR, wechselte in die Bundesrepublik über, fand auch dort das Leben frustrierend und hat nun vorerst auf Santorin eine Heimat gefunden.
Ursprünglich ist Santorin eine fast kreisrunde Insel gewesen mit einem Durchmesser von etwa sechzehn Kilometern. Sie hatte die klassische Kegelform eines Vulkans mit der beträchtlichen Höhe von weit über tausend Metern. In alten Zeiten wurde sie »Strongyle« genannt, »die Runde«, oder »Kalliste«, »die Schöne«. Den Namen »Thera« erhielt die Insel nach dem thebanischen Helden Theras, wohingegen der Name »Santorin« zur Kreuzritterzeit nach einer Kirche der heiligen Irene (Santa Irini) entstand.
Santorin liegt an der Grenze zwischen zwei großen Erdplatten, der afrikanischen und der ägäischen, auf einem Erdbebenhügel, der sich vom heutigen Korinth bis nach Kleinasien zieht. Hier haben zu allen Zeiten verheerende

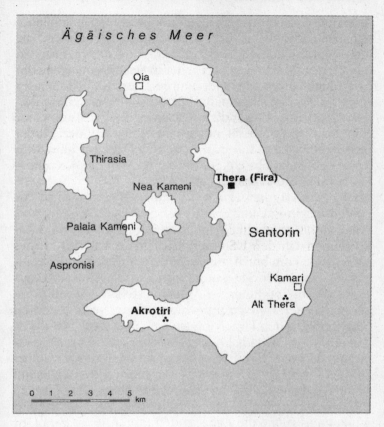

Santorin, Thirasia und Aspronisi mit den später entstandenen Vulkaninseln Palaia und Nea Kameni

Erdbeben stattgefunden. Die größte Katastrophe ereignete sich um 1500 v. Chr. Damals explodierte die Insel bei einem gigantischen Vulkanausbruch. Ungeheure Eruptionen zerstörten den Kegelberg, der in sich zusammenbrach bzw. in die Luft geschleudert wurde. Die gesamte Mitte der Insel wurde weggerissen, und in den Einbruch ergoß sich das Meer. Die entstandene Caldera, der Einsturzkessel, setzt sich unter Wasser noch einmal zweihundert Meter senkrecht fort, so daß dort kein Schiff ankern kann. Als Reste blieben die Inseln Santorin, Thirasia und Aspronisi. Auch in der Folgezeit ereigneten sich beträchtliche tektonische Verwerfungen. Dabei tauchten aus der Caldera die beiden Inseln Palaia Kameni und Nea Kameni (Alte und Neue Verbrannte) auf. Von der Entstehung Palaia Kamenis zu Beginn des 2. Jahrhunderts v. Chr. berichtet Strabon: »Vier Tage lang brach mitten zwischen Thera und Therasia Feuer aus der See, so daß das Meer kochte und aufbrauste. Aus rotglühender Masse bestehend, tauchte, als ob sie aus der Tiefe emporgehievt würde, nach und nach eine Insel aus den Fluten, bis sie einem Umfang von zwölf Stadien (etwa zwei Kilometer) besaß.« Der Nordteil Nea Kamenis bildete sich übrigens erst zu Beginn des 18. Jahrhunderts n. Chr. Allein in unserem Jahrhundert gab es in jenem Gebiet zahlreiche Erdbeben. So wurde Korinth 1928 total zerstört, erschütterten unterseeische Beben und Vulkanausbrüche die Ägäis in den Jahren 1925/26, 1938/39, 1941, 1950, und 1956 war Santorin erneut betroffen. In weniger als einer halben Minute waren zweitausend Häuser vernichtet; eine Panik entstand; Tausende verließen die Insel. Die Erdbebenschäden sind zum Teil noch heute sichtbar, so in Thera und ganz besonders in Oia im Norden Santorins.

Am Kraterrand

Wir haben Nea Kameni aufgesucht, eine eigenartige, tote Steinwelt. Gewaltige Mengen von kantig-schwarzen Lavablöcken haben sich in der Bucht aufgetürmt, in der das Boot von Santorin anlegt. Auf dem Weg bergauf folgen Bimsstein, Vulkanasche, Tuff, schwarze Schlacken, rutschiges Geröll. Ein paar Gräser versuchen, Wurzeln in das spröde Gestein zu schlagen; sogar einige Feigenbäume haben sich hierher verirrt. Auf gewundenen Wegen geht es bis auf 124 Meter aufwärts, zum Gipfel. Es riecht schweflig, und weiße Dämpfe steigen aus dem schwarz-braungelben tiefen Erdeinbruch, dem trichterförmigen Krater.
Grandios ist der Blick auf die Inseln ringsum, auf die Reste des ehemaligen Vulkans, in dessen Zentrum wir stehen. Gigantisch sind die Ausmaße: Der Durchmesser beträgt etwa sechs Kilometer von West nach Ost und rund elf Kilometer von Nord nach Süd. Phantastisch zeichnet sich die über dreihundert Meter hohe Steilwand von Santorin ab, oben abgeschlossen von der langen Front der weißen Häuser. Die Bergwand stellt sich als unvergleichliche Stratigraphie dar, als abenteuerlicher Schnitt durch die geologischen Zeiten. Alle Gesteinsstrukturen sind freigelegt. Die oberen Schichten bestehen aus riesigen Mengen von Santorin-Erde und Bimsstein, die auf die Insel niedergingen und alles Leben auslöschten. Die größte gemessene Stärke der vulkanischen Asche betrug 66 Meter.
Was sich vor dreieinhalbtausend Jahren hier abgespielt hat, wird bei einem Vergleich mit der Eruption eines Vulkans in historischer Zeit deutlich, dem Ausbruch des Krakataus in Indonesien im Jahre 1883. Von dieser Naturkatastrophe liegen Aussagen verschiedener Beobachter vor.

Danach hat eine 70 Meter hohe Aschenschicht die Insel bedeckt, schlugen Rauch- und Staubwolken 30 Kilometer hoch und waren 700 Kilometer weit sichtbar. Die Gegend um Batavia (heute Djakarta) lag im völligen Dunkel. Gewaltige, bis 36 Meter hohe Flutwellen richteten auf den Nachbarinseln furchtbare Zerstörungen an, Lufterschütterungen liefen in verschiedenen Richtungen mehrmals um den Erdball. Noch auf eine Entfernung von 160 Kilometern ließ die entstandene Druckwelle Häuserwände und Fenster bersten. 36 000 Menschen verloren ihr Leben.

Gewaltige Ausmaße hat der Krater auf Nea Kameni

Dieser Naturkatastrophe hat der griechische Archäologe Spyridon Marinatos in den dreißiger Jahren dieses Jahrhunderts besondere Aufmerksamkeit gewidmet, zumal ihm während seiner Arbeiten in den Niederlanden aufschlußreiches Material über die Eruption des Krakataus in die Hände fiel (Indonesien war seit dem 17. Jahrhundert bis vier Jahre nach dem Ende des Zweiten Weltkriegs niederländische Kolonie). In einem Artikel in der englischen Zeitschrift »Antiquity« zog Marinatos 1939 dann einen Vergleich zwischen dem Ausbruch des Krakataus und der Eruption von Thera. Er wollte damit beweisen, daß die Katastrophe von Santorin den Untergang der minoischen Kultur verursacht hat. Diese Beweisführung wurde kritisch aufgenommen.

Die Ausgrabungen von Akrotiri

Jahrzehnte später hat sich Marinatos intensiver mit Santorin befaßt, besonders mit einem Gebiet südöstlich des Ortes Akrotiri. Hier waren verschiedentlich interessante Funde aus der Mitte des zweiten vorchristlichen Jahrtausends gemacht worden. Auch war die Bimssteinschicht an dieser Stelle nicht so dick wie andernorts. Ferner lag Akrotiri dem von Evans ausgegrabenen Knossos auf Kreta – wenn auch hundert Kilometer entfernt – direkt gegenüber. »Akrotiri mußte für die Kreter ein idealer Anlegeplatz für ihre Schiffe gewesen sein.
Marinatos vermutete aus alldem, hier bedeutende Funde machen zu können. So nahm er gründliche Untersuchun-

gen der Insel vor und begann am 25. Mai 1967 mit Ausgrabungsarbeiten. Sie waren schnell von Erfolg gekrönt. Schon am ersten Tag konnte er Reste von bemalten Töpfereien und Hausmauern freilegen. In acht aufeinanderfolgenden Kampagnen (1967 bis 1974) ergaben sich dann überaus reiche Funde. Der Nachfolger von Marinatos bei den Arbeiten auf Santorin, Christos Doumas, sagte 1980: »Es steht heute fest, daß Marinatos die bedeutendste Grabung unseres Jahrhunderts eingeleitet hat, und mit Sicherheit wird bis zu ihrem Abschluß noch mindestens ein Jahrhundert verstreichen.«
Es wurden jedoch nicht Teile eines Palastes freigelegt, sondern Teile einer Siedlung, einer Stadt. Sie war anders als Gournia auf Kreta. Es war eine reiche Stadt. Die zwei- bis dreistöckigen Häuser hatten Bäder und Toiletten, die Abwässer wurden in ein unterirdisches Kanalystem geleitet. Es wurden Gassen und Mauern ausgegraben, kleine Mühlen und Vorratsgefäße. Das Besondere aber in diesem »minoischen Pompeji« sind jahrtausendealte Malereien. Doumas schreibt: »Die Entdeckung der Wandbilder der verschütteten Stadt Akrotiri war eine Sensation. Bei der Bergung stellte sich heraus, die mehrere Meter hohe Bimssteinschicht hatte die Farben über die Jahrtausende hinweg konserviert. Trotzdem mußten Restauratoren ihre ganze Kunstfertigkeit aufbringen, um die Wandbilder zu retten.« Weiter sagt Doumas: »Die Wandmalereien dort stellen die ältesten Zeugnisse großer Malerei im griechischen Raum dar und bereichern dieses Kapitel der europäischen Kunstgeschichte ganz wesentlich.«
Die Malereien sind keine echten Fresken. Die Künstler begannen mit ihren Arbeiten erst, wenn der Putz der Wände trocken war. Die heutigen Besucher, gespannt auf die Bilder der europäischen Frühzeit, werden allerdings ent-

täuscht, da die Malereien nicht mehr in Akrotiri, sondern im Nationalmuseum von Athen zu sehen sind.

In der griechischen Hauptstadt war zur Zeit der Ausgrabungen auf Santorin ein eingespieltes Team von Restauratoren zusammen, das viele Jahre an der Wiederherstellung byzantinischer Fresken gearbeitet hatte. Diese Konservatoren machten sich nun an die Rettung der Bilder von Akrotiri. Sie waren vom ersten bis zum letzten Tag der Grabung dabei. Sobald ein Malereifragment auf den Wänden erschien, überließ der Archäologe seinen Platz dem Restaurator, und dieser sorgte dann nach einem genauen Plan für die Rettung des Fundes. Die einzelnen, sorgfältig registrierten Teile kamen nach Athen. »Dort«, so sagt Doumas, »ging man ans Zusammensetzen, ans Kleben passender Teile, ans Rekonstruieren des Ganzen. Fehlende Flächen und Leerstellen wurden ergänzt, doch stets so, daß das Ergänzte als solches erkennbar blieb. Manche Bilder bestehen fast nur aus originalen Fragmenten... Andere wieder... haben mehr ergänzte als originale Teile.«

So wurden in Athen unter anderem rekonstruiert: ein Fischer, in jeder Hand ein Bündel von Makrelen; eine Mittelmeerlandschaft mit Lilien und darüber schnäbelnde Schwalben; weibliche Gestalten mit langen, schwarzen Haaren und geschminkten Wangen und Lippen; auf Felsen springende blaue Affen; eine Flotte im Seegefecht. Von besonderer Faszination sind Malereien, die, nach dem Grabungsplan von Akrotiri, im Haus B1/B2 gefunden wurden. Da sind zunächst die zwei Antilopen mit ihren geschmeidig-geschwungenen Konturen zu nennen, von meisterlicher Hand entworfen, und da sind die zwei boxenden Knaben nicht zu vergessen: Diese jugendlichen Faustkämpfer mit ihren langen, schwarzen Haarsträhnen, ihrem teilweise geschorenen Kopf, mit einem Lendenschurz

Ein Stück Erde, das die Phantasie vieler angeregt hat: Die Insel Santorin mit dem neuen Thera

bekleidet, tragen jeweils einen Boxhandschuh an der rechten Hand. Die Malerei gilt als die älteste Darstellung spielender Kinder.
Auch die Auffindung der Bilder und ihre Rekonstruktion sind Spyridon Marinatos zu verdanken, der, wie bereits gesagt, die Grabungen von Akrotiri angeregt und durchgeführt hat. Marinatos, der seit 1967 unermüdlich in Santorin tätig gewesen ist, wurde dort 1974 von einer einstürzenden Mauer erschlagen. An der Stelle, an der der Unfall sich ereignete, wurde er begraben. Stets liegen heute Blumen auf seinem Grab.

War das minoische Reich Atlantis?

Marinatos ist der Auffassung gewesen, seine Grabungen hätten endgültig den Nachweis dafür erbracht, daß der Ausbruch des Vulkans von Thera den Untergang der minoischen Kultur, einschließlich Kretas, verursacht habe. Der Gelehrte: »Alles unterstützt die These, daß, als das 16. Jahrhundert v. Chr. zu Ende ging, das ganze östliche Mittelmeer unter minoischer Herrschaft war. Dann kam die Katastrophe, schnell und vollständig. Jeder Palast, jede Siedlung wurde vernichtet. Kreta und seine große Kultur wurden aus der antiken Welt ausgelöscht. Der Glanz kehrte nie zurück.«
Die vollständige Vernichtung einer bedeutenden Kultur, wie von Marinatos dargestellt, erschien nun besonders geeignet als Hintergrund zur uralten Sage vom Untergang des legendenumwobenen Atlantis. Marinatos selbst hat

Atlantis

Auch diese zwei Antilopen, mit geschmeidigen Konturen gezeichnet, gehören zu den faszinierenden Monumentalmalereien, die nahe Akritori freigelegt worden sind. Die rund dreieinhalbtausend Jahre alte Malerei befindet sich heute im Nationalmuseum zu Athen

zwar solche Verbindung nicht hergestellt, aber andere waren und sind der Überzeugung, das minoische Reich sei Atlantis gewesen und sei durch den Ausbruch des Vulkans von Thera, besonders durch ungeheure Flutwellen, die durch die Eruption entstanden, vernichtet worden.
Der Ursprung dieser Atlantis-Sage geht auf den griechischen Philosophen Platon zurück (427 bis 348). In zwei

Stellen seiner »Dialoge«, im »Timaios« und im »Kritias«, spricht er von Atlantis. Sein Wissen geht auf die Erzählungen verschiedener Personen zurück. Zuletzt auf den Bericht des athenischen Gesetzgebers Solon, der um 590 v. Chr. Ägypten besucht hat. Auf dieser Reise gelangte er in die Stadt Sais, die während der 24. und 26. Dynastie eine bedeutende Rolle gespielt hat. Ihre Ruinen liegen am Rosettearm des Nils bei dem Dorf Sa el-Hagar. Hier wurde er von ägyptischen Priestern mit großen Ehren empfangen, und die berichteten Solon von einem Ur-Athen (dessen staatliche Einrichtuntgen in den Grundlagen mit dem von Sokrates entwickelten Gemeinwesen übereinstimmten). Dieses Athen hat nach den Aussagen der Ägypter in einem heldenhaften Kampf den großen Inselkontinent Atlantis besiegt, der jenseits der Säulen des Herakles (Gibraltar) lag. Der Kampf, bei dem die Atlanter zehntausend Kampfwagen und zwölfhundert Schiffe aufboten, habe vor neuntausend Jahren stattgefunden.
Von Atlantis wird gesagt, es sei ein großer Inselkontinent gewesen, dessen Bewohner eine hohe Kultur entwickelt hätten. Das Reich sei größer als Libyen und Kleinasien zusammen gewesen und von Königen regiert worden. Ferner wird berichtet, die Herrscher träfen sich alle fünf bis sechs Jahre, um ein kompliziertes Ritual mit Stierjagden und Opfern durchzuführen
Im »Kritias« heißt es: »Die Menschen, die dort lebten, bauten eine umfangreiche, schöne Stadt, deren Glanz jeder König noch vermehrte. Die Stadt bestand aus einer zentralen Insel, wo der König in einem schönen Palast lebte, umgeben von drei konzentrischen Wasserringen, die mit zwei Landringen abwechselten. Die Wasserringe waren überbrückt, um einen Übergang zu schaffen; durch die Landringe wurden Kanäle gegraben, damit Schiffe zu den

zentralen Inseln gelangen konnten. Von dem äußeren Ring wurde ein Kanal zu dem etwas entfernteren Meer gegraben.«
Platon läßt den Kritias auch den moralischen Niedergang und den ungezügelten Ehrgeiz der Atlanter beschreiben. Doch da habe Zeus die Götter zusammengerufen, um die Bestrafung zu erörtern... Der Bericht des Kritias bricht damit ab.
Doch im »Timaios« heißt es vom Ende des Inselkontinents Atlantis, ein schlimmer Tag und eine schlimme Nacht seien gekommen, und es habe gewaltige Erdbeben und Überschwemmungen gegeben. Atlantis sei im Meer versunken, auch sei die ganze Streitmacht vernichtet worden. Heute noch könne man »das Meer dort weder befahren noch erforschen, weil in ganz geringer Tiefe der Schlamm im Wege liegt, den die Insel, als sie sich senkte, zurückgelassen hat«. Damit wird die zu Platons Zeiten herrschende Auffassung von der Seichtigkeit des großen westlichen Meeres wiedergegeben.

Frühe Versuche der Lokalisierung

Bereits im Altertum gab es verschiedene Arten der Erzählung von Atlantis, wobei die ursprüngliche Quelle immer Platon gewesen ist. Schon damals bezweifelten einige die Wahrheit, so Aristoteles. Der Geograph Strabon glaubte, die Geschichte sei von Platon erfunden worden. Andere, so der griechische Philosoph und Geograph Poseidonios (135 bis 50), hielten den Bericht für wahr. Es gab auch Versuche der Lokalisierung. Später griffen die Kirchenväter die Legende auf und bauten sie in ihre allegorischen Erzählungen ein. Im 15./16. Jahrhundert, zur Zeit der großen Entdeckungen, spielten Inseln oder Kontinente, die man zu finden hoffte, darunter Atlantis, eine wichtige Rolle. Es setzten, wie im Altertum, zahlreiche Versuche ein, den versunkenen Kontinent aufzuspüren. So soll Sizilien Atlantis gewesen sein, dann die Kleine Syrte in Nordafrika. Andere verlegten die Insel nach Tartessos an der Südküste von Spanien. Noch andere sprachen von den Kanarischen Inseln, den Azoren, von Malta, der Sahara, Grönland, Helgoland, Spitzbergen, der Arktis, der Krim, den Britischen Inseln, der Nigermündung, Skandinavien, von der Nordsee, von Amerika...

Der Phantasie waren und sind keine Grenzen gezogen. Insgesamt wurden über das Rätsel Atlantis einige tausend Bücher und einige zehntausend Artikel geschrieben. Beteiligt an dieser Diskussion haben sich Archäologen, Geographen, Historiker, Philologen, Pseudowissenschaftler, Dichter, Mystiker, Fanatiker, Okkultisten, Phantasten.

Als der Engländer Sir Arthur Evans um 1900 Knossos ausgrub und damit das alte Kreta wiedererstehen ließ, war das Interesse an diesen archäologischen Arbeiten groß. Man wünschte, noch mehr zu erfahren von dieser Kultur, die vor 3500 Jahren bestanden hatte und, aus welchen Gründen auch immer, untergegangen war. 1909 erschien zu diesem Thema in der britischen »Times« ein anonymer Artikel. Wie sich später herausstellte, hatte ihn ein gewisser Frost geschrieben, ein Gelehrter für klassische Studien. Er nahm 1913 in einem weiteren Artikel zur minoischen Frage Stellung. Seine Meinung: »Die neuen archäologischen Grabungen auf Kreta machen es nötig, sämtliche Vorstellungen von der Geschichte des Mittelmeerraumes aus der klassischen Zeit zu überdenken.« Zum Untergang des minoischen Reiches sagte er, »es sei, als ob die Sage von Atlantis wahr geworden wäre ... So ganz und gar minoische Züge sind es, welche Platons Atlantisbeschreibung im ›Timaios‹ und ›Kritias‹ offenbart, daß selbst ein Geist wie Platon nicht so viele Tatsachen auf einmal erfunden haben kann, die über jeden Verdacht erhaben sind.«

Vergleich mit den Bechern von Vaphio

Nach der Gleichsetzung des minoischen Reiches mit Atlantis vermerkte Frost: »Beispielsweise der große Hafen mit seinem Gewimmel von Schiffen und Kaufleuten aus aller Welt, die mit allem technischen Raffinement angelegten Baderäume, das Stadion und das feierliche Stieropfer – all dies ist, wenn auch nicht ausschließlich, minoisch. Liest man dann vollends in Platons ›Kritias‹, daß ein im Poseidon-Heiligtum weidender Stier ganz ›ohne Waffen‹ (wörtlich: ›ohne Eisen‹), nur mit Stöcken und Stricken gefangen werden sollte, so hat man es mit nichts anderem als einer unmißverständlichen Beschreibung dessen zu tun, was sich in der ›Stierkampfarena‹ von Knossos abspielte, jener Eigentümlichkeit, die Nichtkreter am meisten befremdete und die Sage vom Minotaurus aufkommen ließ. Platons Worte beschrieben haargenau die Szenen, wie sie auf den berühmten goldenen Bechern aus Vaphio dargestellt sind, die ohne Frage das Einfangen wilder Stiere für die einst bei den minoischen Kretern übliche Art des Stierkampfes wiedergeben.«

Die Ausgrabungen nahe Akrotiri auf Santorin werden noch Jahrzehnte andauern

Auch der griechische Professor für Seismologie, Angelos Galanopoulos, sieht in Atlantis mehr als eine Sage. Er schreibt: »Auch nur oberflächlichen Kennern der großen Kulturen der Kupferzeit gilt Atlantis, wie Platon es beschrieben hat, als ausgesprochener Höhepunk des damaligen Kulturstandes.« Der Gelehrte glaubt an die Echtheit des Dokuments, das Solon nach Griechenland mitgebracht hatte. Kommen dann doch einmal Zweifel auf, so versucht er, Unvereinbares durch einen Übersetzungsfehler zu erklären. Bei Zahlenangaben handelt er ähnlich: Dort streicht er, wie andere Forscher es auch getan haben, eine Null – denn somit ergibt sich eine Übereinstimmung des Zeitpunktes der Zerstörung von Thera mit der Vernichtung von Atlantis. Galanopoulos meint außerdem, die Hautpstadt von Atlantis mit ihren konzentrischen Ringen sei die Insel Thera gewesen, während die Ebene um den königlichen Palast auf Kreta zu finden sei, und zwar im Süden, auf der Mesara-Ebene.

An der Diskussion über Atlantis hat sich auch der Professor für Klassische Philologie an der Universität Dublin, Luce, beteiligt. 1969 legte er eine umfangreiche Untersuchung mit dem Titel »Atlantis – Legende und Wirklichkeit« vor. Er stellte die Fragen: »Handelt es sich bei dem, was Platon schrieb, um die bloße Erfindung eines Fabulierers...? Oder enthält der Bericht die vage dunkle Erinnerung an Ereignisse, die sich tatsächlich abgespielt haben?« Luce meint, die Legende von Atlantis könne wie andere griechische Sagen einen harten Kern historischer Tatsachen verkörpern. 1971 sagte er: »Die Sage muß im Zusammenhang mit dem Gesamtbild des minoischen Kretas aufgefaßt werden... Wir erkennen dann, daß Atlantis im wesentlichen die dahingeschwundenen Herrlichkeiten der minoischen Kultur bedeutet...«

Atlantis ist Utopia

Zweifel an der Sage von Atlantis sind, wie schon erwähnt, alt. Eine besonders scharfe Kritik legte bereits 1841 der Franzose Henri Martin mit seinen »Studien über Timaios« vor. Nach seiner Überzeugung ist Platons Geschichte reine Dichtung; sie sei ägyptischen und nicht griechischen Ursprungs; wenn Atlantis existiert haben sollte, hätte es im Atlantik liegen müssen und nicht anderswo. »Wir hören besser auf, nach Atlantis zu suchen, denn es ist in Wahrheit ›Utopia‹.«
Andere Gesichtspunkte sollten ebenfalls nicht übersehen werden:

- Bei Platon heißt es, Atlantis habe außerhalb der Säulen des Herakles gelegen, also westlich von Gibraltar. Es gibt aber keinen Hinweis dafür, daß eine so große Landmasse im Atlantik versunken ist. Wenn nun daraufhin Atlantis-Befürworter die Insel ins Mittelmeer verlegen, da sich auf Thera eine gigantische Naturkatastrophe ereignet hatte, so ist dies eine höchst eigenwillige Auslegung.
- Nach Platon soll der große Kontinent Atlantis in einem Tag und einer Nacht untergegangen sein. Nun hat es in der geologischen Geschichte zwar umfassende Erdverschiebungen gegeben. Gewaltige Landmassen sind aufgestiegen und auch versunken. Aber es sind Erscheinungen, die sich in langen Zeitläufen abgespielt haben bzw. noch abspielen. »Plötzlich und durch eine Katastrophe untergetauchte Flächen«, stellt die amerikanische Geologin Dorothy B. Vitaliano fest, »die infolge eines Erdbebens in die Tiefe ge-

drückt wurden, oder in noch selteneren Fällen zusammenbrechende Vulkaninseln wie Krakatau 1883 und Santorin im 15. Jahrhundert v. Chr. sind selten größer als einige Dutzend Quadratmeilen.« Die Wissenschaftlerin fügt hinzu: »Platon erfand Atlantis, um einen philosophischen Ansatzpunkt zu schaffen (wie er andere Mythen erfand... Vom geologischen Standpunkt aus fürchte ich, muß man Atlantis als einen weiteren Mythos Platons ansehen.« Und Cecil Maurice Bowra, bekannter Professor für Altgriechische Philologie, ergänzt: »Mythen bilden ein unentbehrliches Element im System der Platonschen Philosophie.«

- Es hat verschiedene Versuche gegeben, die Vernichtung von Atlantis in Verbindung zu bringen mit eiszeitlichen Vorgängen, mit dem Ansteigen des Meeresspiegels bei Auftauen großer Eisregionen. Dazu sagt aber die Wissenschaft, daß es eine globale Überschwemmung, die so schnell eingetreten wäre, daß sie als Katastrophe bezeichnet werden könnte, nie gegeben hat.

Santorin-Thera ist beim großen Vulkanausbruch untergegangen. Anders verhält es sich aber mit dem Zentrum der minoischen Kultur, mit Kreta. Die gigantische Eruption um 1500 v. Chr. hat die große Insel keineswegs zerstört, denn nach neueren Untersuchungen ist der gewaltige Aschenregen des Vulkans hauptsächlich in nördlicher Richtung niedergegangen. Gewaltige Sedimente, die eindeutig vom Vulkanausbruch auf Santorin stammen, wurden neunzig Kilometer östlich Izmir, im See Gölçük, festgestellt.

Die deutschen Wissenschaftler Hans Pichler (Tübingen)

und Wolfgang Schierding (Mannheim) haben 1973 und in den folgenden Jahren festgestellt, daß der Aschenfall, der angeblich die Land- und Viehwirtschaft im spätminoischen Kreta vernichtet haben soll, keine sichtbaren Reste, sondern nur mikroskopisch nachweisbare Spuren hinterlassen hat. Eine Aschenschicht habe ehemals höchstens fünf Millimeter betragen.

Pichler und Schierding haben auch nachweisen können, daß keine riesigen Flutwellen (Tsunamis) entstanden sind, die nach Marinatos so verheerende Wirkungen gehabt haben sollen. Diese Flutwellen seien darum nicht entstanden, weil der Zusammenbruch der Insel Thera Wochen und Monate gedauert habe und nicht auf einmal erfolgt sei. So habe der Ausbruch des Thera-Vulkans nur geringfügige Spuren auf Kreta hinterlassen. »Katastrophaler und folgenreicher hingegen«, so die Meinung der beiden Wissenschaftler, »waren die dreißig bis fünfzig Jahre nach dem Vulkanausbruch erfolgten großen Zerstörungen auf Kreta. Sie waren mit größter Wahrscheinlichkeit das Ergebnis starker tektonischer und nicht vulkanisch bedingter Erdbeben und nachfolgender kriegerischer innerer Auseinandersetzungen.«

Der griechische Forscher Costis Davaras stellte 1988 fest, der Untergang der minoischen Kultur durch eine vulkanische Eruption werde heute von den meisten Forschern nicht mehr vertreten, da eher kriegerische Einwirkungen das Ende der minoischen Herrschaft herbeigeführt hatten.

Und was ergibt sich letzten Endes für Atlantis?

Die Vernichtung von Santorin-Thera durch den großen Vulkanausbruch um 1500 v. Chr. kann nicht gleichgesetzt werden mit dem Untergang des sagenhaften Kontinents. Der Hintergrund für Atlantis ist ein anderer. Spyridon Marinatos hat 1972 zutreffend erklärt, im Altertum habe es zahlreiche Sagen vom Untergang eines ganzen Kontinents gegeben und die Verbindung des Vulkanausbruchs mit der Vernichtung von Atlantis sei nur eine ägyptische Variante der alten Sage.

Es ist auch kein Zufall, daß Solon die Geschichte von Atlantis in Ägypten erfuhr. Hier waren die Erzählungen vom Untergang alter Kulturen durch große Fluten besonders lebendig. Am bekanntesten ist der Bericht von der Sintflut und der Rettung einiger Menschen und aller Tiere durch Noah. Doch auch diese Darstellung hat verschiedene Vorläufer: In älteren mesopotamischen Kulturen, wie etwa im Gilgamesch-Epos, kommen sie vor – und diese Erzählungen sind somit wesentlich älter als Solons Bericht, sind also auch lange vor der Zeit entstanden, als der Thera-Vulkan ausbrach.

So sollte man Professor S. Casey Fredericks zustimmen, der in den USA lehrt und dessen besonderes Interesse der antiken Mythologie gilt. Er bemerkte 1978: »Eine ›Kopernikanische Revolution‹ in den Atlantis-Studien ist schon lange überfällig. Es ist an der Zeit, daß die moderne Phantasie erkennt, daß Atlantis nie, weder in Zeit noch in Raum, existierte und daß der wirkliche Platz von Atlantis immer schon die Welt des Geistes und seines faszinierendsten Produktes, des Mythos, gewesen ist.«

Griechische Orakel

Nekromanteion und Delphi

»Es gibt kein Volk... das nicht der Ansicht wäre, die Zukunft könne gedeutet und von gewissen Leuten erkannt und vorhergesagt werden.«

Cicero, »Über Wahrsagung«

Daß es eine Unterwelt gab, jenes rätselhafte Land der Toten, daran hat in der Antike niemand gezweifelt. Man kannte auch manche Zugänge. Will man heute das Reich der Schatten finden und sucht es nicht in der Nähe von Neapel (bei den Phlegräischen Feldern oder am Averner See), wie im Kapitel »Circe« geschildert, dann bieten sich andere Landschaften an. So etwa die Region bei dem kleinen Dorf Mesopotamon, rund fünfzig Kilometer südlich des Hafens Igumenitza. Dieser nordgriechische Bezirk, Thesprotien genannt, wird schon in der Odyssee beschrieben (10, 509ff.). Hier spricht die Zauberin Circe zu Odysseus von hohen Erlen und Pappeln, jenen Bäumen, die nach antiker Auffassung am Tor zum Reich der Toten stehen. Circe nennt den Okeanos – er mußte überschritten werden, um in die Unterwelt zu gelangen; sie spricht von Aides – aus diesem Namen wurde später Hades, der Gott der Toten; schließlich nennt sie auch die Ströme dieser geheimnisvollen Welt und einen Fels, an dem die Flüsse sich treffen. Wörtlich heißt es:

> *... an dem niederen Gestade und den Hainen Persephoneiens*
> *voll unfruchtbarer Weiden und hoher Erlen und Pappeln*
> *lande dort mit dem Schiff an des Ozeans tiefem Strudel;*
> *dann gehe du selbst zu Aides' dumpfer Behausung.*
> *Wo in den Acheron sich der Pyriphlegeton stürzt*
> *und der Strom Kokytos, ein Arm des stygischen Wassers,*
> *an dem Fels, wo die zwei lautbrausenden Ströme sich mischen;*
> *nahe bei diesem Ort gebiete ich dir, edler Odysseus,*
> *eine Grube zu graben von einer Elle im Geviert ...*

Der heutige Reisende findet in dieser abgelegenen Landschaft noch die Flüsse Acheron, Kokytos, Pyriphlegeton. Es sind allerdings keine brausenden Ströme, sondern eher kleine Flußläufe, die von Gebüsch, Gestrüpp und Weiden umstanden sind und gemächlich die Ebene durchfließen. Östlich von hier breitete sich früher der Acherousia-See aus, den der Historiker Thukydides erwähnt. Der See ist heute trockengelegt; der Boden ist fruchtbar; es wird Reis angebaut. Das Gebiet ist keine Totenlandschaft mehr wie einst, als die Sümpfe die Region verseuchten und von fünf Einwohnern vier am Sumpffieber starben.

Hier lag die Stadt Ephyra

Wo Acheron und Kokytos zusammenfließen, erhebt sich ein Hügel mit Steilabfall zur Flußebene. Es ist der Fels, von dem Circe spricht. Im Altertum lag hier die Stadt Ephyra,

Beeindruckende Steinzeugen vergangener Größe vor einer imposanten Bergkulisse: Reste des Apollo-Tempels in Delphi

Nekromanteion und Delphi

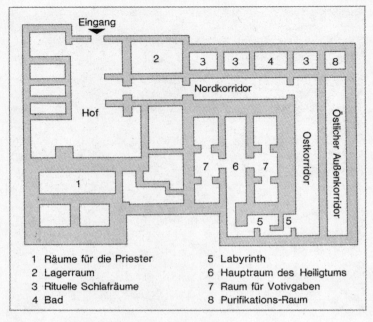

Grundriß des Nekromanteions

die im 14. Jahrhundert v. Chr. gegründet wurde. Heute erkennt man zunächst eine nachbyzantinische Klosterruine aus dem 18. Jahrhundert, eine dem Johannes geweihte Kirche mit dem üblichen kleinen Glockenturm und anschließend Reste eines Friedhofs. Dieser Platz in Verbindung mit den alten Schriften hat in den fünfziger Jahren das Interesse des griechischen Professors für Archäologie, Sotiris Dakaris, gefunden. Er vermutete hier das antike Totenorakel von Ephyra, ein Nekromanteion, das Ende des 3. Jahrhunderts v. Chr. errichtet wurde. Ein Orakel hat hier bereits früher gestanden; schon Herodot, der im 5. Jahrhundert v. Chr. gelebt hat, berichtet davon. Mykenische Scherben und ein mykenisches Grab haben bezeugt, daß der eigentliche Ursprung auf noch ältere Zeiten zurückgeht. Grabungen von Dakaris (1958 bis 1964) haben dann die Vermutungen des griechischen Archäologen voll bestätigt.

Der heutige Besucher sieht neben und unter der Klosterruine ein aus Zyklopenmauern von über drei Metern Dicke und in viele Räume aufgeteiltes Gebäude, das etwa 62 mal 46 Meter mißt und früher oben geschlossen war. Heute fehlen die Abdeckungen, nachdem das Heiligtum 167 v. Chr., als die Römer Epirus eroberten, den Flammen zum Opfer gefallen war.

Man betrat zunächst einen größeren Hof, wendete sich dann nach links und gelangte in einen längeren Gang, der dunkel war wie die meisten Wege im Nekromanteion. An einigen Räumen vorbei stieß man auf einen nach Süden führenden Gang, in dem die Ratsuchenden Schafsopfer darbrachten. Am Ende betrat man einen nach Westen führenden labyrinthischen Weg, der wie die übrigen Korridore die verschlungenen Wege der Unterwelt vortäuschten. Über enge, winklige Durchlässe, die mit Türen gegeneinander abgeschottet waren, erreichte der Besucher schließlich das Zentrum des Orakels, einen dreischiffigen Saal.

Magischen Handlungen unterworfen

Der Pilger, der in der Antike das Nekromanteion befragen wollte, wurde im Orakelgebäude untergebracht. Er war hier magischen Handlungen unterworfen. Der Priester murmelte unverständliche Zaubersprüche, sang suggestive Lieder und richtete geheimnisvolle Gebete an die Geister. Der Besucher erhielt sakrale Speisen mit toxischen Eigenschaften. Sie riefen Schwindel und Sinnestäuschungen hervor. Erst nach Tagen wurde der Pilger durch die dunklen Gänge zum Zentrum des Nekromanteions geführt. Hier erlebte er eine Zeremonie, die ihn in Verwirrung stürzte und ihn in seinem Glauben an das Orakel bestärkte: Im gespenstischen Dunkel des Raumes, nur von einer Fackel erfüllt, senkte sich von der Decke des Gewölbes ein Bronzekessel, in dem ein Priester stand, nur undeutlich sichtbar. Er sollte der Tote sein, den der Ratsuchende befragen wollte. Der Pilger verfolgte das unheimliche Geschehen aus angemessener Entfernung; eine Balustrade hinderte ihn daran, sich der Schattenfigur zu nähern, die alle Fragen beantwortete. Das war für den Priester im Kessel nicht schwer. Denn an den Tagen zuvor war der Pilger von Angehörigen des Nekromanteions über Familienverhältnisse, Hoffnungen, Wünsche und Nöte ausgiebig befragt worden. War das Ritual beendet, verließ der Besucher über ein Nebentor das Orakel; er sollte den nächsten Besuchern nicht begegnen.

Daß die Zeremonie so oder ähnlich verlaufen ist, dafür sprechen die Funde der Archäologen. Dakaris schreibt: »Im Mittelsaal entdeckte man neben anderem Zubehör einen großen Bronzekessel und ... einige Flaschenheber, die von einer eisernen Maschine stammten, die so konstruiert war, daß sie schwere Gewichte heben und senken konnte. Es liegt auf der Hand, daß die Art dieses Fundes und sein Platz im Mittelsaal des Heiligtums, wo die Schatten der Toten erschienen, mit eben diesen Erscheinungen in engem Zusammenhang standen.«

Der Palast der Persephone und des Hades

Wer heute das Nekromanteion besucht, ist überrascht, wenn er vom Hauptsaal des Heiligtums über eine Eisenleiter mit zwölf Stufen in die Tiefe steigt. Man gelangt dann in ein geräumiges Tonnengewölbe, das von fünfzehn Steinbögen getragen und mit einer Lampe am Mauerrand spärlich erhellt wird. Es ist das Anakteron. Dakaris bezeichnet das etwas unheimliche Gewölbe als den »finsteren Palast der Persephone und des Hades«, den außer dem Priester niemand betreten durfte.

Hades war ein Bruder des Zeus und des Poseidon. Bei der Teilung der Welt fiel ihm die Unterwelt zu, während Zeus Herrscher des Himmels und Poseidon Herr des Meeres wurde. Hades, auch mit Pluto identifiziert, lebte nur in der Unterwelt. Einmal verließ er sie. Er hatte sich in Persephone verliebt, die Tochter des Zeus und der Demeter, der Göttin des Ackerbaus und der Feldfrüchte. Mit einem vierspännigen Wagen fuhr er aus der Erde, ergriff Persephone, als sie Blumen pflückte, und entführte sie in sein unterirdisches Reich. Persephone gewöhnte sich bald an das Leben im Reich der Schatten und wurde eine ebenso unerbittliche Herrscherin im Land der Toten wie ihr Gatte.

Nekromanteion und Delphi 178

In der Unterwelt, auch Haus des Hades oder einfach Hades genannt, galten strenge Regeln. Die Toten, doch nur diejenigen, die bestattet worden waren, stiegen als körperlose Schatten in das finstere Reich. Sie wurden hier von dem alten, struppigen Fährmann Charon empfangen, der sie über den Acheron bzw. Styx setzte. Für seinen Dienst erhielt er einen »Obolos«, eine kleine Münze, die dem Verstorbenen zuvor von seinen Angehörigen in den Mund gelegt worden war. Am Tor zum Hades lauerte Zerberus, der Höllenhund, dreiköpfig und mit Schlangenschweif. Dem Eintretenden wedelte er freundlich zu, wachte aber aufmerksam darüber, daß kein Toter den Hades wieder verließ.

Hellsichtig für die Zukunft

Durch die Unterwelt floß der Lethestrom. Wenn die durstigen Toten aus ihm tranken, vergaßen sie ihr früheres Leben und gerieten in Besinnungslosigkeit. Falls der Tote jedoch ein Tieropfer darbrachte und das Blut vergoß, erinnerte er sich an Vergangenes und wurde hellsichtig für die Zukunft.

Nur wenigen Lebenden gelang es, den Hades aufzusuchen und ihn wieder zu verlassen. Einer von ihnen war Herakles. Er mußte nach einem Orakelspruch aus Delphi für König Eurystheus in Tyrins zwölf überaus schwierige und höchst gefährliche Arbeiten verrichten. Eine Aufgabe bestand darin, den Höllenhund Zerberus aus dem Hades zu holen. Herakles stieg, seinem Auftrag gemäß, in die Unter-

welt und fand sogleich den Höllenhund. Dieser wußte, welche Absicht der Eindringling hegte, und bellte mit seinen drei Köpfen so laut, daß es in den Höhlen der Unterwelt wie Donner widerhallte. Herakles, keineswegs entmutigt, umschlang den Hals des Tieres und ließ nicht locker. Zerberus wehrte sich zwar nach Kräften, der Schwanz des Tieres verbiß sich sogar in Herakles' Körper. Aber der griechische Held hielt den Nacken des Hundes fest und schnürte ihm den Hals derart zu, daß das Untier den Kampf aufgab. Herakles stieg alsdann mit Zerberus an die Oberwelt. Als der Hund das helle Tageslicht erblickte, spie er schäumenden Geifer, der auf den Boden tropfte. Daraus erwuchs die giftige Pflanze Eisenhut. Herakles begab sich nach Tyrins und zeigte den Zerberus König Eurystheus, der seinen Augen nicht trauen wollte. Schließlich brachte der Held den Höllenhund zurück in den Hades.
Herakles, Sinnbild der unwiderstehlichen Kraft, galt als Vertreter der Dorer, die um 1200 in Griechenland einwanderten. Herakles war ein amusischer Mensch, der für geistige Interessen wenig Verständnis aufbrachte. Als er Musikunterricht nahm, tadelte ihn sein Lehrer Linos eines Tages zu Recht. Darüber war Herakles so empört, daß er Linos mit der Leier erschlug.

Orpheus in der Unterwelt

Ein Gegenpol zu Herakles war Orpheus, der thrakische Sänger und Leierspieler. Auch er ist ein Besucher der Unterwelt gewesen. Orpheus' Gesang und Leierspiel waren

Im Todesorakel Nekromanteion in der Nähe des Ortes Mesopotamo

ergreifend. Alle wollten seine Zuhörer sein. Vögel und Fische kamen herbei, zahme und wilde Tiere lagerten sich friedlich um ihn. Die Bäume lösten sich aus den Wurzeln und wanderten zu dem Sänger. Sogar die unbelebte Natur war ergriffen von der betörenden Macht seiner Musik: Steine und Felsen bewegten sich, während die Flüsse aufhörten zu fließen, die Wellen des Meeres und die Winde sich beruhigten und auf den Bergen der Schnee schmolz. Die Welt war verzaubert.

Dieser Mythos, der bis ins 7. und 6. Jahrhundert v. Chr. zurückgeht, hatte einen greifbaren Hintergrund, und zwar die bedeutende Rolle, die die Musik bei einigen Stämmen im alten Griechenland gespielt hat. Wahrscheinlich ist Orpheus sogar eine historische Figur gewesen, die später ganz vom Mythos überwuchert wurde.

In der überkommenen Form der Sage hat sich Orpheus in die Nymphe Eurydike verliebt. Er heiratete sie. Doch kurz nach der Hochzeit trat Eurydike versehentlich auf eine Schlange, wurde von ihr gebissen, und der Biß war tödlich. Eurydike kam ins Reich der Toten. Orpheus war untröstlich. Er glaubte, ohne seine Frau nicht leben zu können, und machte sich auf den Weg zur Unterwelt. Im Reich der Schatten griff er zum Saitenspiel und sang so gewaltig, daß die Toten herbeiströmten, um ihm zu lauschen. Die Verdammten der Unterwelt stellten ihre Arbeiten ein, und die Erinnyen, die Rächerinnen von Übeltaten, vergossen Tränen. Selbst die kalten Herzen von Hades und Persephone waren gerührt. So wurde Orpheus erlaubt, seine Frau wieder zurückzunehmen. Doch der Herr der Unterwelt hatte die Bedingung gestellt, Orpheus dürfte Eurydike nicht eher ansehen, bis beide das Reich der Toten verlassen hätten.

Das Weitere schildert der römische Dichter Ovid (43 v. bis

17 n. Chr.) in seinen »Metamorphosen« folgendermaßen: »Der Pfad führte sie durch die Totenstille bergan; steil ist er und dunkel und in dichten Nebel gehüllt. Schon waren sie nicht weit vom Rand der Oberwelt entfernt – da fürchtete Orpheus, Eurydike könnte ermatten. Auch war er begierig, sie zu sehen, und wandte den Blick. Doch alsbald glitt sie zurück. Sie streckte die Arme aus, will sich ergreifen lassen, will ergreifen, doch die Unselige erhascht nichts anderes als flüchtige Lüfte. So starb sie zum zweiten Mal. Doch mit keinem Wort klagte sie über ihren Gatten – worüber hätte sie auch klagen können; wenn überhaupt, doch nur darüber, daß sie geliebt wurde. Sie sprach ein letztes Lebewohl, das Orpheus kaum noch wahrnahm und sank zurück in den Hades.« Wie dazu der römische Bibliothekar Gaius Iulius Hygin, der im 2. Jahrhundert n. Chr. gelebt hat, in seinem mythologischen Handbuch berichtet, sei bei der Umkehr Eurydikes im Totenreich dreimal eine Donnerstimme ertönt, die Stimme des unabänderlichen Schicksals.

Von Orpheus, der in der Literatur und Musik unsterblich geworden ist, will man wissen, wo sein Grab gelegen hat, nämlich am Fuß des Olymp. Hier, so wird berichtet, sangen die Nachtigallen süßer und mächtiger, als sie sonst zu singen pflegten.

Auf dem Weg nach Delphi

Wir, die wir die Reste griechischer Unterwelt im Nekromanteion von Ephyra erlebt haben, steigen die eiserne Leiter wieder aufwärts. Wir werfen vom Steilhang des Orakels einen letzten Blick auf die grüne Ebene und auf die Flüsse der Unterwelt, den Acheron und den Kokytos, deren Lauf sich durch die geschlungene Linie von Gebüsch und Weiden abzeichnet. Dann nehmen wir die Straße nach Südosten, die uns in die altgriechische Landschaft Phokis führt, nach Delphi, zum bedeutendsten Orakel der Antike. Delphis Lage ist unvergleichlich. In ganz Griechenland gibt es keinen zweiten Platz von solcher Eindringlichkeit und landschaftlicher Wucht. Der Ort erstreckt sich in einem Halbrund auf einer 600 Meter hohen, gestuften Terrasse. Darüber erheben sich nach Norden die steil aufragenden Felswände der Phädriaden. Sie gehören zum Massiv des bis zu fast 2500 Meter aufragenden Parnaß, in der Antike »Sitz der Musen und der Dichtung«. Nach Süden fallen die Berge zum tief eingegrabenen Bach Pleistos ab, der sich zur fruchtbaren Bucht am Korinthischen Golf hinzieht.

Delphi war in der Antike eines der wichtigsten Zentren griechischen Geisteslebens. Jahrhunderte hindurch galt es als Mittelpunkt der Welt. Zeus selbst hat dies festgestellt, als er vom anderen Ende der Welt gleichzeitig zwei Adler in entgegengesetzter Richtung auffliegen ließ. Beide trafen sich am Omphalos, einem heiligen Kultgegenstand. Dieser wie ein Bienenkorb aussehende Stein war angeblich vom Himmel gefallen und stand im Allerheiligsten des Apollo-Tempels. Zur Erinnerung an den Flug wurde beidseits des Omphalos je ein goldener Adler aufgestellt. Besucher, die heute nach Delphi kommen, sehen jetzt noch riesige Vögel über den Felsen der Phädriaden kreisen. Den Omphalos erblicken sie als römische Nachbildung im Saal 1 des Museums. Der Stein ist mit einem Reliefgeflecht überzogen. Ursprünglich bestand der heilige Gegenstand aus kultischen Wollfäden, deren Knoten mit Edelsteinen verziert waren.

Der Drache Python

Delphi war hauptsächlich wegen des Orakels berühmt. Der Ursprung dieser Weihestätte reicht weit zurück, bis ins 2. Jahrtausend v. Chr. Die Erdgöttin Ge bzw. Geia, die bei der Erschaffung des Universums aus dem Chaos geboren worden war, wurde in einer Schlucht verehrt, die von den Felswänden der Phädriaden gebildet wird. Der Drache Python bewachte an diesem Ort einen Tempel. Als Apollo zum Heiligtum vordringen wollte, verwehrte ihm der Drache den Zugang. Es kam zum Kampf, und Apollo bezwang das Untier mit Pfeil und Bogen. Die Legende von diesem Kampf spiegelt die Auslöschung der früheren Religion und ihren Ersatz durch den griechischen Kult wider. Auch der Name des Drachen wurde übernommen: Apollos Heiligtum wurde »Pytho« genannt, der Gott selbst erhielt den Beinamen »pythisch«, und »Pythia« war seine Priesterin.
Der Platz, an dem der Tempel der Ge gestanden hat, liegt östlich von dem des Apollo. Dort, wo die Straße nach Arachowa eine scharfe Kurve nach Süden zieht, führt vor Er-

So sah ein antiker Künstler die Sage um den unglücklichen Sänger: Hermes, Eurydike und Orpheus in der Unterwelt

reichen des Tholos-Rundbaus ein Weg in die Bergschlucht. Hier sind eine Brunnenanlage, ein später erbautes Reservoir der Kastalischen Quelle, an dem sich die früheren Besucher, wie auch die Pythia, »entsühnten«, bevor sie den Heiligen Bezirk betraten.
Die Pythia, in ein weißes Gewand gekleidet, begab sich danach zu einer zweiten Quelle, der Kassotis, trank vom Wasser und betrat in Begleitung der Priester und des Oberpriesters, des Propheten, den Apollo-Tempel. In der Vorhalle stand in großen Buchstaben »gnothi seauton« – (»Erkenne dich selbst«), womit die Grenzen menschlichen Tuns gemeint waren. Die Inschrift wurde den »Sieben Weisen« zugeschrieben, griechischen Staatsmännern und Philosophen des 7. und 6. Jahrhunderts v. Chr. Auf diese ging auch der Spruch »Nichts im Übermaß« zurück, ein Motto, das für den einzelnen galt wie für die Allgemeinheit, besonders für den Politiker. Als eindringliche Warnung hat dieser Satz durch die Jahrhunderte seine überragende Bedeutung nicht verloren.
Nachdem die Pythia die Vorhalle durchschritten hatte, betrat sie das Adyton, das Allerheiligste, das etwas vertieft im Tempel lag. Hier standen neben dem Omphalos, neben einer goldenen Statue Apollos und neben dem Dreifuß, dem Sitz der Pythia, ein Lorbeerbaum, der im Boden wurzelte. Die Ratsuchenden warteten in der Nähe, hörten auch die Pythia, konnten sie aber nicht sehen.

Das Opfer mußte mit dem Kopf nicken

Bevor das Orakel tätig wurde, mußten die Klienten einen »Pelanos« kaufen, ein weiches Gebäck, und dieses auf dem Altar verbrennen. Auch hatten sie in Gestalt eines Ziegenbocks ein Opfer darzubringen. Bei den meisten Opferungen in Griechenland galt die folgende Voraussetzung: Das Opfertier mußte mit dem Kopf nicken und so sein Einverständnis für die nachfolgende heilige Handlung geben. In Delphi kam dazu noch eine andere Vorschrift. Plutarch, Philosoph und Historiker, später Oberpriester in Delphi, der um 100 n. Chr. gelebt hat, schreibt: »In Delphi wird kein Orakel gegeben, wenn das Opfertier nicht zittert und, während es geweiht wird, am ganzen Körper bis zu den Hufen hinab erbebt. Es genügt nicht wie bei anderen Opfern, daß das Tier den Kopf bewegt, es muß an allen Gliedern zittern und mit einem rasselnden Geräusch erschauern. Wenn diese Zeichen nicht auftreten, bedeutet dies, daß das Orakel nicht tätig und die Pythia nicht hereingeführt wird.«

Um die gewünschten Reaktionen bei den Opfertieren hervorzurufen, wurde der Ziegenbock mit kaltem Wasser begossen. Das geschah so lange, bis die gewünschte Wirkung eintrat. Manchmal war dies nicht der Fall. Wenn trotzdem das Orakel tätig werden sollte, konnte dies gefährlich sein. Plutarch beschreibt einen solchen Fall, als Nikandros Oberpriester und Prophet war und die Prüfung des Opfertiers nicht eindeutig verlief. Die Pythia hat darauf, so Plutarch, den Ort der Weissagung mit Abscheu und Widerwillen betreten. »Schon bei der ersten Antwort wurde aus der Heiserkeit ihrer Stimme deutlich, daß sie hilflos war wie ein Schiff in Seenot. Anscheinend war sie von einem wortkargen, bösartigen Geist besessen. Am Ende stürzte sie vollkommen verwirrt mit einem seltsam schrecklichen Schrei durch die Tür und veranlaßte nicht nur die Ratsuchenden, sondern auch den Propheten und die anwesenden Priester zur Flucht. Diese kehrten wenig später zurück und hoben sie auf. Sie kam wieder zu Bewußtsein, lebte aber nur noch wenige Tage.«

Pythia nahm Platz auf dem Dreifuß

Wenn alle Vorbereitungen erfüllt waren, betrat die Pythia in Begleitung des Propheten das Adyton. Hier nahm sie Platz auf dem Dreifuß, einer Sitzschale mit drei bronzenen Füßen. Am Rand der Schale waren metallene Ringe, an denen sich die Pythia festhalten konnte, wenn sie in Trance geriet. Einige Schriftsteller berichten davon, daß die Pythia auf ihrem Dreifuß über einer Erdspalte saß, der betäubende Dämpfe entstiegen. Die Archäologen haben aber festgestellt, daß es solche Spalten im Tempelbereich nicht gibt und auch in der Vergangenheit nicht gegeben haben kann. Vielleicht hat es einen solchen Erdriß mit ausströmenden Dämpfen in der Schlucht gegeben, in der früher das Heiligtum der Ge gelegen war.
Sicher aber hat die Pythia vom Dreifuß aus in Ekstase gesprochen. Wie sie in diesen Zustand geriet, ist ungeklärt, doch es gibt verschiedene Vermutungen. Jede Pythia mußte von besonderer seelischer Empfindlichkeit sein, die bis ins Hysterische reichte. Ferner mußte sie über autosuggestive, mediale Kräfte verfügen, die durch das Einnehmen

Formvollendet ist diese nahezu fünftausend Jahre alte Statuette eines Lyraspielers aus Keros. Sie stammt aus der Zeit von 2800 bis 2200 v.Chr. Schon damals waren musische Künstler hoch angesehen

von Drogen gesteigert wurden. Dabei dürfte das Kauen von Lorbeerblättern eine Rolle gespielt haben, zumal ein Lorbeerbaum im Adyton wuchs. Der Lorbeer, Apollo geweiht, war Symbol des Sieges und des Ruhmes. Er spielte bei Wahrsagungen und Entsühnungsriten eine wichtige Rolle und schützte vor Zauber, Feuer und Blitz. Lorbeer wurde auch bei Räucherungen verwandt. Berauschende Düfte, nicht nur durch Lorbeer hervorgerufen, einschmeichelnde Musik und ein geheimnisvolles Ritual führten jedenfalls zu einem Trancezustand. Die Pythia geriet in Ekstase, in innerliche Erregung, die bis zur Raserei reichen konnte. Ihr eigener Wille wurde gelähmt. »Es sprach der Gott aus ihr«, wie die Priester sagten. Diese »Entrückung«, die Verwandlung in ein Instrument der Offenbarung, bedeutete eine außerordentliche Inanspruchnahme der physischen wie psychischen Kräfte der Pythia. Deshalb wurden im Tempel, wenn der Zustrom der Ratsuchenden beträchtlich war, mehrere Seherinnen eingesetzt.

Doppeldeutiger Sinn

Die Besucher des Orakels stellten ihre Fragen schriftlich oder mündlich. Sie wurden von den Priestern an die Pythia weitergegeben. Diese erteilte ihre Antworten in zusammenhanglosen Worten, oft in einer Art Gestammel. Es war die Aufgabe der Priester, daraus einen Sinn zu formen und ihn in Hexametern niederzuschreiben. Solche Antwort war dunkel und doppeldeutig – wie im Fall einer Anfrage Athens. Die Stadt hatte wissen wollen, was zu tun sei, da sich die persische Flotte unter Xerxes näherte. Das Orakel antwortete: »Unüberwindlich für dich und die Deinen ist die hölzerne Mauer.« Damit war die griechische Flotte gemeint. Themistokles, Feldherr und Staatsmann, wußte das Orakel richtig auszulegen. Doch er hatte große Widerstände im eigenen Lager zu überwinden, bis man seiner Meinung folgte. Die griechische Flotte hat dann die persische bei Salamis 480 v. Chr. besiegt.

Ein noch bekannteres Beispiel war die Antwort des Orakels an Krösus, den König der Lyder. Er hatte von Delphi in Erfahrung bringen wollen, ob er gegen die Perser zu Felde ziehen sollte oder nicht. Die Antwort der Pythia war, wenn er diesen Krieg beginne und damit den Grenzfluß Halys überschreite, werde er ein großes Reich zerstören. Krösus begann den Krieg, überschritt den Halys – und unterlag. Somit hatte er ein großes Reich zerstört: sein eigenes.

Der Ruhm des Orakels verbreitete sich in ganz Griechenland und darüber hinaus in der übrigen Welt. Völker, Städte, Könige wie auch Einzelpersonen kamen nach Delphi, um göttlichen Beistand zu erhalten. Es war üblich, daß diese Ratsuchenden Geschenke machten, die in den Schatzhäusern untergebracht wurden. Diese standen entlang der heiligen Straße, die zum Tempel führte. Mit solchen Zuwendungen, die nicht selten überaus reichhaltig ausfielen, sollte nicht nur der Dank abgestattet werden, sondern oft handelte es sich um Bestechungen: Das Orakel sollte im Sinn der Ratfragenden beeinflußt werden. So war Delphi auch ein Ort, in dem offen oder hintergründig Politik gemacht wurde.

Das Orakel von Delphi hat eine Geschichte von über tausend Jahren. Tempel wurden errichtet, verbrannten, wurden zerstört oder geplündert, jedoch immer wieder neu er-

baut. Die heutigen Tempelreste stammen aus einem Wiederaufbau aus dem 4. Jahrhundert v. Chr. Erst das Christentum zerstörte das Orakel endgültig, nachdem sich seine Bedeutung bis in die Römerzeit erhalten hatte.
Kaiser Iulian Apostata, der sich von der christlichen Staatsreligion wieder löste, machte einen letzten Versuch, den heidnischen Glauben wieder durchzusetzen. Er schickte 362 n. Chr. einen berühmten Gelehrten nach Delphi, um zu erfahren, ob er das Orakel wiederbeleben könne. Doch der Abgesandte erhielt den Bescheid:

> *Sage dem Kaiser, das schöngefügte Haus ist zerfallen, die Zuflucht Apollos dahin, der heilige Lorbeer verwelkt, der Seherin Stimme verstummt; die Quellen schweigen für immer.*

Delphi verfiel. Von den großartigen Bauten und den ungeheuren Schätzen blieb nur wenig, und die geringen Reste wurden zugedeckt von Steinen, von Geröll und von Sand. Daß hier einmal ein Zentrum antiker Kultur gelegen hatte, wußte bald niemand mehr. Sogar der Name Delphi ging verloren. Es entstand ein neuer Ort, Kastri genannt, mit Kirchen, einer Moschee und zweihundert Häusern.
An der Wende zur Neuzeit kam ein reiselustiger Italiener, Cyriacus von Ancona, nach Griechenland und entdeckte am Parnaß Inschriften, die sich auf Delphi bezogen. Im 17. Jahrhundert machten sich andere auf den Weg, um das alte Delphi zu entdecken, nachdem man die antiken Schriftsteller wieder gelesen hatte. Wichtig war dabei die »Beschreibung Griechenlands«, die der griechische Schriftsteller Pausanias im 2. Jahrhundert n. Chr. verfaßt hatte. Als der Engländer Wheeler und der Franzose Spon mit Pausanias' Buch in der Hand 1676 nach Kastri gelang-

ten, kamen sie zu dem Schluß, daß »hier unzweifelhaft die Überreste der berühmten Stadt Delphi waren«. Andere Forscher reisten nach Griechenland, so die Deutschen Karl Otfried von Müller und Ernst Curtius.
Von Anfang an zeigten sich am alten Delphi die Franzosen besonders interessiert. Doch um wissenschaftlich ernsthaft arbeiten zu können, mußte das ganze Dorf Kastri abgetragen werden. Als die Absicht ruchbar wurde, führte dies bei den Bewohnern zu heller Empörung – Drohungen wurden laut. Doch die Wissenschaftler blieben unnachgiebig, und 1891 erhielten die Franzosen das alleinige Recht, zehn Jahre lang in Delphi auszugraben. Ein Jahr später wurde Kastri abgebrochen und zwei Kilometer entfernt wieder aufgebaut.
Delphi entstand neu als eine der größten archäologischen Attraktionen. Heute kommen bald so viele Besucher aus aller Welt wie zu jenen Zeiten, als das Orakel geistiges Zentrum des antiken Griechenland war.

Kuppelgrab in der Nähe des Nestor-Palastes in Pylos

Der Palast des Nestor

Pylos

»Wenn es jemals einen Nestor gegeben hat,
dann hat er sicher im Palast von Englianos gelebt.«

Carl W. Blegen

Nestor, der eine bevorzugte Rolle in Homers »Ilias« und »Odyssee« spielt, war ein sagenhafter König aus Pylos, einem Ort an der Westküste des Peloponnes. In seiner Jugend ist er ein großer Sportler gewesen, der gegen erfahrene Gegner im Boxen, Ringen, Speerwerfen und Wettlaufen gewann. Er war auch der Jäger des gefürchteten riesigen Kalydonischen Ebers, der die Felder verwüstete und Menschen tötete – und entkam nur mit Mühe der Bestie, indem er sich mit einem Speer auf einen Baum wuchtete. Schließlich nahm er an der Fahrt der Argonauten zum Goldenen Vlies in Kolchis teil und schickte neunzig Schiffe gegen Troja. Hier ist er gelegentlich noch in den Kampf gezogen, obwohl er über siebzig Jahre alt war. Als einer der wenigen kehrte er bald nach Zerstörung der Stadt in seine Heimat zurück. Nestor galt als Mann des Ausgleichs und war als Ratgeber gefragt. An Beredsamkeit kam ihm keiner gleich.

Nach dem Krieg um Troja suchte Telemachos, Odysseus' Sohn, Nestor auf. Er wollte in Erfahrung bringen, ob sein Vater noch lebte, der vor Troja den Rat gegeben hatte, das hölzerne Pferd zu bauen, mit dem die Griechen in die

Pylos

Stadt eindrangen und Troja eroberten. Odysseus' Rückkehr verzögerte sich aber durch Mißgeschick und vielerlei Abenteuer. Nun war es schon zwanzig Jahre her, daß der listige König von seiner Heimat Ithaka aufgebrochen war. Auf Rat der Göttin Athene hatte sich Telemachos ein Schiff gebaut und sich auf den Weg zu Nestors Palast gemacht. Neleus, Nestors Vater, hatte die Residenz erbaut. In der »Odyssee« heißt es im 3. Kapitel:

Und die Seeleute kamen zum wohlgebauten Pylos,
Neleus' Stadt. Dort brachten die Männer am Meergestade
dem bläulich gelockten Poseidon schwarze Stiere zum
    Opfer...
Und sie erreichten die Sitze der pylischen Männer, wo Nestor
saß mit seinen Söhnen und Freunden. (4–6, 31–32)

Telemachos wurde freundlich empfangen, nahm am Essen und Trinken teil und fragte Nestor nach seinem Vater Odysseus. Nestor erzählte weitschweifig vom Schicksal der trojanischen Helden, doch was aus Odysseus geworden war, wußte er nicht. Er bat dann alle in seinen Palast:

Als sie den hohen Palast des Königs jetzt erreichten,
setzten sich alle in Reihen auf prächtige Throne und Sessel.
Den Eintretenden mischte der Alte von neuem im Kelch
süßen balsamischen Wein; einen elf Jahre alten
wählte die Schaffnerin und löste den Spund.
Der Alte mischte den Wein und flehte, indem er vom
    Wein opferte,
zur Tochter des Gottes mit dem wetterleuchtenden Schild.
Als sie das Opfer vollbracht und nach Verlangen getrunken hatten,

gingen sie fort, um der Ruhe zu pflegen.
Doch Telemachos, dem Sohn des edlen Odysseus,
hieß der Rossebändiger Nestor im Palast ruhen,
in der tönenden Halle, im schöngebildeten Bett.
...
Als nun die dämmernde Frühe mit Rosenfingern erwachte,
da erhob sich der Rossebändiger Nestor vom Lager,
ging hinaus und setzte sich auf gehauene Steine
vor der hohen Pforte des schöngebauten Palastes,
der weiß war und glänzte wie Öl.

(3, 388–399, 404–408)

Wo lag Pylos?

Diese Texte aus Homers Werken hat man schon im Altertum daraufhin überprüft, wo Pylos gelegen haben könnte. Heute nimmt man an, daß nur der Südwesten der Peloponnes, die Landschaft Messenien, in Frage kommt. Hier gibt es an der Bucht von Navarino das dreitausend Einwohner zählende reizvolle Hafenstädtchen Pilos. Im Herbst 1827 fand vor dem Ort eine Seeschlacht statt zwischen einer englisch-französisch-russischen und einer türkisch-ägyptischen Flotte. Es war das letzte große Seegefecht, das mit Segelschiffen ausgefochten worden ist. Mit dem Sieg der Engländer, Franzosen und Russen gewann Griechenland seine Unabhängigkeit von der Türkei. Reste der gesunkenen Schiffe sind noch in der Bucht von Navarino unter Wasser sichtbar.

In den Jahren 1912 bzw. 1926 hat der griechische Archäologe Kourouniotis siebzehn Kilometer nördlich von Pilos Kuppelgräber freigelegt, die auf eine mykenische Kultur hindeuteten. Zusammen mit dem Amerikaner Carl W. Blegen kam es 1938 zu einer weiteren Untersuchung der Region, wobei noch andere Gräber im Tholos-Stil gefunden wurden. Sie schienen königlichen Ursprungs zu sein. Die Folgerung: Wo so viele Gräber dieser Art waren, mußte in der Nähe ein königlicher Palast sein. Er konnte nur auf einem die Landschaft beherrschenden Hügel gelegen haben. Dieser Hügel zeichnete sich deutlich als ein Areal von 170 mal 90 Metern ab, vier bis sieben Meter über dem Meeresspiegel. Von der Anhöhe, heute Epano Englianos genannt, hat man einen herrlichen Blick über die Bucht von Navarino.

Der Palast hat tatsächlich existiert

Der amerikanische Archäologe Blegen schreibt: »Versuchsgrabungen wurden am 4. April 1939 begonnen, und am ersten Tag kamen Mauern, Teile von Fresken, verzierte Böden, fünf beschriftete Täfelchen und mykenische Töpfereien ans Licht, und es war eindeutig, daß der Palast, der vermutet worden war, tatsächlich existiert hatte. Forschungen der nächsten Wochen ergaben, daß die Anlage von beträchtlicher Ausdehnung war, vergleichbar den schon bekannten in Tyrins, Mykene und Theben.« Das ganz Besondere waren beschriftete Tontäfelchen, die schon der englische Archäologe Arthur Evans in Knossos auf Kreta gefunden und Linear B genannt hatte. Es handelt sich dabei um eine Schrift, die ab 1500 v. Chr. benutzt worden war. Vorläufer dieser Schrift hatte Evans Linear A genannt. Blegen sagt zu seinen Funden in Pylos: »Mehr als 600 Täfelchen und Fragmente von Täfelchen mit Inschriften der Linear B wurden entdeckt. Pläne für eine systematische Ausgrabung im folgenden Jahr konnten wegen des Ausbruchs des Weltkriegs II nicht verwirklicht werden; erst 1952 war es möglich, die Arbeiten wieder aufzunehmen.« Bis 1966 wurden fünfzehn Kampagnen durchgeführt und die Akropolis sowie das Gelände unterhalb schrittweise untersucht. Dabei wurde der legendäre Nestorpalast freigelegt, der zweifelsohne von einem Herrscher von großem Reichtum und politischer Macht erbaut worden war. Dies mußte um 1400 v. Chr. gewesen sein. Der Palast wurde um 1300 v. Chr. erweitert und etwa hundert Jahre später von den Dorern zerstört. Die Bevölkerung, soweit sie bei dem Angriff nicht umgekommen war, wird wohl geflohen sein. Der Palast ist nie wieder aufgebaut worden. Nur der Name Pylos blieb erhalten.

Zentrum der Anlage war der Thronsaal

Der heutige Besucher kann sich eine recht genaue Vorstellung des früheren Zustandes machen, wenngleich die noch stehenden Mauern kaum höher als ein Meter sind. Man tritt durch das ehemalige äußere und innere Tor in einen geräumigen Hof, der von zweistöckigen Gebäuden umgeben war. Diese wurden von buntbemalten kannelier-

ten Säulen getragen, die sich – wie in Kreta – nach unten verjüngten. Durch eine Vorhalle und einen Vorraum gelangte man ins Zentrum der Anlage, den Thronsaal, mit einer Abmessung von 11 mal 13 Metern. In der Mitte war ein runder, zeremonialer Herd, dessen mit symbolischen Flammen und Spiralen verzierte Basis sich noch heute etwa zwanzig Zentimeter über den Boden erhebt. Um den Herd standen vier Säulen, die die Decke des Palastes trugen. Ein großer Licht- und Abzugsschacht über dem Herd gab den Blick frei auf Balkone und Schlafräume im zweiten Geschoß. An der östlichen Längswand des Saales stand vor einem Greifenfresko der erhöhte Thron. Die Wände hatte man mit Stuck überzogen und mit verschiedenen Motiven ausgemalt, die Decke war buntgemustert, der Boden mit Quadraten in den Farben Rot, Gelb, Blau, Weiß und Schwarz ausgelegt. Direkt vor dem Thron war in ein Quadrat ein vielarmiger Tintenfisch gezeichnet.
Rings um den Thronsaal lagen zahlreiche Räume, Dielen und Gelasse, die als Wartezimmer dienten, sowie Vorratsräume und Küchen. Darüber hinaus entdeckte man einen riesigen Geschirrvorrat von achttausend Gefäßen und zahlreichen Krügen zur Aufbewahrung von Öl und Wein. Etwas entfernter lagen andere Räume, Hallen, Gemächer, Wohntrakte, Korridore und Werkstätten. Bemerkenswert war ein Raum neben dem Königinnengemach, das Bad. Hier ist eine aus Ton gebaute, mit Spiralen verzierte Badewanne fast ganz erhalten geblieben. In dieser Wanne und neben ihr standen sogar noch Gefäße für Salböl. Das alles erinnert an eine Szene aus der »Odyssee«, in der geschildert wird, wie Nestors Tochter den Besucher Telemachos badete:

Den blühenden Jüngling Telemachos badete indessen
Polykaste, die Schöne, die jüngste Tochter Nestors.
Als sie ihn gebadet und darauf mit Öl gesalbt hatte,
umhüllte sie ihn jetzt mit dem prächtigen Mantel und Leibrock.
Und er stieg aus dem Bad, an Gestalt den Unsterblichen gleich. (3, 464–468)

Lage und Alter des Weins wurden genau bezeichnet

Zum Palast gehörte auch ein Weinmagazin. Als das Feuer ausbrach, das den Palast zerstörte, haben in diesem Vorratsraum mindestens 35 Pithois gestanden, Weinkrüge, die zwischen 55 und 115 Zentimeter hoch waren. Es wurden auch »Weinetiketten« in Form von Tontäfelchen gefunden, die mit Linear B beschriftet waren. Sie bezeichneten Lage, Jahrgang und Blume der verschiedenen Sorten. Daß Alter und Qualität eine Rolle spielten, geht aus den Versen von der Begrüßung Telemachos' hervor, in denen es heißt: »Einen elf Jahre alten Wein wählte die Schaffnerin.«
Nestor war ein Freund des Weins und der Geselligkeit. Gegenüber Menelaos, dem König von Sparta, äußerte er einmal: »Wein fürwahr, Menelaos, schufen die Götter als Bestes den Menschen zur Zerstreuung der Trübsal.« Auch auf Reisen und bei kriegerischen Unternehmungen verzichtete er nicht auf das edle Getränk. In der »Ilias« schildert Homer, wie Nestor vor Troja den Wein zu trinken pflegte. Die Sklavin Hekamede baute einen Tisch auf mit

Thronsaal des Nestor-Palastes. Zeichnerische Rekonstruktion

stahlblauem Gestell und glatter Tafel und tat darauf einen Korb mit Zwiebeln, Honig und Mehl. Über den Wein rieb sie mit einer Raspel Ziegenkäse und streute weißes Gerstenmehl darüber, nachdem der Wein als Mischtrank, das heißt unter Wasserzusatz, vorbereitet worden war. Nestor pflegte auch immer ein eigenes Gefäß für den Wein mit sich zu führen,

> *den überaus schönen Becher, den der Alte von Haus mitgebracht.*
> *Er war mit goldenen Nägeln beschlagen und hatte vier Henkel,*
> *zwei aus Gold geformte Tauben pickten an jedem Henkel;*

auch hatte der Becher einen doppelten Untersatz.
Jeder andere hob den schweren, gefüllten Kelch nur mühsam,
doch Nestor ergriff ihn mit Leichtigkeit.
(11, 632–637)

Der Becher des Nestor

Das von Homer so geschilderte Gefäß ist in der Überlieferung als Nestor-Becher eingegangen, der einen geradezu legendären Ruf hatte. Über den Kelch haben die Leser Homers schon in antiker Zeit gerätselt, debattiert und Nachbildungen in Ton und Silber hergestellt. Man war sich allerdings über die genaue Form nicht einig, denn der Text Homers konnte unterschiedlich ausgelegt werden.
Über den Nestor-Becher hat man immer wieder gesprochen. Als dann 1876 der deutsche Archäologe Heinrich Schliemann im vierten Schachtgrab von Mykene ein Gefäß ausgrub, das eine gewisse Ähnlichkeit mit dem Nestor-Becher hatte, stieß dieser Fund auf starkes Interesse. Der 14,5 Zentimeter große Goldbecher hatte zwei Henkel, auf dem je eine Taube (oder ein Falke) saß. Schliemann war zwar klar, daß es sich nicht um den eigentlichen Nestor-Becher handeln konnte, doch er meinte: »Die Beschreibung des Nestorschen Bechers stimmt ganz mit dem vor uns stehenden Becher überein, ausgenommen, daß ersterer viel größer ist und vier Henkel, jeden mit zwei Tauben, hat, während unser Bild nur zwei Henkel, jeden mit einer Taube, zeigt.« Zum Schluß schreibt Schliemann: »Ich

Feuerstelle im ehemaligen Nestor-Palast

möchte vorschlagen, die Form des Nestorschen Bechers sogar als vollkommen dem vor uns stehenden Becher ähnlich anzusehen.« Dies ist aber nach heutiger Erkenntnis kaum möglich, wenngleich Schliemanns Fund häufig »Nestor-Becher« genannt wird.

Der Archäologe der Universität Salzburg, Stefan Hiller, meint: »Daß die Größenmaße über die eines gewöhnlichen Trinkgefäßes, zumal eines Bechers, weit hinausgehen, bezeugt uns Homer selbst in der Bemerkung, in gefülltem Zustand habe man es nur mit Mühe aufheben können. Das Gewicht ergab sich aus dem Fassungsvermögen des Gefäßes, auch diente es, wie eindeutig aus Homer zu entnehmen ist, nicht unmittelbar zum Trinken selbst, sondern zum Mischen des Weines. Es handelte sich also um ein in seiner Funktion dem klassischen Krater vergleichbares Mischgefäß.«

Der Fund von Ischia

Die Diskussion um den »Nestor-Becher« wurde im Jahr 1954 weiter belebt. In diesem Jahr hat der Archäologe Giorgio Buchner in einem Grab auf Ischia, dem antiken Pithekusa, zahlreiche Scherben gefunden, die beim Zusammensetzen ein zweihenkliges Gefäß in der Art einer Schale ergaben. Wahrscheinlich handelte es sich um ein Importstück der Insel Rhodos. Das freigelegte Grab dürfte spätestens um 700 v. Chr. geschlossen worden sein und ist bis 1954 nicht geöffnet worden. Das Besondere des Fundes war eine Schrift, eine alte griechische Schrift. Wie so oft ist die Übersetzung schwierig. Am einleuchtendsten scheint die folgende zu sein: »Aus Nestors Becher fürwahr, ließ sich gut trinken; wer aber aus diesem Becher trinkt, den wird sogleich das Verlangen der schönbekränzten Aphrodite ergreifen«, will sagen: er wird von großem Liebesverlangen ergriffen.

Hat der Verfasser dieser Inschrift die Ilias gelesen und darauf Bezug genomnen? Das ist möglich, denn Homers Werke waren schon früh im Mittelmeerraum verbreitet. Wahrscheinlicher aber ist, daß ein besonders kunstvoll gearbeiteter Mischkrug, der einem Nestor gehört hatte, schon in frühester Zeit in einer älteren Dichtung behandelt worden ist. Homer wie derjenige, der die Ischia-Schale beschriftete, haben sich auf diesen Krater bezogen.

Gleich zu Beginn seiner Versuchsgrabung 1939 in Pylos war Blegen auf mehr als sechshundert Tontäfelchen gestoßen. Als die Arbeiten im Juni 1952 fortgeführt wurden, kamen einige hundert hinzu. Die Ausbeute insgesamt betrug 1200 Tafeln, die eine Größe von 7 mal 12 bis 7 mal 25 Zentimeter hatten. Die Schrift war mit einem Griffel in den

Ton geschrieben worden. Sie ist nur erhalten geblieben, weil der Ton durch den verheerenden Palastbrand um das Jahr 1200 gehärtet worden ist.

Die Masse der Täfelchen wurde am Haupteingang des Palastes gefunden. Hier waren auf der linken Seite zwei Räume der Registratur. Der zweite war auf drei Seiten mit Tonbänken besetzt, auf denen die Täfelchen lagerten. Das Archiv befand sich am Palasteingang, weil hier ein gewisser »Publikumsverkehr« herrschte: Die Untergebenen des Herrschers mußten erscheinen, um Angaben über Namen, Wohnort und Besitz zu machen, über Umfang ihrer Herden, Zahl der Schafe, Schweine und Ziegen. Daraus ergab sich der »Tribut«, die zu begleichende Steuer. Da noch keine Währung existierte, wurde »ein Schaf« als Steuereinheit zugrunde gelegt.

Dies alles wußte Blegen nicht beim Auffinden der Täfelchen. Sie waren noch nicht entziffert. Man hatte sich zwar Jahrzehnte darum bemüht, doch ohne Erfolg. Die Versuche waren dadurch behindert worden, daß Arthur Evans seine Schriftfunde in Knossos zurückbehalten und praktisch zu seinem persönlichen Eigentum erklärt hatte. Erst lange nach seinem Tod – er starb 1941 – wurden die »tönernen Urkunden« publiziert. Über zehn Jahre später, besonders aufgrund der Funde von Blegen, der sehr kooperativ war, ist es gelungen, den »Geheimcode der Antike« zu knacken. Nach großen Bemühungen, vielen Versuchen und genauer Anwendung jener Methoden, mit denen die Auflösung von Geheimschriften unternommen werden, gelang es dem Engländer Michael Ventris in enger Zusammenarbeit mit John Chadwick, die Schrift Linear B zu entziffern. Dabei offenbarte Ventris große sprachliche Begabung, ein enormes Gedächtnis, scharfe Logik und Intuition.

Ventris hatte als Vierzehnjähriger einen Vortrag von Evans gehört, in dem der Brite über die minoische Kultur berichtete und über die Linear B, die damals noch ein großes Rätsel darstellte. Ventris war von diesem Problem fasziniert und faßte den Entschluß, den »Code« zu brechen. Als Achtzehnjähriger schrieb er zu dem Thema einen Aufsatz, der so sachkundig war, daß er in einer Fachzeitschrift veröffentlicht wurde. Ventris schloß zwar seine Fachausbildung als Architekt ab, widmete sich aber dann weitgehend der Entzifferung der Linear B. 1956 kam er, erst 34 Jahre alt, bei einem Verkehrsunfall ums Leben.

Viele Tafeln begannen zu sprechen

Ventris war bei seinen wissenschaftlichen Bemühungen davon ausgegangen, daß es sich bei Linear B um eine etruskische Sprache handeln mußte. Das war ein Irrtum, der zu Umwegen und Fehlentscheidungen führte. Schließlich erkannte Ventris, daß es nur das Griechische sein konnte. Anfang 1952 meinte er: »In den letzten Wochen bin ich zu dem Entschluß gekommen, daß die Knossos- und Phylos-Tafeln letzten Endes doch auf Griechisch geschrieben sein müssen – in einem schwierigen und archaischen Griechisch freilich, da es ja 500 Jahre älter ist als Homer und in einer recht mangelhaften Weise geschrieben, aber eben doch auf Griechisch... Obgleich viele Tafeln so unverständlich blieben wie zuvor, beginnen viele andere plötzlich zu sprechen.«
Beim Aufbrechen der rätselhaften Sprache ging Ventris

unter anderem davon aus, daß Städtenamen durch die Jahrtausende gleichgeblieben sind. Unter dieser Voraussetzung gelang es ihm denn auch tatsächlich, Ortsnamen zu verifizieren, etwa Knossos, das auf den Tafeln als »ko-no-so« erschien. Linear B, das stellte Ventris fest, war im Prinzip eine einfache Silbenschrift, aber dennoch schwer lesbar, weil sie die Dinge verkürzt wiedergab.

Nach großen Anstrengungen gelang es schließlich dem unermüdlichen Forscher, auch Berufsbezeichnungen zu erkennen – wie Gold- und Kupferschmied, Töpfer oder Schäfer. Von außerordentlicher Hilfe war, daß Lebewesen oder Dinge auf den Täfelchen manchmal zweimal erschienen – zunächst in Linear B, dann als Bildsymbol, als sogenanntes Piktogramm. So stand zum Beispiel neben den Silben »ti-ri-po« ein Gefäß mit drei Füßen, woraus sich ergab, daß es sich um einen Dreifuß handelte. Mit dieser Hilfe wurde in etwa der Nachteil ausgeglichen, daß keine zweisprachige Schrifttafel gefunden wurde, eine Bilingue, wie es bei dem Stein von Rosette in Ägypten der Fall gewesen ist. Auf diesem Stein, heute im britischen Museum in London, erscheint eine Aussage sowohl in Hieroglyphen als auch in demotischer Schrift, wodurch es erst möglich gewesen war, Hieroglyphen zu lesen.

Dreieinhalb Jahrtausende alt

Die Entzifferung der Linear B, die zunächst auch auf scharfe Kritik stieß, heute aber allgemein akzeptiert ist, hat einen einzigartigen Überblick über die Verwaltung des Palastes, die gesellschaftliche Organisation und den wirtschaftlichen Aufbau von Pylos, Mykene und Knossos gegeben – in einer Sprache, die, mit vielen Abwandlungen, rund dreieinhalb Jahrtausende lebendig geblieben ist. Es tauchten auch Namen auf wie Achilles (»a-ku-re-u«), Theseus (»te-se-u«) und Orest (»o-re-ta«). Es sind Namen von Menschen, die in Pylos gelebt haben; mit Mythologie und Heldengesängen hatten sie nichts zu tun; Nestors Name erscheint auf keiner der Tontäfelchen.

Olympia. Durchgang vom Zeus-Tempel zum Stadion

Wagenrennen um die Königstochter

Pelops

»An der Wende vom 6. zum 5. Jahrhundert treten in Griechenland Veränderungen von weltweiter Bedeutung in Erscheinung... Diese Umwälzungen spiegeln sich verdichtet in den Kunstwerken dieser Zeit und besonders in den Plastiken des Zeus-Tempels in Olympia, die die reifste und erschütterndste Epoche der griechischen Kunstgeschichte darstellen.«

A. und N. Yalouris

Gewaltig erscheinen die graugelben Trommeln der Säulen des Zeus-Tempels in Olympia – und sind verwirrend zugleich. Zwei Erdbeben im 6. Jahrhundert n. Chr. haben stehende Reste des Baues zerstört, nachdem schon zuvor, im Jahr 426 n. Chr., der byzantinische Kaiser Theodosius II. den Auftrag erteilt hatte, alle Kultbauten im heiligen Hain, der Altis, zu vernichten. Dennoch ist heute die ursprüngliche Tempelanlage vorstellbar mit ihren je sechs Säulen an den Schmalseiten und je dreizehn Säulen an den Längsseiten. Zwanzig Meter hoch war dieses eindrucksvolle Denkmal dorischer Architektur.

Wer heute über den grauen, gespaltenen Stein des Tempels wandert, erkennt deutlich, wo die östliche Vorhalle, die westliche Rückhalle und der Hauptraum, die Cella, gestanden haben. Und in der Cella sind noch die Einlassungen sichtbar für die bedeutendste Skulptur antiker Kunst, das Bildnis des Zeus. Es war eines der Sieben Weltwunder, das einzige auf griechischem Festland. Die anderen standen auf Rhodos, in Kleinasien, Ägypten und Mesopotamien.

Aus Gold und Elfenbein gearbeitet

Von Zeus ist nichts erhalten geblieben. Die riesige, zwölf Meter hohe Statue ist 394 n. Chr. nach Byzanz gelangt und wurde dort vernichtet. Dennoch haben wir eine Vorstellung von dem Götterbild. Pausanias, der im 2. Jahrhundert n. Chr. große Teile der antiken Welt bereiste, hat eine genaue Beschreibung der Skulptur hinterlassen, und auf griechischen Münzen aus Elis, die im 2. bzw. 1. Jahrhundert v. Chr. geprägt worden sind, ist der olympische Zeus abgebildet. Der bärtige Gott mit einem Lorbeerkranz im Haar saß auf einem Thron aus Zedernholz. Gesicht, Brust, der entblößte Teil des Körpers und die Füße waren aus Elfenbein, Kopfhaar, Bart und Gewand aus Gold. Auch die Siegesgöttin Nike, die Zeus in der rechten Hand trug, war aus Gold, während Edelsteine die Augen bildeten. Das Zepter, das er in der linken Hand hielt, bestand aus einer Legierung verschiedener Metalle. Phidias, der große attische Bildhauer aus dem 5. Jahrhundert v. Chr., hat das Götterbildnis in achtjähriger Arbeit geschaffen.
Phidias hatte seinen Arbeitsplatz westlich des Tempels, außerhalb des Heiligen Hains. Die Werkstatt ist von deutschen Archäologen lokalisiert worden. Es geschah während einer Kampagne im Jahr 1952. Mit den Ausgrabungen wurden frühere Arbeiten fortgesetzt, die

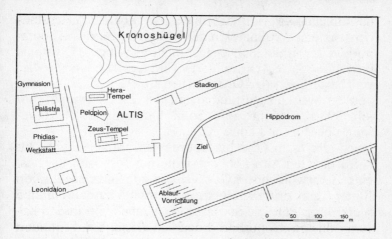

Die Anlage von Olympia

schon 1875 begonnen hatten. Bei den neuerlichen Freilegungen wurden auch Werkzeuge des Phidias gefunden. Sie sind heute im Saal der früh- und hochklassischen Epoche im Museum von Olympia, in der Vitrine 3, ausgestellt: Meißel, Hämmer, Metallstifte und auch Matritzen, mit denen Ornamente gegossen wurden. Aufregend war der Fund eines Weinkännchens, auf dessen Boden die Worte eingeritzt waren: »Ich gehöre dem Phidias.« Bei weiteren Ausgrabungen, die die Archäologen Wolf Dieter Heilmeyer und Gerhard Zimmer im Sommer 1982 vornahmen, wurde eine Bronzegießerei unter der Werkstatt des Phidias gefunden, die in den Jahren 440 v. Chr. für eine begrenzte zeitliche Nutzung angelegt war.

Die Geschichte Olympias und der Olympischen Spiele verliert sich im Sagenhaften. Dabei spielt Pelops eine Rolle, der Enkel des Zeus und Sohn des Tantalos. Auch Herakles wird mit den Wettkämpfen in Verbindung gebracht; er war Vorbild der Athleten. Die eigentliche Geschichte Olympias beginnt erst im 8. Jahrhundert v. Chr. Aus dem Jahr 776 liegen Siegerlisten der Olympischen Spiele vor. Die letzten antiken Wettkämpfe fanden mit der 293. Olympiade im Jahr 393 n. Chr. ihr Ende. Somit haben die Spiele insgesamt über tausend Jahre gedauert.

Noch gibt es in Olympia Spuren der antiken Spiele. Im Nordosten der Altis steht ein steinerner Torbogen, der Rest eines überwölbenden Ganges, der zum großen Stadion führte, dem dritten seiner Art, dessen Laufbahn 192,25 Meter lang war. Die Startschwelle – aus Stein in den Boden eingelassen – ist noch deutlich erkennbar. Insgesamt hat es achtzehn verschiedene Kampfarten gegeben.

Die Sieger erhielten einen Ölzweig, der in den Heimatorten dem Stadtgott geopfert wurde. Die Heimatorte ehrten ihre Sieger mit Geldgeschenken, Steuerfreiheit, Standbildern und Siegesliedern. Der deutsche Historiker Hermann Bengtson sagte dazu: »Die Bürger der Heimatstadt pflegten die Sieger nach ihrem Sieg in feierlichem Zug einzuholen, ihre Namen wurden für die Nachwelt auf rühmenden Inschriften verewigt. Es sind nicht wenige Beispiele aus der Geschichte des Altertums bekannt, die zeigen, daß ganze Städte außer Rand und Band gerieten, wenn es einem ihrer Bürger gelungen war, sich mit dem Kranz des olympischen Ölbaums zu schmücken.«

Südöstlich vom Stadion und parallel zu diesem lag das Hippodrom, ebenfalls von Erdwällen umgeben. Hier fanden die Pferde- und Wagenrennen statt. Die unterschiedlich langen Wegstrecken wurden durch eine keilförmige Aufstellung der Wagen ausgeglichen. Der Start erfolgte mit dem Fallen einer Absperrschnur. Pausanias hat alle Einzelheiten des Mechanismus erklärt. Die aufregendsten Rennen waren jene mit Vierergespannen, die man während der 25. Olympiade im Jahr 680 v. Chr. einführte. Zweiergespanne wurden erst über zweihundert Jahre später, im Jahr 408, eingesetzt. Man kannte auch Rennen mit Jungtieren, mit Fohlen, ja selbst mit Maultieren.

Das Hippodrom, in Form einer Ellipse angelegt, wurde in der Längsachse durch eine Schranke geteilt. Die Enden der Schranken waren durch Wendemarken, durch Säulen, gekennzeichnet. Sie stellten für Roß und Lenker beträchtliche Gefahren dar und trugen den Namen »Pferdeschreck«. An diesen Wendepunkten wurden manche Rennen entschieden, da die Wagenlenker tollkühne Manöver fuhren. Streifte ein Wagen die Säulen, wurde er meist zerstört. So haben sich hier schwerste Unfälle ereignet. Insgesamt mußten bei den Wettkämpfen zwölf Runden gefahren werden, wobei jede Runde 780 Meter maß.

Am westlichen Ende der Schranke stand eine Statue der Hippodameia, der Tochter Oinomaos', des Königs von Pisa im peloponnesischen Elis, das zum Heiligtum von Olympia gehörte. Um beide Personen und um Pelops kreist eine alte griechische Sage. Sophokles und Euripides haben Tragödien über den Stoff geschrieben, doch sind nur Fragmente dieser Stücke erhalten geblieben. Die Sage ist aber bekannt.

Pferde so schnell wie der Nordwind

Oinomaos war ein Sohn des Ares, des Kriegsgottes. Seine Tochter liebte Pferde und beherrschte sie. Ihr Name Hippodameia bedeutete »Rossebezwingerin«. Oinomaos wollte, daß sie niemals heiratete. Für diese Einstellung wurden zwei Gründe genannt: Nach dem einen habe Oinomaos seine Tochter selbst geliebt, nach dem anderen habe ein Orakel geweissagt, sein Schwiegersohn werde ihn umbringen. Jedenfalls war Oinomaos von Haß auf jeden erfüllt, der seine Tochter heiraten wollte. Dennoch meldeten sich viele. Aber Oinomaos hatte zur Bedingung gemacht, jeder Bewerber müsse mit ihm, Oinomaos, ein Wagenrennen bestehen. Bei dem Rennen hatte der Freier Hippodameia in seinem Wagen mitzunehmen, während Oinomaos das Paar verfolgte. Seine Pferde, ein Geschenk seines Vaters Ares, waren so schnell wie der Nordwind. So vermochte Oinomaos jeden Rivalen einzuholen. Ja, er gab dem Bewerber sogar noch einen Vorsprung. Während dieser Zeit opferte er Zeus einen Widder. Erst danach bestieg er den Wagen mit seinem Lenker Myrtilos. Hatte er den Rivalen eingeholt, so besaß er das Recht, den Freier mit seinem Speer zu töten. Auf diese Art hatte Oinomaos schon dreizehn Freier umgebracht, hatte danach ihre Köpfe an seinen Palast genagelt. Der vierzehnte Bewerber sollte eine Wende bringen, und zwar in Gestalt von Pelops, Sohn des Tantalos.

Tantalos, König von Lydien, wollte die Allwissenheit der Götter erproben. Er hatte seinen Sohn Pelops zerstückelt und den Göttern zum Mahl vorgesetzt. Doch diese durchschauten die Absicht bis auf Demeter, die Göttin der Fruchtbarkeit. Sie aß ein Stück der Schulter des Kindes.

Die Götter fügten aber die Glieder wieder zusammen, erweckten Pelops erneut zum Leben, und Demeter gab dem Kind eine Schulter aus Elfenbein. Tantalos wurde zu ewigen Qualen in der Unterwelt verurteilt. Er stand fortan im Hades bis zum Kinn im Wasser. Beugte er sich, um seinen Durst zu löschen, verschwand das Wasser. Wollte er den Hunger stillen und über seinem Kopf hängende Früchte ergreifen, wichen die Äste zurück. So erlitt er für alle Zeiten »Tantalos-Qualen«.

Pelops ruft Poseidon um Hilfe an

Tantalos' Sohn Pelops verließ Lydien und gelangte nach Griechenland. Hier hörte er von der Schönheit Hippodameias, aber auch von den grausamen Bedingungen, die ihr Vater jedem Freier auferlegte. Dennoch wollte er Hippodameia gewinnen. Um dem windschnellen Gespann des Oinomaos gewachsen zu sein, begab er sich ans Meer und rief seinen Schutzgott Poseidon. Als dieser aus den Wellen auftauchte, trug er sein Anliegen vor und bat um Beistand. Gleich darauf rauschte das Wasser, und aus den Wellen stieg ein goldener Wagen mit vier geflügelten Pferden.
Mit dem Gespann begab sich Pelops zu Oinomaos. Als dieser die Pferde sah, erschrak er, da er das Gespann des Meergottes erkannt hatte. Dennoch verweigerte er dem Fremdling den Wettkampf unter den bekannten Bedingungen nicht, vertraute er doch der Zauberkraft der eigenen Pferde.
Das Rennen begann. Nachdem Pelops gestartet war, voll-

Pelops

zog der König von Pisa noch das Opfer für Zeus und begab sich erst dann auf die Verfolgung.

Doch Oinomaos' Wagenlenker Myrtilos war von Pelops bestochen worden. Dieser hatte dem Wagenlenker eine Nacht mit Hippodameia und die Hälfte des Reiches versprochen, das er zu gewinnen hoffte. Dafür sollte Myrtilos den Wagen seines Herrn fahruntüchtig machen. Myrtilos kam dem Wunsch nach und nahm die bronzenen Achsnägel heraus. Schon bald nach Beginn der Verfolgung löste sich ein Rad, der Wagen stürzte, und Oinomaos wurde zu Tode geschleift. Myrtilos hatte sich vorher durch einen Sprung in Sicherheit gebracht.

Pelops heiratete Hippodameia, trat die Herrschaft in Pisa an und gründete das Geschlecht der Pelopiden. Als Myrtilos den Pelops an dessen Versprechen erinnerte, lud der den Wagenlenker zu einer Fahrt in seinem geflügelten Wagen ein. Als sie gemeinsam das Meer überquerten, stieß er Myrtilos in die hochgehende See. Doch der Wagenlenker brachte noch einen Fluch auf das Geschlecht der Pelopiden aus, und diese Verwünschung sollte schreckliche Folgen zeitigen (siehe auch Seite 242).

Pelops wurde einer der großen griechischen Helden

Nach Pelops' Tod rühmten die Dichter seine Wettkämpfe und seine Rennbahn. In der Mitte der Altis in Olympia wurde das »Pelopion« errichtet, ein Heroengrab – obwohl Pelops' Gebeine auf dem Gebiet der heute verschwunde-

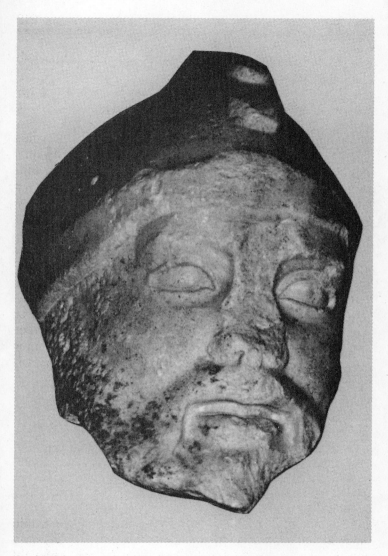

Ostgiebel des Zeus-Tempels in Olympia: Bildnis des Oinomaos

Pelops

nen Stadt Pisa ruhten. An seinem »Grab« in der Altis opferte man jährlich einen schwarzen Widder. Noch heute erkennt man zwischen Zeus- und Hera-Tempel den fünfeckigen Unterbau des »Grabes«. Pelops wurde einer der am meisten verehrten griechischen Helden. Nach ihm hieß denn auch die große griechische Halbinsel Peloponnes, die bis dahin Apis genannt worden war.

Der Name des Pelops und seine Bedeutung in der Überlieferung beruht vor allem auf dem Wagenrennen, das er der Sage nach mit König Oinomaos ausgetragen hat. Als Glanzstück sportlicher Veranstaltungen wurden sie auch von Rom übernommen. Das letzte Rennen fand unter dem ostgotischen König Totila 549 n. Chr. statt. Und in Byzanz gab es im Hippodrom, dem heutigen At-Meidan, Wagenrennen, deren politische Bedeutung enorm war. Sie wurden erst im 13. Jahrhundert eingestellt.

Die Rennwagen hatte man aus Streitwagen entwickelt. Sie waren vorn und an den Seiten mit einer niedrigen Brüstung versehen und hinten offen und hatten niedrig gelagerte Räder. Der Lenker stand im Wagen, hatte in der linken Hand die Zügel und in der rechten die Peitsche. Die Rennen waren ein Privileg des Adels. Nur dieser vermochte für die hohen Kosten aufzukommen. Zu Zeiten Homers waren die Gespannbesitzer auch Wagenlenker. Später überließen sie ihre Wagen Berufsfahrern. Bei einem Sieg fiel der eigentliche Ruhm dem Eigentümer zu. Doch auch die Fahrer gelangten zu Ehren. Davon zeugt die berühmte Statue des Wagenlenkers im Saal 12 des Museums von Delphi.

Die aus Bronze gearbeitete Figur ist Teil eines Vierergespanns, zu dem vielleicht ein Stallbursche gehört hat. Der mit einem langen, gegürteten »Chiton« bekleidete Wagenlenker ist, bis auf den abgebrochenen linken Arm, hervor-

ragend erhalten. Sogar die aus weißem Glasfluß und zwei eingelegten dunklen Steinen bestehenden Augen fehlen nicht. Als Mangel empfindet der heutige Betrachter allerdings den zu langen Unterkörper. Die Unproportionalität ist damit zu erklären, daß der Wagen, in dem der Lenker stand, den Unterkörper verdeckte.
Eine Inschrift am Stockel besagt: »Polyzalos weihte mich. Segne ihn, gepriesener Apollo.« Polyzalos war ein Grieche aus Gela auf Sizilien. Er hat an den »Pythischen Spielen« in Delphi teilgenommen und ein Wagenrennen gewonnen, das im 5. Jahrhundert v. Chr. stattfand. Zur Erinnerung an seinen Sieg gab er die Bronzefigur in Auftrag.

Das Wagenrennen am Giebel des Zeus-Tempels

Wagenrennen waren die Höhepunkte der Olympischen Spiele. Kein Besucher der Weihestätte blieb diesen Wettkämpfen fern. Jeder kannte auch die Sage vom Wagenrennen des Oinomaos mit seinem Widersacher Pelops. So war es kein Zufall, daß der Giebel über dem Eingang zum Zeus-Tempel mit einer Darstellung des Wagenrennens verziert war – sie gibt eine Szene vor dem Beginn des Kampfes wieder. Die Skulpturen, mit bunten Farben ausgemalt, galten als besondere Attraktion. Sie blieben Jahrhunderte erhalten und überstanden sogar die Zerstörungen, die Kaiser Theodosius von Byzanz angeordnet hatte. Doch während der großen Erdbeben im 6. Jahrhundert n. Chr. stürzten Wände und Giebel ein. Die mächtigen Bruchstücke der Figuren lagen nun zerstreut im Gelände der Altis.

Als sich die Archäologen Jahrhunderte später daran machten, die Figuren zusammenzusetzen, standen sie vor beträchtlichen Schwierigkeiten. Eine Hilfe waren die unterschiedlichen Größen der Figuren. Unter Berücksichtigung der Giebelschräge ergaben sich mögliche Anordnungen, die durch die Mitteilungen von Pausanias, der beide Giebel beschrieben hatte, kontrolliert werden konnten. So wurde es möglich, den Westgiebel mit der Darstellung eines Kentaurenkampfes – und der beherrschenden Figur Apollos in der Mitte – zu rekonstruieren, ohne daß sich Widerspruch erhob.

Anders verhielt es sich mit dem Ostgiebel. Zwar war die Position des Zeus in der Mitte unbestritten. Wie aber sollten die Figuren zu beiden Seiten angeordnet werden? Mit dieser Frage hat sich die Forschung lange beschäftigt, zumal man nicht wußte, was Pausanias unter rechts oder links verstanden wissen wollte. Meinte er, vom Betrachter oder von der Zeus-Statue aus gesehen? Es wurden jedenfalls genaue Begründungen verfaßt, wonach nur diese oder jene Gruppierung richtig sein könne. Jahrzehntelang war dann eine bestimmte Anordnung im alten Museum gültig, die aber im neuen Museum durch eine andere abgelöst wurde.

Die Frage: Mehr als eine versteinerte Sage?

Nach der jetzigen Aufstellung steht – vom Betrachter aus gesehen – rechts neben dem fast drei Meter hohen Zeus, dessen Kopf verlorenging, Pelops, neben diesem Hippoda-

Diese Vase aus der archaischen Periode (700 bis 480 v.Chr.), die einen Wagenlenker als Motiv hat, steht im Museum zu Olympia

meia im Hochzeitsgewand. Links neben dem Göttervater finden sich König Oinomaos und seine Frau Sterope. Es folgen jeweils zu beiden Seiten die Gespanne mit knienden Dienern und, sitzend, je ein Seher. Der Prophet auf der rechten Seite ist hervorragend erhalten und stellt die eindrucksvollste Figur des Giebels dar. An beiden Enden folgen die Flußgötter Kladeos und Alpheios; an diesen Flüssen liegt Olympia.

Man hat auch geprüft, ob das Wagenrennen einen gewissen historischen Hintergrund andeutet. Wenn dies zuträfe, könnte sich eine Beziehung zur Eroberung des Peloponnes ergeben. Pelops wäre dann – sinnbildlich gesehen – der Eroberer, und Oinomaos gehörte den unterlegenen Stämmen an. Unter solchem Gesichtspunkt wäre der Ostgiebel des Zeus-Tempels mehr als eine versteinerte Sage.

Eines der besterhaltenen Baudenkmäler der Antike: Das Theater in Epidauros

Er erweckte Tote zum Leben

Asklepios

»Asklepios war ein Gott, der ohne Mythos in die klassische Welt eingetreten ist, der sich aber durch sein Wirken selbst einen Mythos schuf.«

Antje Krug

Das griechische Theater in Epidauros, im 4. Jahrhundert v. Chr. von Polyklet aus Argos gebaut, ist das berühmteste, schönste und besterhaltene der Antike. Harmonisch ist es mit fünfundfünfzig halbrunden Sitzreihen aus Kalkstein in den Abhang des Berges Kynortion geschnitten, der sich südöstlich des Heiligen Bezirks erhebt. Die höchsten Plätze liegen etwa zwanzig Meter über der kreisförmigen Bühne, der Orchestra. Hier traten Chor und Schauspieler auf – vor dem Bühnenhaus, der Szene.
Ursprünglich hatte das Theater nur 34 Sitzreihen, später kamen 21 hinzu; damit fanden mehr als 12 000 Personen Platz. Trotz dieser beachtlichen Größe ist eine hervorragende Akustik gegeben. Heutige Besucher sind überrascht, wenn sie leise Geräusche von der Orchestra noch deutlich auf den oberen Sitzreihen wahrnehmen. Dennoch mußten die Schauspieler über Stimmstärke verfügen und ihre Rollen akzentuiert vortragen. Auch war ein gutes Gedächtnis Voraussetzung; es gab keinen Souffleur.
In Epidauros wird seit 1954 wieder Theater gespielt wie vor über zweitausend Jahren. Es geht um die alten Stücke, um Tragödien der drei großen attischen Dramatiker Ai-

Asklepios 226

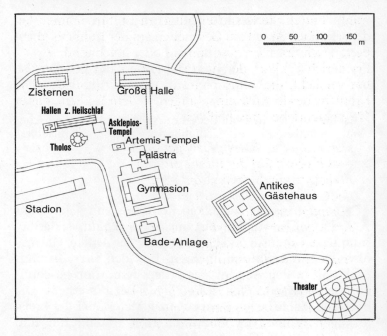

Plan des antiken Epidauros mit seinen zahlreichen Anlagen

schylos, Sophokles und Euripides, auch um Komödien des Aristophanes. Wenn die Sitzreihen gefüllt sind mit Tausenden von Besuchern, hat es fast den Anschein, als sei die alte Zeit gegenwärtig.

Damals kamen die Zuschauer schon am frühen Morgen durch die beiden großen Steintore. Unten saßen auf Sitzkissen die Prominenten, die übrigen Besucher verteilten sich in dem riesigen Steinrund. Man blieb den ganzen Tag, da verschiedene Stücke gespielt wurden. Speisen und Ge-

tränke hatten die Besucher mitgebracht. Sie nahmen leidenschaftlich Anteil am Geschehen auf der Bühne und äußerten sich drastisch zustimmend oder ablehnend.
Friedrich Schiller, der nie in Griechenland gewesen ist, hat versucht, die Atmosphäre in der Kunstballade »Die Kraniche des Ibykus« einzufangen. In dem Gedicht, das er 1797 geschrieben hat, heißt es:

Denn Bank an Bank gedränget sitzen
– es brechen fast der Bühne Stützen –
herbeigeströmt von fern und nah,
der Griechen Völker wartend da,
dumpfbrausend wie des Meeres Wogen;
von Menschen wimmelnd wächst der Bau
in weiter stets geschweiftem Bogen
hinauf bis in des Himmels Blau.

Wer zählt die Völker, nennt die Namen,
die gastlich hier zusammenkamen?
Von Theseus' Stadt, von Aulis Strand,
von Phokis, vom Spartanerland,
von Asiens entlegner Küste,
von allen Inseln kamen sie
und horchten von dem Schaugerüste
des Chores grauser Melodie.

Der Chor, bestehend aus zwölf bis fünfzehn Personen, zog in drei Gliedern unter Vorantritt eines Flötenspielers in die Orchestra ein. Er war Hüter der Ordnung, verkündete den göttlichen Willen und war auch Sprecher der Zuschauer. Schiller sagt vom Chor:

*... der streng und ernst nach alter Sitte
mit langsam abgemessnem Schritte
hervortritt aus dem Hintergrund,
umwandelnd des Theaters Rund.
So schreiten keine irdschen Weiber,
die zeugete kein sterblich Haus!
Es steigt das Riesenmaß der Leiber
hoch über Menschliches hinaus ...*

Der Sinn des Lebens

Den Dramen lagen Mythen und Heldensagen zugrunde. Es ging um den Sinn des Lebens, um die Verstrickung der Menschen in ausweglosen Situationen, um schlimme Untaten, um die Hybris und die Bestrafung Schuldiger. Ein rätselhaftes Schicksal tat sich auf, dem selbst die höchsten Wesen unterworfen waren. Doch für den Menschen verloren die Götter dadurch kaum von ihrer Allmacht. Sie griffen ständig ins Leben ein, und die Irdischen mußten versuchen, die Götter durch Opfer für sich geneigt zu machen. Im Krankheitsfall waren die Menschen ihnen auf Gnade und Ungnade ausgeliefert. Nur Götter konnten helfen, etwa der Gott Maleatas. Die Ruinen seines Tempels liegen rund hundert Meter südöstlich der höchsten Sitzreihen des Theaters auf dem Berg Kynortion. In dem Wort Maleatas steckt die Bezeichnung für Hund; dieser hat beim Kult des Heilgottes eine wichtige Rolle gespielt wie die Schlange bei Asklepios, dem Nachfolger Maleatas'.
Wann Asklepios neben Maleatas trat bzw. ihn ablöste, ist

nicht bekannt. Doch viele Feste aus der Zeit Maleatas' wurden vom Asklepios-Kult übernommen. Die Sage von der Geburt des Asklepios gehört zum Verwirrendsten, was die antike Mythenwelt zu bieten hat. Es wird berichtet, Apollo habe die Nymphe Koronis geliebt und von ihr ein Kind erwartet. Doch Koronis heiratete einen jungen Thessalier mit Namen Ischys. Apollo erfuhr davon von seinem Lieblingsvogel, dem Raben, der damals schneeweiß war. Der Gott, nicht nur über die Nachricht ergrimmt, sondern auch über deren Überbringer, verfluchte den Raben und verwandelte sein weißes Gefieder in ein pechschwarzes. Das Wort »Unglücksrabe« soll hier seinen Ursprung haben.

Der Kentaur Chiron als Lehrer

Nachdem Apollo diese Botschaft erhalten hatte, schickte er die Göttin Artemis, seine Schwester, an den See Boibeis, der Heimat der Koronis, und ließ die Unglückliche von ihr umbringen. Das Kind, Asklepios, rettete er. Nach einer anderen Erzählung wurde Koronis nicht umgebracht, sondern hat vielmehr das Kind in den Bergen ausgesetzt, wo es von einer wilden Ziege ernährt und von einem Hund beschützt wurde. Ein Hirte fand den jungen Asklepios. Nach seiner Schilderung sei von dem Kind ein göttlicher Glanz ausgegangen.
Der junge Asklepios kam auf Wunsch Apollos in die Erziehung des Kentauren Chiron. Dieser, halb Mensch, halb Pferd, war Erzieher vieler Heroen und lehrte Jagd, Leier-

spiel und Heilkunde. Asklepios wurde ein fleißiger Schüler, lernte schnell, Heilkräuter richtig einzusetzen, Wunden zu behandeln, Schmerzen zu lindern und Krankheiten verschiedenster Art zu kurieren. Nachdem er alle Künste des Kentauren kannte und es ihm bereits gelungen war, zahlreiche schwer Erkrankte zu heilen, verbreitete sich sein Ruhm schnell. Asklepios' Heilerfolge waren vor allem dadurch begründet, daß er bei seinen Behandlungen die psychische Seite einbezog. Er bestärkte seine Patienten im Glauben an Wunder, die er als Manifestation göttlicher Macht ansah. Asklepios, der bald als Gott verehrt wurde, benutzte bei seinen Kuren den Tempel- oder Heilschlaf, bei dem er den Kranken im Traum erschien. Auch Schocktherapien gab es.
Zunächst einmal wurden die Patienten auf die Behandlungen durch Reinigungsriten, Fasten und Gebete intensiv vorbereitet. Nach dem Schlaf befragte man sie am folgenden Morgen über ihre Träume. Diese galten als verschlüsselte Orakel, die vom Kranken kaum oder gar nicht verstanden werden konnten. Die Priester legten nun die Träume aus. Dies war eine besondere Kunst, für die es auch Lehrbücher gab. Aus den Träumen schlossen die Priester auf Heilmethoden und Heilmittel.
Bei dem griechischen Philologen Aristophanes, der um 200 v. Chr. gelebt hat, heißt es über den Heilschlaf im Asklepieion der Insel Ägina: »Die Priester löschten die Lichter, ermahnten die Patienten zur Ruhe und ließen sie dann allein. Erschöpft von der langen Reise, den Kopf voll von Bildern und Erzählungen, die sie im Heiligen Bezirk aufgenommen hatten, und aufgeregt vor Erwartung, fielen sie irgendwann in Schlaf und träumten.«
In einer anderen Aufzeichnung berichtet ein gewisser Ailios Aristides, der im 2. Jahrhundert n. Chr. gelebt und das

Asklepieion in Pergamon besucht hat: »Und wirklich, es ist vieles befremdlich an den Heilmitteln des Gottes, so wenn einer Kreide zu sich nehmen, ein anderer Schierlingssaft trinken soll und wenn einer seine Kleider ablegt und sich kalt abwäscht, wenn man doch denken sollte, daß er der Wärme bedarf. Uns selbst hat er in dieser Weise ausgezeichnet, indem er unsere Katarrhe und Erkältungen durch Bäder in den Flüssen und im Meer beseitigte, indem er uns, da wir hoffnungslos daniederlagen, durch lange Märsche heilte und anhaltende Knappheit an Nahrungsaufnahme in Verbindung mit vielen Reinigungsbädern verordnete, indem er mir verbot zu sprechen und zu schreiben, wenn ich nur schwer atmen konnte.«

Die Asklepieien, die »Kuranstalten« des Asklepios, galten als heilig. Sie unterlagen bestimmten Verordnungen. Hier durften keine Geburten erfolgen, niemand durfte sterben. Schwerkranke hatten keinen Zutritt. Das war eine große Enttäuschung für alle, die andernorts nicht geheilt werden konnten und sich mühsam in ein Asklepieion geschleppt hatten.

Die Schlange als Zauberwesen

Die Heilbehandlungen fanden großen Zuspruch, zumal die angewandten Methoden noch verbrämt wurden durch mancherlei Magie, so durch den Schlangenkult. Die Schlange galt als Zauberwesen mit dämonischem Blick. Man sagte ihr heilkundige Fähigkeiten und prophetische Kräfte nach. Sie galt als Wächterin der Unterwelt. Aber ihre Einordnung bleibt widersprüchlich. Manchmal war sie Symbol des Bösen. Apollo erschlug die delphische Pythia, die Hydra war ein schlangenähnliches Ungeheuer mit neun Köpfen und die Chimäre eine feuerschnaubende Bestie mit Schlangenschwanz. Oft war die Schlange aber glückbringendes Sinnbild. In Ägypten wurde die Uräus-Schlange am Diadem der Pharaonen getragen. Manche Göttinnen hatten Schlangengestalt. Weil die Schlange sich jährlich häutet, galt sie auch als Sinnbild des Lebens. Darum wurde Asklepios immer mit einer Schlange dargestellt, die sich um einen Stab windet.

Bei den Ausgrabungen in Epidauros, die der griechische Archäologe Kavvadias Ende des 19. Jahrhunderts vorgenommen hat, wurde auch ein Bau freigelegt, der angeblich auf den Schlangenkult hindeutete: die Tholos, ein marmorner Rundbau von 22 Metern Durchmesser. Er war Zentrum und Glanzstück von Epidauros und einer der reichsten Kultbauten der Antike. Reste der Kassettendecke im Museum erregen stets die Bewunderung der Besucher. Sechsundzwanzig dorische Säulen umgaben die Cella, im Inneren folgten vierzehn korinthische Säulen. Den Boden hatte man mit Marmorplatten in Form von schwarzen und weißen Rhomben ausgelegt. Darunter waren konzentrische Mauerringe, die noch vorhanden sind. Vermutungen gingen dahin, daß hier heilige Schlangen gehalten wurden. Man wollte sogar die Öffnung entdeckt haben, durch die sie gefüttert wurden. In neuerer Zeit ist man von solcher Darstellung abgerückt. Antje Krug, Archäologin und Leiterin der Bibliothek am Deutschen Archäologischen Institut in Berlin, schreibt in ihrem 1984 erschienenen Buch »Heilkunst und Heilkult«: »Sicherlich nicht wurden in dem labyrinthartigen und völlig dunklen Unterbau die heiligen Schlangen des Gottes gehalten, denn diese Tiere

lieben es warm und sonnig. Die ›Schlangengrube‹ wurde vielmehr in der Phantasie des 19. Jahrhunderts geschaffen!«
Dennoch hat die Schlange beim Asklepios-Kult große Bedeutung gehabt. Sie soll durch Lecken mit der Zunge bzw. allein durch ihre Anwesenheit bei den Heilungen mitgewirkt haben. Es handelte sich dabei immer um die etwa eineinhalb Meter lange, olivgrüne Äskulapnatter mit dem lateinischen Namen Elaphe longissima. Diese ungiftige Schlange kommt heute noch im Taunus vor, und zwar in der Nähe von Schlangenbad, wo die Römer ein Asklepeion hatten. In wenigen Exemplaren wird sie auch in der Gegend von Hirschhorn, Lörrach und Passau beobachtet. Die Schlange übernahm bisweilen die Funktion des Asklepios und erschien auch den Kranken im Schlaf. Das geschah in den doppelstöckigen Liegehallen, nördlich der Tholos, »Abaton« (Unbetretbares) genannt. Baureste lassen die Ausmaße erkennen: Die Länge betrug 71, die Breite rund 10 Meter. In die Wände des Abaton und auch auf Stelen wurden Darstellungen von Wunderheilungen an Patienten eingeritzt. Verschiedene Stelen, mit denen der heilige Park übersät war, sind aufgefunden worden und sind heute im Museum von Epidauros zu besichtigen.
Im Laufe der Zeit veränderten sich die Anwendungen und wurden umfangreicher. Man behandelte nun eine Vielfalt von Krankheiten wie Lähmungen, Wassersucht, Geschwülste, Magengeschwüre, Pocken, Gallensteine, Augenleiden, Migräne, Gicht und Gelenkentzündungen. Ausgebildete Ärzte verschrieben Salben, Bäder, Diät, Sprechtherapien, Entschlackungskuren, Gymnastik, nahmen auch Operationen vor. Aus den Aufzeichnungen ergab sich eine umfangreiche Sammlung von Krankheitsgeschichten, ärztlichen Verordnungen und Heilerfolgen.

Hippokrates, der große griechische Arzt (460 bis 375), auf den die moderne Medizin und der nach ihm benannte Eid zurückgehen, soll sein Wissen zum großen Teil den Tempelaufzeichnungen des Asklepieions seiner Vaterstadt Kos verdanken.

Das Kultbild des Asklepios

Eine überlebensgroße Statue des Asklepios, von dem Bildhauer Thrasimedes geschaffen und von Pausanias genau beschrieben, stand im Tempel von Epidauros, nahe dem Abaton. In der Cella des Tempels sind noch Vertiefungen erkennbar, in denen das Kultbild gestanden hat. Die Statue war aus Gold und Elfenbein und stellte den Gott, auf einem Thron sitzend, dar. Die linke Hand ruhte auf einem Stab, die rechte auf dem Kopf einer Schlange; zu seinen Füßen lag ein Hund, der an den Kult seines Vorgängers Maleatas erinnerte. Alte Münzprägungen haben das Bild vielfach überliefert.

Asklepios, dazu seine Tochter Hygieia (Hygiene), die Personifizierung der Gesundheit, waren in der ganzen damaligen Welt bekannt, vornehmlich in Epidauros, das bald zum bedeutendsten Kur-, Wallfahrts- und Festspielplatz wurde. Das blieb so für acht Jahrhunderte. Bald wurden auch andernorts Asklepieien errichtet. Man schätzt ihre Zahl auf einige hundert. Von besonderer Bedeutung waren die Heilstätten in Pergamon, auf der Insel Kos, in Athen und Rom.

Wie Tempelschlaf und Heilträume nach Rom gelangten,

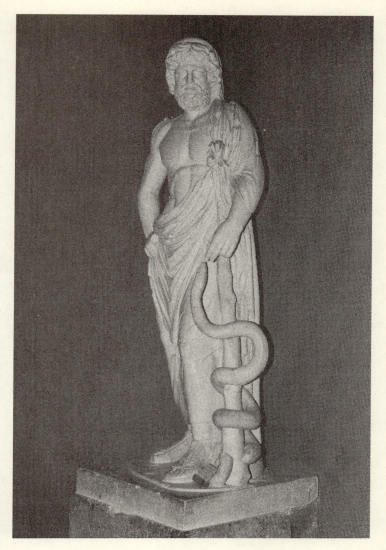
Die Statue des Asklepios, zu sehen im Museum in Epidauros

erzählt eine alte Geschichte. Danach war in der Hauptstadt des Römischen Reiches 293 v. Chr. eine Epidemie ausgebrochen, die viele Opfer forderte. Man befragte die Sibyllinischen Bücher und entnahm ihnen den Rat, man solle Asklepios – die Römer nannten ihn Aesculapius – aus Epidauros holen. Es wurde eine Gesandtschaft per Schiff dorthin entsandt, und man trug das Anliegen dem Gott der Heilkunst vor. Asklepios war bereit, mit nach Rom zu segeln, und ging in Gestalt einer Schlange an Bord. Der römische Dichter Ovid (42 v. bis 17 n. Chr.) schildert in seinen »Metamorphosen« das Weitere folgendermaßen: Schon war das Schiff in die römische Stadt, das Haupt der Welt, eingefahren, da richtet sich die Schlange auf, lehnt den Hals ganz oben an den Mastbaum, dreht den Kopf und sieht sich nach einem passenden Wohnsitz um. Der Fluß spaltet sich in zwei Teile und umfließt ein Eiland – man nennt es die Insel –, und nach beiden Seiten breitet er gleich weit die Arme aus. In der Mitte ist Land. Hierher begab sich vom latinischen Fichtenschiff die Schlange aus Phoebus' Stamm, nahm wieder himmlische Gestalt an, setzte der Trauer ein Ende und kam als Heilbringer in die Stadt.

Nach dieser Legende hat Asklepios bestimmt, wo sein Tempel in Rom errichtet werden sollte, nämlich im Süden der genannten Insel, etwa gegenüber dem Forum Boarium. Heute steht hier die Kirche San Bartolomeo. Von dem Tempel gibt es keine Reste, von den Umbauten sind aber Spuren in Form eines steinernen Schiffes geblieben. Deutlich erkennbar zeichnen sich ein Asklepios-Relief und der Stab des Heilgottes mit der Schlange ab.

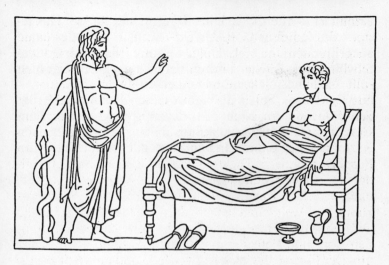

Asklepios erscheint einem Kranken. Zeichnung nach einer alten Vorlage

Blut der Gorgo

Eine andere Sage berichtet vom weiteren Leben des Asklepios. Danach habe er sich mit der Heilung von Kranken nicht mehr zufriedengegeben, sondern habe auch Tote zum Leben erweckt. Dazu hatte ihm die Göttin Athene zwei Fläschchen mit dem Blut der Gorgo gegeben, einem Ungeheuer mit Schlangenhaaren und bleckenden Zähnen. Das eine Fläschchen mit dem Blut aus der linken Seite vernichtete das Leben, das andere mit dem Blut aus der rechten gab das Leben zurück. Mit Hilfe des letzteren soll Asklepios den Sohn des Theseus, Hippolytos, der zu Tode geschleift worden war, lebendig gemacht haben. Das jedoch mißfiel dem Gott der Unterwelt, Hades, der einen Eingriff in seine Rechte sah. Er wandte sich an den Gottvater Zeus, der die Klage seines Bruders für berechtigt hielt und Asklepios mit seinem Donnerkeil tötete.

Soweit Mythen, Sagen und reales Geschehen aus der Frühzeit der Heilkunst. Nicht alles davon ist vergessen und untergegangen. Der Äskulapstab blieb Wahrzeichen der Ärzte, und der Eid des Hippokrates gilt bis auf den heutigen Tag.

Die »archäologische, mythische« Straße

Mykene

»Ich fing das große Werk am 7. August 1876
mit 63 Arbeitern an.«

Heinrich Schliemann

Als wir das erste Mal nach Mykene kamen, dem kleinen Dorf mit den berühmten Ruinen im Osten der Peloponnes, war das »Gasthaus zur schönen Helena« noch einfach und ursprünglich. Der Inhaber, Agamemnon, eine stattliche Erscheinung, war zwar Geschäftsmann – welcher Grieche ist das nicht? –, andererseits aber faszinierten ihn Antike und Archäologie, die seine Heimat so berühmt gemacht haben. »Ilias« und »Odyssee« hatte er mehrfach gelesen.
Agamemnon erzählte uns damals von seinem Großvater Spiridon, der 1876 Heinrich Schliemann vier Zimmer in der ersten Etage seines Hauses vermietet hatte. »Mein Großvater hat Schliemann auch die Arbeiter vermittelt und selbst an den Ausgrabungen teilgenommen. Später hat mir mein Vater Dimitri von Schliemann erzählt, von seinem abenteuerlichen Leben, seinen Erfolgen. Als Schliemann starb, hat ganz Griechenland getrauert. König und Königin haben an den Beisetzungsfeierlichkeiten teilgenommen.«
Wir haben in Agamemnons Gasthof gewohnt, in dem Zimmer übernachtet, in dem Schliemann während der

Das berühmte Löwentor am Eingang zur Burg in Mykene

Ausgrabungen zu schlafen pflegte. Der Raum war so geblieben wie im vorigen Jahrhundert. Elektrischen Strom gab es nicht; Kerzen erhellten den Raum. Fließendes Wasser war unbekannt. Das Frühstück nahmen wir – wie Schliemann – vor dem Gasthaus ein, am Rand der Straße.

Schatzhaus des Atreus

Jetzt, Jahrzehnte später, folgen wir ebendieser Straße, die in leichter Steigung zu einem bemerkenswerten Bau der Antike führt, zum »Schatzhaus des Atreus«. In seiner imponierenden Größe und einfallsreichen Technik gehört es zu jenen Bauwerken, die auch beim neuerlichen Besuch nichts von ihrer überraschenden Eindruckskraft verloren haben. Alles ist wuchtig und imponierend in seiner Einfachheit: der mächtige, in den Hügel geschnittene, ausgemauerte Zugang (Dromos); das 5,5 Meter hohe Eingangstor, auf dem der gewaltige Türsturz von 120 Tonnen ruht; der über 13 Meter hohe Innenraum, der sich mit seinen verjüngenden, übereinanderliegenden Steinreihen zum unechten Gewölbe formt. Dies war der größte Kuppelbau der Antike für über tausend Jahre, bis im 2. Jahrhundert n. Chr. das Pantheon in Rom erbaut wurde. Die Anlage ist frühzeitig ausgeraubt worden – nichts blieb in der seitlich angebauten kleinen Grabkammer, nichts von den Bronzerosetten in der Kuppel oder vom Relief vor dem Entlastungsdreieck, nichts vom riesigen hölzernen Doppeltor und den marmornen grünen Halbsäulen, die es flankierten.

Mykene

Das »Schatzhaus des Atreus«, das etwa um 1300 v. Chr. errichtet worden ist, ist kein Schatzhaus gewesen. Der Kuppelbau war vielmehr ein monumentales Grab und ein Opferraum. Ob das Grab mit dem sagenhaften Atreus, der vielleicht gelebt hat, etwas zu tun hat, ist ungewiß. Mit Atreus wurde der Bau in Verbindung gebracht, weil dessen Name, der im griechischen Mythos eine große Rolle spielt, in den antiken Überlieferungen immer wieder erscheint. Pausanias, der griechische Reisende, hörte bei seinem Besuch in Mykene von der Bezeichnung für das Bauwerk, übernahm sie, und bis heute blieb die Benennung erhalten.

Der Fluch des Myrtilos

Atreus war der Sage nach ein Sohn des Pelops und Vater des Agamemnon sowie des Menelaos. Er setzte seinem Bruder Thyestes das Fleisch von dessen Kindern zum Mahl vor und gab ihr Blut, dem Wein beigemischt, dem Vater zu trinken. Der Sonnengott Helios, der die schreckliche Begebenheit beobachtet hatte, war darüber so entsetzt, daß er seinen von vier geflügelten Pferden gezogenen Wagen rückwärts lenkte. Auch sollen die Plejaden, die Töchter des Atlas und der Pleïone, die als Siebengestirn an den Himmel versetzt wurden, vor diesem Greuel ihre Bahnen verlassen haben. Später heiratete Atreus die Tochter seines Bruders Thyestes, Pelopeia, ohne ihre Herkunft zu kennen. Doch Pelopeia war schon schwanger von ihrem Vater und gebar Aigisthos, den Atreus aufzog. Als Aigisthos auf Geheiß Atreus' seinen Vater Thyestes töten sollte, erkannte dieser seinen Sohn. Da erschlug Aigisthos Atreus. All diese abscheulichen Taten waren Folge des Fluches, den der Wagenlenker Myrtilos gegenüber dem Geschlecht der Pelopiden ausgesprochen hatte.

Wir folgen der »archäologischen, mythischen Straße« nordwärts und erreichen nach rund 600 Metern ein anderes Kuppelgrab, das jüngste dieser Anlagen, entstanden um 1220 v. Chr. Der Bau, 13 Meter hoch mit einem Zugang von 37 Metern, ist dem »Schatzhaus des Atreus« zum Verwechseln ähnlich. Man hat ihn »Grab der Klytämnestra« genannt.

Dem Mythos nach war Klytämnestra die Frau Agamemnons. Aus dieser Ehe stammten Iphigenie, Orest, Elektra und Chrysosthemis. Iphigenie sollte in Aulis geopfert werden, um die Göttin Artemis zu besänftigen. Agamemnon, der sich mit der griechischen Flotte in Aulis aufhielt, teilte seiner Frau jedoch mit, ihre gemeinsame Tochter werde mit Achill vermählt. Als Klytämnestra von dem Verrat erfuhr, überkam sie ein furchtbarer Haß auf ihren Gatten, und sie beschloß zusammen mit ihrem Liebhaber Aigisthos, Agamemnon umzubringen. Dies sollte geschehen, wenn Agamemnon vom trojanischen Feldzug zurückkehren würde.

Die Kyklopenmauern

Es gibt in Mykene auch ein »Grab des Aigisthos«, nur 60 Meter östlich vom »Klytämnestra-Grab« entfernt. Es ist etwa 250 Jahre älter, die Kuppel ist eingestürzt. Mit dem dritten Grab haben wir fast die Burg von Mykene erreicht. Nicht weit ist es jetzt zum Zugang dieser alten Festung, dem Löwentor. Es ist Teil der gewaltigen, sechs Meter breiten Mauern aus riesigen Steinen, jenen Mauern, von denen es in der Antike hieß, sie seien von Riesen, von Kyklopen, gebaut worden. Auch Pausanias sagt von einer solchen Mauer: »Sie ist ein Werk der Kyklopen; sie ist von rohen Steinen gebaut. Jeder dieser Steine hat eine solche Größe, daß selbst der kleinste von ihnen nicht von einem Mauleselgespann bewegt werden könnte.«
Das Tor der mykenischen Burg war aus militärtechnischem Grund zurückliegend in die Mauer eingesetzt. So entstand ein Vorraum, in dem jeder Angreifer überlegen bekämpft werden konnte. Das Tor wurde von drei mächtigen Steinblöcken gebildet. Pausanias schreibt: »Es sind übrigens von der Mauer noch Reste und das Tor vorhanden. Über ihm stehen Löwen. Auch sie sollen Werke der Kyklopen sein.« Die Löwen überragen noch heute das Tor. Sie stehen auf den Hinterbeinen und stützen sich mit den Vorderpranken auf eine Steinplatte. Zwischen beiden Raubtieren erhebt sich eine nach unten schmäler werdende minoische Säule. Auf dieser könnte eine Gottheit gestanden haben. Diese fehlt heute, auch die Köpfe der Löwen sind nicht mehr vorhanden. Sie waren aus anderem Material als die Löwenkörper, vielleicht aus Steatit oder Bronze.
Schliemann dazu: »Wegen des geringen Raumes aber

Mykene

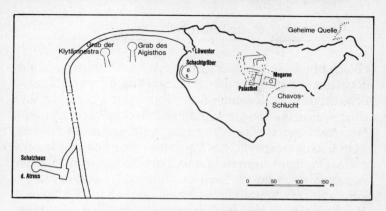

Im Osten der Halbinsel Peloponnes liegt das sagenumwobene Mykene

müssen die Köpfe sehr klein, müssen hervorstehend gewesen sein und das Gesicht dem Betrachter zugewandt haben.« Das Löwenrelief, die älteste bekannte Großskulptur auf griechischem Boden, hat zu allen Zeiten Bewunderung erregt. Als der Engländer Lord Elgin das »bedeutendste großplastische Werk des prähistorischen Griechenlands« erblickte, war er von dem Relief so angetan, daß er es nach London schaffen wollte, so wie er 1802 die Giebelskulpturen des athenischen Parthenons ins Britische Museum gebracht hat. Glücklicherweise erwies sich jedoch ein Transport der mächtigen Steine als schwer durchführbar. Der Abbruch unterblieb.

Die entdeckten Schachtgräber

Gleich hinter dem Löwentor liegt der von Schliemann entdeckte und von ihm ausgegrabene Ring der sogenannten Schachtgräber. Schliemann fand neunzehn Skelette, und zwar von neun Männern, acht Frauen und zwei Kindern. Der Archäologe war bei seinen Arbeiten so erfolgreich, weil er eine Textstelle bei Pausanias wörtlich genommen hatte. Danach waren die Gräber des Königs von Mykene, Agamemnon, und die seiner Gefährten – ebendiese Gräber suchte er – innerhalb und nicht außerhalb der Mauern von Mykene zu finden. Schliemann nahm an, daß diese Gräber gleich hinter dem Löwentor liegen mußten, denn hier vor allem bot sich ein entsprechender Platz an.
Der Deutsche fand einzigartige, unermeßlich wertvolle Grabbeigaben: Goldstirnbänder, herrlich gearbeitete Bronzeschwerter und -dolche, goldene Gefäße und Hunderte von Goldrosetten. Das Gewicht der Goldgegenstände betrug etwa 14 Kilogramm. Schon Homer hatte ja vom »goldreichen Mykene« gesprochen. Da aber in der Argolis kein Gold gefunden wurde, dürfte das Edelmetall aus Raubzügen stammen, die allgemein üblich waren. Bei Homer ist die Bezeichnung »Städteplünderer« ein Ruhmestitel.
Im Schachtgrab V hat Schliemann die Goldmaske eines mykenischen Fürsten ausgegraben, die seine besondere Bewunderung fand. Es ist eine der frühesten Portraitstudien griechischer Zeit. Die Maske, heute wie alle anderen Funde der Schachtgräber im Nationalmuseum von Athen, zeigt einen älteren Mann mit scharfen Augenbrauen, schmaler Nase, Bart und schmalen Lippen. Schliemann war überzeugt, das Grab Agamemnons gefunden zu ha-

ben. Er schickte Telegramme an interessierte Stellen und Persönlichkeiten, unter anderem an den König von Griechenland: »Mit außergewöhnlicher Freude melde ich Euer Majestät, daß ich die Gräber entdeckt habe, welche die Tradition als die Agamemnons, Kassandras, Eurymedons und ihrer Kameraden bezeichnet...«
Aber Schliemanns Auslegungen waren falsch. Wenn Agamemnon je gelebt hat, dann im 13. Jahrhundert v. Chr. Schliemanns aufgedeckte Schachtgräber sind jedoch älter. Sie stammen aus dem 16. Jahrhundert.
So handelt es sich keineswegs um Gräber von Agamemnon und seinen Gefährten, sondern um solche unbekannter mykenischer Herrscher. Es ist demnach Skepsis angebracht auf der »archäologischen, mythischen Straße«. Das mindert das Interesse nicht – die Wanderung zwischen Realität und Phantasie erhält sogar zusätzliche Spannung.

Ruinen der alten Burg

Hinter dem Plattenring mit den Schachtgräbern biegt der Weg nach links, macht eine leichte Kurve, und nun stehen wir direkt vor den erhöht liegenden Ruinen der alten Burg. Über Reste eines alten Torbaus, eine noch deutlich erkennbare Türschwelle und durch einen früheren Korridor gelangt man in den Palasthof, anschließend in das Herrenhaus, das Megaron, das an den Thronsaal von Pylos erinnert. Das Herrenhaus, von vier Säulen getragen, hatte einen verzierten Boden und einen runden Herd in der Mitte. Die Wände waren mit Malereien im minoischen Stil

geschmückt, die Hofdamen, Beamte und Pferde mit Streitwagen zeigten.
Man hat in Mykene noch andere Malereien gefunden, etwa auf einer Vase. Hier ist zu sehen, wie Krieger in voller Rüstung von einer Frau Abschied nehmen und in die Schlacht ziehen. Bei der Vase handelt es sich um eine rein mykenische Schöpfung ohne minoisches Vorbild. Andere Funde zeigen Figuren aus Stuck und Ton aus der Zeit von vor dreitausend Jahren, so auch den Elfenbeinkopf eines Kriegers mit Helm aus Zähnen eines wilden Ebers. Anhand dieser Skulpturen und Malereien kann man sich in etwa eine Vorstellung machen von den Menschen und dem Leben in Mykene.
Die Anlage insgesamt war sorgfältig geplant. Der 278 Meter hohe Berg, der sich als dreieckiger Felssporn in der Landschaft abzeichnet, erschien als Festung besonders geeignet. Von hier aus konnte die wichtige Durchgangsstraße bewacht werden, die über den Dervenakiapaß führte und Korinth mit Argos und Nauplia verband. Wichtig war, was bei allen Burgen der Antike wie auch Festungen späterer Zeit Priorität hatte: die Wasserversorgung. Nun gab es keine Quelle innerhalb der Mauern, wohl aber eine solche einige hundert Meter weit entfernt. Von hier wurde das Wasser durch eine unterirdische Tonröhrenleitung in eine Brunnenkammer am Fuß der Nordostmauer geleitet. Aus der Burg führte alsdann eine mit Steinplatten und Erde verdeckte spitzgiebelige Galerie, ein noch heute teilweise bestehender Geheimgang, über hundert Stufen abwärts zur Brunnenkammer. So war bei einer Belagerung die Wasserversorgung gesichert.
Auf der entgegengesetzten Seite der Burg, über der sogenannten Chavos-Schlucht, bot und bietet sich ein großartiger Blick in die Landschaft. Der deutsche Archäologe Carl

Friedrichs, der Mykene 1870 besuchte, schreibt: »...man kann sich aber nichts Großartigeres denken als den Blick von oben in die enge, steile Felsschlucht hinab, die den Burgberg von den gegenüberliegenden Felsen trennt. Nach vorn schweift der Blick über eine großartige Gebirgslandschaft hin, bis er an den Schneebergen Arkadiens seine Grenze findet. Vom Meer sieht man nur ein kleines Stück, das spielt keine Rolle in der Landschaft und spielte auch keine Rolle in den Gedanken der einstigen Bewohner dieser Felsenburg. Wie charakteristisch ist diese Lage für Mykenä, für die Burg Agamemnons, für die Burg eines Geschlechts voll von so großen, wilden Leidenschaften und Freveln, wie niemand außer Aischylos sie schildern konnte. Wo das blaue Meer ein Land bespült, da ist Freude und Heiterkeit, da ist Verkehr und mildere Sitte, aber eine Burg wie Mykenä, eingekeilt zwischen Felsen und umgeben von tiefen, jähen Schluchten, konnte nur die Heimat großer, wilder, trotziger Naturen sein.«

Die Welt der Mythen

Das ist die Welt der Mythen, die für die Argolis bezeichnend sind. Zwar spiegeln sie nicht präzise Einzelheiten früherer Zeiten wider, sind sie doch in vielem unrichtig. Es waren ja, als der Dramatiker Aischylos sich im 5. Jahrhundert v. Chr. des Stoffes annahm, Jahrhunderte seit dem angeblichen Geschehen vergangen. Es war unklar, wo sich die Ereignisse abgespielt haben mochten, in Mykene oder in Argos. Aischylos wählte Argos, obwohl Mykene richti-

Mykene

ger gewesen wäre. Denn hier war das Machtzentrum der Argos mit Agamemnon als mächtigstem König Griechenlands. Er war es ja auch, der, nach Homer, hundert Schiffe für den Trojanischen Krieg bereitgestellt hatte, das größte Kontingent der Verbündeten.

Was nun das menschliche Handeln betrifft, so hat der griechische Dramatiker es weitgehend richtig beschrieben. Die Motivationen der Atriden, Nachkommen der Pelopiden, waren keineswegs von Moral bestimmt, vielmehr von niederträchtigen Beweggründen, von Bösartigkeit, Brutalität, Intrigen, von Haß und Rache, was in Vergewaltigung und Inzest, in Raub und Mord, seinen Niederschlag fand...

Aischylos, der große attische Dichter, hat sein Drama »Die Orestie«, das der englische Dichter Swinburne in der zweiten Hälfte des 19. Jahrhunderts zu den »größten Schöpfungen menschlichen Geistes« zählte, als Trilogie gestaltet. Der erste Teil beginnt auf dem Dach des Königsschlosses. Hier wartet der Burgwächter seit Jahren auf ein vereinbartes Feuerzeichen, das die Rückkehr Agamemnons aus dem Krieg anzeigen soll. Der Wächter sagt:

Ihr Götter, bitte, setzt ein Ende meiner Qual,
dem jahrelangen Wachdienst! Wie ein Hund
versehe ich ihn auf dem Schloßdach der Atriden...
Auch heute schau ich nach dem Fackelzeichen aus,
dem Feuerschein, der Kunde bringen soll aus Troja und
die Meldung seines Falles... (1ff.)

Als sich in der Ferne ein Feuerschein zeigt, ruft der Wächter aus:

*Willkommen, Licht! Du läßt zum Tag die Finsternis
entflammen und rufst zum Tanzgewimmel im
Argeierland, zur Freude über unser Glück.
Sieg! Sieg!
Der Gattin Agamemnons melde ich es laut;
gleich wird sie hoch vom Lager fahren und im Schloß
mit gellem Jubelruf den Fackelschein
begrüßen, da nun Ilion
gefallen ist, wie das Signal es leuchtend kündet.*

(22–30)

Agamemnon, der zehn Jahre lang vor Troja war, weiß nur, daß während seiner Abwesenheit das Land von seinem Vetter Aigisthos verwaltet worden ist. Von seiner Frau Klytämnestra glaubt er, sie denke nach so langer Zeit über den Opfertod ihrer beider Tochter Iphigenie maßvoller. So nimmt er denn auch ihm in Mykene entgegengebrachte Huldigungen ohne Argwohn entgegen.

Heimtückischer Mord

In Agamemnons Gefolge ist auch Kassandra, die Tochter des Priamos, des Königs von Troja, Teil seiner Kriegsbeute. Agamemnon hat sie zu seiner Geliebten gemacht. Als Klytämnestra sie erblickt, ist sie von Eifersucht ergriffen. Da sie zudem weiß, daß Kassandra seherische Fähigkeiten hat, will sie ihren Plan, die Beseitigung Agamemnons, schnell verwirklichen. Sie führt deshalb ihren Mann in den Palast und bereitet ihm ein Bad. Als Agamemnon Panzer,

Die Akropolis in Athen, gesehen vom Areopag. Hier tagte in der Antike das höchste Gericht. In einer Grotte unterhalb des Felsens war ein Heiligtum der Eumeniden, der Rachegöttinnen. Sie hatten Orest hierhergejagt, wo er dank Fürsprache der Athena vom Muttermord freigesprochen wurde, wie Aischylos es in den »Eumeniden« beschreibt

Waffen und Kleider abgelegt hat, brechen Klytämnestra und Aigisthos aus einem Nebenraum hervor. Klytämnestra wirft ein Netz über ihren Mann und ersticht ihn. Kassandra wird kurz danach getötet. Bei Aischylos sagt Klytämnestra:

> *Den Mord beging ich – ich will es gar nicht leugnen –,*
> *so daß kein Entrinnen, keine Abwehr, möglich war.*
> *Ein Netz, ganz unentrinnbar, wie zum Fischefang,*
> *warf ich um ihn, ein kostbares Verderbenskleid,*
> *und traf ihn zweimal; zweimal schrie er jammernd auf*
> *und streckte gleich die Glieder. Einen dritten Stoß*
> *versetzte ich dem Toten, einen Dankesgruß dem Herrn*
> *der Unterwelt.* (1380–1387)

Als Klytämnestra den Mord beging, war ihr Sohn Orest noch ein Kind. Zu seiner Sicherheit hatte man ihn nach Phokis gebracht. Als Orest erwachsen ist und von den grauenvollen Morden erfährt, begibt er sich nach Delphi, um vom Orakel zu hören, wie er sich gegenüber den Mördern seines Vaters verhalten soll. Apollo befiehlt ihm, beide zu töten. Daraufhin reist Orest nach Mykene und bringt mit Hilfe seiner Schwester Elektra seine Mutter und deren Liebhaber um.

Auf dem Areopag in Athen

In Athen wird Orest daraufhin des Mordes angeklagt. Es geschieht auf dem Areopag, genannt nach dem Kriegsgott

Ares, der hier einstmals wegen Totschlags vor einem aus Göttern gebildetem Gericht gestanden hatte. Auch im Prozeß gegen Orest treten Götter auf. Apollo verteidigt seinen Schützling, und Athene erklärt, sie wolle für Orest ihren Stimmstein abgeben. Ergebe sich bei der Auszählung Stimmengleichheit, müsse Orest freigesprochen werden. Die Göttin sagt im dritten Teil der »Orestie«:

Zählt, Freunde, ganz genau die Steine aus den Urnen,
und meidet, pflichtgemäß, beim Sichten jede Fälschung!
Das Fehlen einer Stimme kostet bittres Leid,
ein Stein vernichtet – oder rettet ein Geschlecht.
(748–751)

Nach der Auszählung bedeutet Athene:

Der Angeklagte ist vom Morde freigesprochen;
es hat sich Gleichheit bei der Stimmenzahl ergeben.
(752–753)

Den von Aischylos genannten Areopag gibt es in Athen noch heute. Es ist eine Felskuppe westlich der Akropolis. Eine in den Stein gehauene Treppe führt den Fels hinauf, von dem aus sich ein großartiger Blick auf die Burg bietet, auf das Theseion, den besterhaltenen Tempel Griechenlands, und auf die Agora, den alten Markt. Auf diesem Fels tagte in historischer Zeit das höchste Gericht. Es war die oberste Staatsautorität überhaupt. Pausanias, der den Areopag aufgesucht hat, nennt den Platz, auf den der Angeklagte sich setzen mußte, Stein der Hybris. Der Ankläger saß auf dem Stein Aneidaia.
In einer Grotte unterhalb des Felsens war ein Heiligtum der Erinnyen, der Rächerinnen von Freveln, vor allem von

Bluttaten. Diese Rachegöttinnen, auch Eumeniden genannt, haben, wie der Mythos berichtet, Orest nach dem Mord an seiner Mutter verfolgt, nach Athen gebracht und ihn hier vor Gericht gestellt.

Am Fuß des Areopags ist eine Bronzetafel, auf der zu lesen steht, an dieser Stelle habe der Apostel Paulus im Jahr 54 gepredigt. Dazu gibt es in der Apostelgeschichte der Bibel noch Einzelheiten: »Paulus stand mitten auf dem Areopag und sprach: Ihr Männer von Athen, ich sehe, daß ihr die Götter in allen Stücken sehr verehrt. Ich bin umgegangen und fand einen Altar, auf dem geschrieben stand: Dem unbekannten Gott...« Paulus sagte dann, Gott wohne aber nicht in den Tempeln; überdies habe er einen Tag festgesetzt, an dem er richten wolle...

Am Kreuzweg von Distomon, wo – der Sage nach – Ödipus seinen Vater erschlug

Theben und der Kreuzweg

Ödipus

> »Dieses Böotien ... ist ein Land der Sagen wie kaum ein
> anderes in Hellas, in seinem Mythenreichtum wohl nur mit
> der Argolis vergleichbar.«
>
> *Eckart Peterich*

Städte sind nie zufällig an irgendwelchen Orten entstanden, ihre Lage ist vorgezeichnet durch geographische Besonderheiten, Verkehrsbedingungen oder strategische Gegebenheiten. Das trifft auch zu für das antike Theben. Es lag und liegt auf einer Anhöhe in einem von Bergen umschlossenen flachen Hügelland, an einer bedeutenden West-Ost-Straße, die von einem Nord-Süd-Weg geschnitten wird. Die ältesten Siedlungsspuren gehen bis ins 3. Jahrtausend v. Chr. zurück.

Die Stadt stand in erbitterter Gegnerschaft zu Athen, machte gemeinsame Sache mit Persien und kämpfte im Peloponnesischen Krieg, zusammen mit Sparta, gegen die attische Metropole. Unter dem Feldherrn Epaminondas, der die »schiefe Schlachtordnung« erfand, war Theben vorübergehend die führende Macht Griechenlands. 335 v. Chr. wurde die Stadt von Alexander dem Großen belagert, eingenommen, ausgeplündert und dem Erdboden gleichgemacht. Nur die Heiligtümer und das Haus des Lyrikers Pindar wurden verschont.

Die Bedeutung Thebens spiegelt sich in Mythologie und Sagen. Der thebanische Mythenzyklus ist so bedeutend wie der der Argolis. Aus beiden schöpften die späteren Tragödiendichter den Stoff für ihre Dramen. So tragisch wie in Mykene das Leben der Atriden war, so tragisch verlief auch das Schicksal der Labdakien-Dynastie in Theben.

Kadmos gründete die Stadt

Der Sage nach war Kadmos Gründer der Stadt, ein Sohn des Phönikerkönigs Agenor in Sidon, dessen Tochter Europa von Zeus auf einem Stier nach Kreta entführt worden war. Agenor war darüber so betroffen, daß er seinen drei Söhnen Kadmos, Phoinix und Kilix auftrug, ihre Schwester aufzufinden oder nie wieder nach Sidon zurückzukehren. Keinem der drei gelang es, den Aufenthaltsort Europas aufzuspüren.
Kadmos kommt auf der Suche nach seiner Schwester nach Griechenland und fragt hier um Rat für seine Zukunft. Apollo läßt ihm durch den Mund der Pythia sagen: »Du wirst einem Rind begegnen, das noch nie ein Joch getragen und einen Pflug gezogen hat. Gehe ihm nach, und wo es sich hinlegt, sollst du eine Stadt erbauen.«
Bald darauf sieht Kadmos eine Kuh ohne Hirten und folgt ihr. Irgendwann hält das Rind, blickt zum Himmel, läßt die Luft durch sein Gebrüll erzittern und legt sich im Gras nieder. Nun ist in der Nähe ein uralter Wald mit einer Quelle nahe einer Grotte. Hier verbirgt sich von alters her eine Schlange, die in der Überlieferung auch als Drache bezeichnet wird und den Göttern heilig ist. Das Reptil ist mit einem goldenen Kamm geschmückt. Feuer sprüht aus

den Augen, der Leib ist von Gift geschwollen, und hinter drei Reihen von Zähnen blitzen drei Zungen.
Die Gefährten von Kadmos, die auf Wassersuche hierher gelangt sind, sehen die Schlange, die ein böses Zischen hören läßt. Die Menschen sind zu Tode erschrocken, und schon greift die Schlange an. Einige der Phöniker tötet sie durch ihren Biß, andere durch Umstrickung, wieder andere durch ihren Pesthauch.

Der Römer Ovid berichtet

Kadmos, der vergeblich auf seine Gefährten gewartet hat, macht sich auf die Suche. Er dringt in den Wald ein, findet bald seine toten Freunde und sieht sich der Schlange gegenüber, die zum Angriff übergeht. Das Weitere schildert der römische Dichter Ovid in seinen »Metamorphosen«. Er schreibt von Kadmos: »Dieser hob mit der Rechten einen Felsen auf, groß wie ein Mühlstein, und schleuderte den mächtigen Block gegen die Schlange. Durch den Aufprall wären Mauern mit hohen Türmen ins Wanken geraten, doch die Schlange blieb unverletzt. Schuppen und die harte, schwarze Haut schützten sie wie ein Panzer. So prallte der kräftige Schlag an ihr ab. Dem Wurfspieß widerstand sie aber nicht in gleicher Art; er blieb im gekrümmten Rückgrat stecken... Wild vor Schmerz biß sie in den Speerschaft und riß ihn aus dem Rücken. Die Spitze blieb stecken. Da schwoll ihr Hals, und die Adern füllten sich mit Blut. Weißer Schaum trieft aus dem verderbenbringenden Rachen, die Erde dröhnt unter den Schuppen, die über den Boden schleifen, und der schwarze Atem schwängert die Luft mit Gift. Bald schließt die Schlange ihre Windungen zu einem ungeheuren Kreis, bald reckt sie sich empor – aufrecht wie der Stamm eines hohen Baumes; bald stürmt sie mit wilder Wucht dahin wie ein vom Regen angeschwollener Strom und wälzt ganze Wälder nieder, die ihr im Weg stehen. Da weicht Agenors Sohn zurück, hält in seinem Löwenfell aber den Angriffen stand und hemmt mit vorgestreckter Lanze den Rachen, der ihn bedrängt... Endlich stieß Agenors Sohn der Schlange das Eisen in die Kehle, schob sie immer weiter vor sich her, bis der Zurückweichenden eine Eiche im Weg stand und ihr Nacken am Holz aufgespießt wurde...«

Die Sage berichtet weiter, daß Pallas Athene erscheint und ihrem Schützling befiehlt, die Erde umzupflügen und die Zähne der Schlange, »Drachenzähne«, auszusäen. Kadmos tut es, und da wachsen aus der Saat Krieger heran, die sich gegenseitig bekämpfen. Nur fünf überleben. Sie helfen Kadmos beim Bau von Mauern und Gebäuden. So entsteht Theben.

Nachdem Kadmos einen prächtigen Palast errichtet hat, die nach ihm benannte Kadmeia, heiratet er Harmonia, Tochter des Kriegsgottes Ares und der Göttin der Liebe, Aphrodite. Es wird eine prunkvolle Hochzeit, zu der alle Götter erscheinen. Großartige Geschenke werden gemacht.

Kadmos wird zur Schlange

Kadmos, Herr von Theben, erlebt in seinem Palast gute und schlechte Zeiten. Gegen Ende seines Lebens verläßt er mit seiner Frau die Stadt und zieht mit ihr durch Illyrien, dem heutigen Dalmatien. Dabei fragt er Harmonia: »War etwa jene Schlange, die mein Speer durchbohrte, heilig, damals, als ich, von Sidon kommend, die Drachenzähne als Saat in den Boden streute? Rächt die Vorsehung der Götter die Schlange mit so unerbittlichem Zorn, so bitte ich darum, selbst zur Schlange zu werden.«
Spricht's – und er streckt sich wie eine Schlange, fühlt, wie sein sich schwarz verfärbender Leib mit Tupfen bedeckt wird, will sprechen (doch die Zunge ist gespalten), bringt nur ein Zischen hervor. Harmonia aber ruft die Götter an: »Warum, ihr Himmlischen, verwandelt ihr mich nicht auch in eine Schlange?«
Ovid berichtet dazu: »Sie streichelt den schlüpfrigen Hals des kammbewehrten Drachen; und plötzlich sind es zwei, und sie kriechen, sich gemeinsam windend, davon, bis sie in den Schlupfwinkeln des nahe gelegenen Hains verschwunden sind. Heute noch fliehen sie nicht vor den Menschen, tun ihnen nichts zuleide und erinnern sich als zahme Drachen daran, was sie früher einmal gewesen sind.«

Der Burgberg ist 60 Meter hoch

Wer das heutige Theben aufsucht, einen Ort mit 15 000 Einwohnern, und Spuren der Antike zu finden hofft, ist zunächst enttäuscht. Zwar hebt sich der alte Stadthügel deutlich von der Umgebung ab, und Eintiefungen wie die Chrysorrhoas-Schlucht im Osten und die Dirke-Schlucht im Westen lassen den Burgberg deutlich werden, der fast 60 Meter hoch aufsteigt. Die Akropolis, die alte Kadmeia, erstreckte sich hier von Nord nach Süd in einer Länge von etwa 700 und einer Breite von rund 400 Metern. Auch beziehen sich die meisten Straßen auf die Vergangenheit. Die Namen erinnern an Dirke, Ödipus, Kadmos, Elektra oder Epaminondas. Da aber der Hügel ganz mit neuen Gebäuden überzogen ist, sind Reste der alten Stadt kaum sichtbar. Eine systematische Erforschung, die außerordentliche Ergebnisse zeitigen würde, hätte die Abtragung großer Teile des heutigen Ortes zur Voraussetzung. Wegen der enormen Kosten, die damit verbunden wären, dürfte aber solche Unternehmung unterbleiben. So muß man sich zufriedengeben mit kleineren Grabungen, die in diesem Jahrhundert durchgeführt wurden. Den Anfang hat der griechische Archäologe A. Keramopoullos in den Jahren 1906 bis 1929 gemacht. Stichgrabungen und Untersuchungen anderer Forscher folgten. Dabei ergaben sich nachstehende Reste aus mykenischer Zeit:

- das Haus des Kadmos;
- der »Raum des Schatzes« mit Schmuck, Gold, Lapislazuli und Achat sowie Elfenbeinobjekten und orientalischen Zylinderspiegeln;
- Teil eines Gebäudes, das als »Waffenarsenal« bezeich-

net wird und wo zahlreiche Bronzewaffen und Linear-B-Täfelchen entdeckt wurden;
- Reste der Palastmagazine;
- ein Raum, in dem andere Linear-B-Täfelchen gefunden wurden – es handelt sich wohl um einen anderen Raum, in dem eine Badewanne aus Ton freigelegt wurde;
- Eine Werkstatt zur Herstellung von Schmuck ...

Die Ausgrabungen haben außerdem erbracht, daß es in Theben zwei Paläste gegeben hat, die »Alte« und die »Neue Kadmeia«; wobei die Erbauung des neuen Palastes unmittelbar nach der Zerstörung des alten erfolgte. Die Datierung beider geht ins 14. bzw. 13. Jahrhundert v. Chr. zurück. Es war eine Zeit, in der das mykenische Theben in hoher Blüte stand und enge Handelsbeziehungen mit dem Orient unterhielt, ferner mit dem ägäischen Raum und vor allem mit Kreta. Fragmente eines größeren Wandgemäldes im Haus des Kadmos mit einer Prozession von Frauen, die verschiedene Gaben in den Händen halten, zeigen deutlich kretisch-minoischen Einfluß. Gleiches gilt für die aufgefundenen Tontäfelchen der Linear-B-Schrift.
Homer hat Theben als »siebentorige Festung« bezeichnet. Solche Benennung habe einen durchaus realen Hintergrund, meint der Archäologe Keramopoullos. Er fand zwar von den Toren keine Reste, doch er stützt sich bei seiner Feststellung auf die antiken Schriftsteller und darauf, daß heute noch sieben natürliche Stadteingänge dort sind, wo die Tore gelegen haben müßten. An der Nordspitze der Kadmeia wird das Ogygische Tor lokalisiert, an der Ostseite das Proitos- und das Homoloische Tor, im Südosten das Elektra-Tor, im Süden das Hypsistai-Tor und im Westen das Krenaische und Neitische Tor.

Theben war die Stadt der großen Sagen. Der Gott des Weines und der Vegetation, Dionysos, wurde hier geboren. Herakles, Sinnbild unwiderstehlicher Kraft, soll aus Theben stammen. Ein gebürtiger Thebaner war ferner der berühmte Seher Teiresias, der blind war, weil er die Göttin Athene beim Baden überrascht hatte. Schließlich waren die Nachkommen des Stadtgründers Kadmos Thebaner: die Könige Polydoros, Labdakos und Laios.

Laios und seiner Frau Jokaste war geweissagt worden, daß, wenn sie einen Sohn haben sollten, dieser Laios töten und seine Mutter Jokaste heiraten werde. Als dem Königspaar tatsächlich ein Sohn geboren wurde, versuchte Laios, das prophezeite Unheil abzuwenden. Er ließ das Kind im Kithairon-Gebirge aussetzen, nachdem ihm zuvor die Füße durchbohrt worden waren. Die Kithairon-Berge sind ein wildes, über 1400 Meter aufragendes, heute noch großenteils bewaldetes Gebirgsland. Es war in alter Zeit reich an Märchen und Sagen. Zeus, Hera und die Nymphen sollen sich hier aufgehalten haben. Pausanias berichtet, daß zu seiner Zeit verschiedene Örtlichkeiten mit den Sagen in Verbindung gebracht wurden. Was das ausgesetzte Kind betraf, so hätte es in der Wildnis unweigerlich umkommen müssen, wenn nicht Hirten es gefunden und dem König von Korinth, Polybos, und seiner Frau Merope gebracht hätten. Beide, die kinderlos waren, zogen den Findling als ihren Sohn auf und nannten ihn wegen der Wunden an den Füßen Schwellfuß, Ödipus.

Als das Kind herangewachsen ist, sagt ihm eines Tages ein Gefährte im Rausch, er sei kein echter Sohn des Königs, sondern nur angenommen. Ödipus ist darüber tief betroffen, fragt nicht Polybos und Merope, sondern macht sich auf den Weg nach Delphi, um vom Orakel die Wahrheit über seine Vergangenheit zu erfahren. Doch die Pythia gibt ihm auf seine Frage keine Antwort, verjagt ihn vielmehr aus dem Tempelbezirk, da, wie sie sagt, er seinen Vater töten und seine Mutter heiraten werde. Ödipus ist über diese Worte so entsetzt, daß er nicht mehr zu seinen vermeintlichen Eltern in Korinth zurückkehrt.

Der schicksalhafte Dreiweg

Ödipus verläßt Delphi und zieht ostwärts durchs Gebirge, auf der linken Seite den Parnaß, der auf über zweitausend Meter aufsteigt und als Sitz Apollos und der Musen gilt, auf der rechten Seite die Schlucht des Flusses Pleistos. Er durchquert eine kleine Siedlung, die heute Arachowa heißt, und gelangt zu einem Dreiweg, dem »Triodos«. Hier führt eine Straße nach Daulia im Norden und nach Distomon im Süden. An dieser Stelle, von hohen Bergen rings eingeschlossen, hat sich nach alten Berichten ein Teil des Orakels erfüllt...
Dem Wanderer kommt ein Wagen entgegen. Der Lenker des Fahrzeugs fordert ihn auf, aus dem Weg zu gehen. Der Insasse des Wagens, König Laios, der wirkliche Vater des Ödipus, verleiht der Aufforderung Nachdruck, indem er seinen Sohn mit der Peitsche schlägt. Dieser ist daraufhin so erregt, daß er den König und sein Gefolge umbringt – bis auf einen, der entkommt.
Ödipus gelangt nach Theben. Hier herrscht große Unruhe. Ein Ungeheuer vom Berg Phikeion hat sich auf der Stadtmauer festgesetzt, bedroht und frißt Menschen. Bevor die Bestie ein Opfer verzehrt, gibt sie ein Rätsel auf. Wäre je-

mand in der Lage, das Rätsel zu lösen, so hieß es, würde er verschont. Doch niemand findet die Lösung. So herrscht Angst und Schrecken. Da bietet Kreon, ein Bruder der Jokaste, der nach dem Tod des Laios die Regentschaft übernommen hat, demjenigen die Hand seiner Schwester und die Herrschaft in Theben an, der die Stadt von dem Ungeheuer befreien würde.

Der Sohn des Laios ist bereit, sich dem Ungeheuer zu stellen. Er trifft die Bestie in Gestalt einer Sphinx auf der Stadtmauer und hört von ihr die Frage: »Was ist es, das am Morgen sich auf vier Füßen bewegt, am Mittag auf zwei und am Abend auf drei?« Ödipus sieht bereits die Bereitschaft des Untiers, sich auf ihn zu stürzen, da fällt ihm die Lösung ein: »Es ist der Mensch, der sich als Kind auf allen vieren bewegt, als Erwachsner aufrecht geht und als alter Mensch sich auf einen Stock stützt.«

Die Sphinx ist über die richtige Antwort, womit sie die Gewalt über Stadt und Menschen verliert, so wütend, daß sie sich von den Mauern in die Tiefe stürzt. Ödipus aber wird als Held gefeiert, heiratet Jokaste und wird König von Theben...

Das merkwürdige Doppelwesen

Ist das Ungeheuer, die Sphinx, die in der Sage einen so wichtigen Platz einnimmt, griechischen Ursprungs? Sicher nicht. Als der Mythos zum ersten Mal erzählt wurde – wohl im 2. Jahrtausend v. Chr. –, hat man zunächst allgemein von einem Untier gesprochen, das auf dem Berg Phikeion in der Nähe Thebens hauste und die Menschen bedrohte. Als später die in Ägypten und Mesopotamien entwickelte Sphinx-Vorstellung auch nach Griechenland gelangte, nahm das thebanische Ungeheuer der Sage die orientalische Gestalt an und wurde zum Wesen mit menschlichem Kopf und geflügeltem Löwenkörper.

Wie es am Nil bzw. an Euphrat und Tigris zu dem merkwürdigen Doppelwesen gekommen ist – darüber ist viel gerätselt worden. Bei den Erklärungsversuchen wird auch auf die Seelenwanderung verwiesen, die Metempsychosis, ein Glaube, der heute noch in gewissen Ländern anzutreffen ist. Nach dieser Lehre, von der Herodot, Plato und die Pythagoreer berichten, soll die menschliche Seele nach dem Tod des Körpers in ein Tier übergehen, aber irgendwann wieder in einen menschlichen Körper zurückkehren. Von solcher »Verzauberung« haben auch alte Mythen berichtet. Der Hang, sich in ein Tier zu verwandeln, um damit magische Kräfte zu erlangen, ist überdies aus der Steinzeit bekannt, wie Malereien der Eiszeithöhlen bezeugen.

Das Tier, das zu Land, in der Luft und im Wasser in unendlichem Formenreichtum auftritt, blieb geheimnisvoll. Als man in Ägypten daranging, eine überirdische Macht darzustellen, genügte das Abbild des Menschen allein nicht; man brauchte mehr, brauchte die Mischung von Mensch und Tier. Sie konnte Sinnbild des Gottes und eines Herrschers sein (wie die Sphinx von Giseh in Ägypten) oder ein geheimnisvolles, dämonisches Wesen (wie das Untier von Theben).

Die Sphinx der Naxier

Nachdem die Griechen die Sphinx übernommen hatten, wurde sie vielfach in der Malerei und Plastik dargestellt. Die bekannteste erhalten gebliebene Skulptur ist die Sphinx der Naxier, die die Bewohner der Insel Naxos im 6. Jahrhundert v. Chr. dem Apollo-Heiligtum in Delphi geweiht haben. Die Sphinx stand auf einer etwa zwölf Meter hohen Säule vor dem Tempel, war selbst über zwei Meter hoch und galt als Wächter des heiligen Ortes. Sie steht heute im Saal 3 des Museums von Delphi.

Eine andere, im Zusammenhang mit der Ödipus-Sage besonders aufschlußreiche Sphinx-Abbildung ist die Darstellung auf einer rotfigurigen Schale aus dem 5. Jahrhundert v. Chr., die in den Vatikanischen Sammlungen in Rom zu sehen ist. Die Malerei zeigt die Sphinx auf einer Säule, von der sie auf den unter ihr sitzenden Ödipus herabblickt. Es hat den Anschein, als ob sie gerade ihre Frage gestellt hat und die Antwort erwartet...

Kaum eine der griechischen Sagen ist so genau erforscht wie der Ödipus-Mythos. Der Bogen der Untersuchungen ist breit gespannt von der Vergangenheit bis in die Gegenwart. Wichtig sind beispielsweise das zweibändige Werk des deutschen Philologen und Archäologen Carl Robert sowie die psychoanalytische Deutung Sigmund Freuds.

Der eigentliche Ursprung der Sage ist jedoch unbekannt. Er lag in der »Thebais« verschlossen, die den thebanischen Sagenkreis darstellte. Von den ursprünglich siebentausend Versen sind aber nur wenige erhalten. Wirklich bekannt ist dagegen die Ausformung des Mythos während des 5. Jahrhunderts v. Chr. durch die drei attischen Dramatiker, vor allem durch die Schauspiele des Sophokles. Von seinen

Diese rotfigurige Schale, die Ödipus und die Sphinx darstellt, befindet sich in den Vatikanischen Museen zu Rom

Ödipus

beiden Dramen zum Thema ist das Schauspiel »König Ödipus« das wichtigste.
Die Tragödie spielt in Theben, vor dem Königspalast, vor der Kadmeia. Ödipus ist seit langem Herrscher der Stadt, die von neuem Unheil betroffen ist. Die Pest wütet im Land. Ödipus hat seinen Schwager Kreon nach Delphi geschickt, um von der Pythia zu erfahren, warum die Götter zürnen und solch harte Strafe verhängt haben. Kreon, aus Delphi zurückgekehrt, berichtet, auf der Stadt laste darum solch Fluch, weil der Mord an König Laios nicht gesühnt worden sei. Darauf Ödipus:

So hört, was solchem Täter widerfährt:
Er wird verstoßen, wer immer er auch sei,
aus dem Bereiche meiner Herrschaft.
Niemand grüße ihn, keiner nehm' ihn auf...
Der Täter sei verflucht, ob er allein
im Dunkel zuschlug, ob mit mehreren!

Ödipus ordnet eine Untersuchung an, bei der auch der Seher Teiresias befragt wird. Zunächst verweigert er die Aussage. Als Ödipus ihn aber verdächtigt, selbst an der Tat beteiligt gewesen zu sein, sagt Teiresias:

Du selber bist der Mörder, den du suchst!...
Unwissend schändest du das nächste Blut,
du lebst im Abgrund, und du ahnst es nicht!

Ödipus aber glaubt an eine Verschwörung, in die auch sein Schwager Kreon verstrickt ist. Dann fragt er seine Frau nach Einzelheiten des Mordes:

*Du sagtest doch, man habe Laios
an dreigeteilter Straße umgebracht?*

Jokaste:

So hieß es damals, und so heißt es noch.

Ödipus:

Wo liegt der Ort, an dem die Tat geschah?

Jokaste:

*Das Land heißt Phokis, und es teilen sich hier
der Weg von Delphi und von Daulia.*

Ödipus fragt weiter, muß als furchtbare Gewißheit erfahren, daß er selbst der Mörder ist:

*Weh mir! So hab' ich auf mein Haupt
die blinden Flüche blind herabgeschworen!*

Als schließlich noch der Überlebende von Laios' Begleitung sowie der Hirte vernommen werden, der das Kind einstmals dem König Polybos übergab, erkennt Ödipus das ganze, unheilvolle Schicksal: Er hat nicht nur seinen Vater umgebracht, sondern auch die eigene Mutter geheiratet.
Das schreckliche Ende schildert ein Diener:

*Und brüllend, wie von fremder Hand geführt,
stürzt Ödipus zur Tür, drückt das Riegelholz
aus seinen Pfosten und stürmt in das Gemach.*

*Da fanden wir die aufgeknüpfte Frau
in ihren Schlingen schwebend. Wie er sie
erblickt, da schreit er gräßlich auf und löst
den Strick, und wie sie dann am Boden lag,
erfolgte eine grauenvolle Tat.
zwei goldne Nadeln, welche ihr Gewand
verschlossen, riß er aus und hob sie hoch
und stieß sich beide in die Augen...*

Menschenopfer in Aulis

Iphigenie

> »Doch das Schicksal fordert unerbittlich: Ich muß an der Tochter blutigen Mord vollziehen.«
>
> *Agamemnon in Euripides' »Iphigenie in Aulis«*

Chalkis, die griechische Stadt mit fast 40 000 Einwohnern, ist zweigeteilt. Der kleinere Ortsteil liegt auf dem Festland von Böotien, der andere auf Euböa, der zweitgrößten Insel Griechenlands. Beide Teile sind durch eine Drehbrücke verbunden. Ein Übergang vom Festland zur Insel bestand schon seit dem 5. Jahrhundert v. Chr. Damals gab es noch zwei durch ein Felsenriff getrennte Wasserwege: Der zum Festland gelegene Kanal war 15, der andere 18 Meter breit. Nachdem das Riff gesprengt worden war, entstand eine einheitliche Meerenge von etwa 30 Metern.
Der Wasserweg ist ein Naturphänomen, das in ähnlicher Art im Mittelmeer noch bei Gibraltar und zwischen Sizilien und dem italienischen Festland zu beobachten ist. Das Wasser fließt mit großer Geschwindigkeit unter der Brücke durch, verharrt nach einem bestimmten Zeitraum auf der Stelle, wechselt die Richtung und strömt dann mit außerordentlicher Kraft entgegengesetzt. Dabei wird eine Geschwindigkeit bis zu 15 Kilometer in der Stunde erzielt. Der Richtungswechsel erfolgt sechs- bis siebenmal am Tag, manchmal häufiger. Diese merkwürdige Meerenge heißt

Reste des Tempels von Brauron. Dieser Tempel aus dem 5. Jahrhundert v.Chr. ist auf einem älteren erbaut

Euripos, und so wurden auch unbeständige, labile Menschen genannt.
Schon in der Antike hat man über Erklärungen nachgedacht. Auch Aristoteles, der große griechische Philosoph, der in Chalkis 322 v. Chr. 62jährig gestorben ist, hat sich Gedanken über die Ursachen gemacht. Die Legende erzählt, daß er sich ins Meer gestürzt habe, da er nicht imstande gewesen sei, dies Phänomen zu erklären. Doch wie auch immer: Des Rätsels Lösung ist – wie beim »Stretto« in Sizilien – in den Gezeiten zu sehen und vor allem in der wechselnden Tiefe und Breite der Wasserstraße.

In Aulis versammelte sich die griechische Flotte

Wenn man Chalkis verläßt und der sich verbreiternden Meerenge südwärts folgt, erreicht man bald eine Zementfabrik, die die Umgebung weithin verunstaltet. Das ist besonders bedauerlich, weil sich gleich darauf die Meerenge zu einer attraktiven, von Bäumen umstandenen Bucht mit ruhigem, klarem Wasser weitet und diese Bucht in Mythos und Literatur eine wichtige Rolle spielt. Wir sind in Aulis! Hier hatte sich, so lesen wir in den überkommenen Schriften, zur mykenischen Zeit die griechische Flotte versammelt, um zu einer Strafexpedition gegen das kleinasiatische Troja aufzubrechen.
Groß war die Zahl der Schiffe, beträchtlich die Zahl der Krieger. Homer bemüht sich, im »Schiffskatalog« der »Ilias« einen genauen Überblick zu geben. Im 2. Gesang des Epos schreibt er:

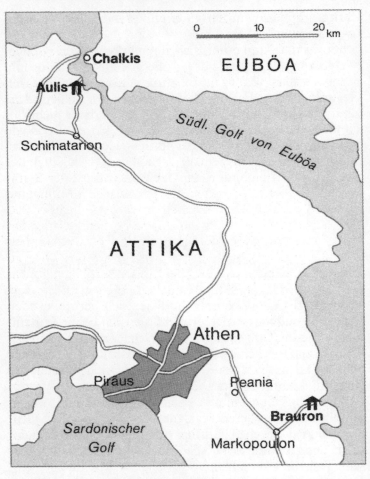

In Aulis beginnt die Sage um Iphigenie, in Brauron schließt sich der Kreis

*Sagt mir nun, Musen, die ihr in olympischen Häusern
  wohnt –
ihr seid Göttinnen und seid zugegen bei allem und wißt
  alles,
wir aber hören nur Gerüchte und wissen gar nichts –:
Welches die Führer der Danaer [Griechen] waren und die
  Gebieter.
... Die Führer der Schiffe will ich nennen und die Schiffe
  allesamt.* (484 ff.)

Homer verzeichnet 46 Heerführer, 16 Volks- oder Stammesnamen, 146 Ortsnamen, 29 griechische Kontingente und 1186 Schiffe. Die Einzelheiten wurden auf über 250 Zeilen ausgebreitet. Diese ausführliche Schilderung hat immer Interesse geweckt. Schon die antiken Geographen klassischer Zeit haben versucht, die genannten Orte zu identifizieren, doch war dies bei zahlreichen Plätzen nicht möglich. In diesen Fällen handelte es sich wohl um zerstörte, eingegangene Orte.

Im »Schiffskatalog« gibt es auch Darstellungen, die mit dem weiteren Geschehen in Troja wenig oder gar nichts zu tun haben. Daraus wird gefolgert, daß die Liste weit früher entstanden ist als die »Ilias«, wohl in spätmykenischer Zeit, im 12. Jahrhundert v. Chr. Die Aufstellung wurde von Homer einige Jahrhunderte später übernommen und in sein Epos mit verschiedenen Änderungen eingebaut. Geographie und Legende wurden miteinander vermischt. Es »entstand ein Gedicht im Gedicht«.

Artemis ließ den Wind ruhen

Während sich die griechische Flotte in der Bucht von Aulis versammelte, so weiß die Sage zu berichten, versündigte sich der Führer der Griechen, Agamemnon, an Artemis, der Göttin der Tiere. Er erlegte auf der Jagd ein Hirschkalb, das der Göttin heilig war. Prahlend sagte er, selbst Artemis habe das Tier nicht besser treffen können. Die Göttin war darüber arg erbittert und bestrafte daraufhin Agamemnon und das versammelte Heer: Es gab eine Windstille, die jede Ausfahrt unmöglich machte.
Der attische Tragiker Aischylos, der um 500 v. Chr. gelebt hat, schreibt im »Agamemnon«:

> *Hunger, widriges Leben vor Anker,*
> *zwangen die Menschen, umherzustreunen,*
> *schonten nicht Schiffe, noch Tauwerk,*
> *hielten endlos an und drohten durch ihre*
> *Dauer die blühende Jugend von Argos*
> *zu zermürben.* (194ff.)

In der Not wurde der Seher der griechischen Streitkräfte, Kalchas, befragt. Er sagte, Artemis sei nur zu besänftigen, wenn Agamemnon der Göttin ein großes Sühneopfer darbringe. Das Opfer solle seine Tochter Iphigenie sein. Agamemnon, darüber zutiefst betroffen und verzweifelt, will den Oberbefehl über die Truppen niederlegen. Da entsteht Unruhe im Heer. So entschließt sich der König zum Opfer der eigenen Tochter. Doch seiner Frau Klytämnestra teilt er mit, sie solle Iphigenie nach Aulis schicken, sie werde hier mit Achill verheiratet.
Aber schon bald erfahren Mutter und Tochter die Wahr-

Iphigenie

heit. Euripides, neben Aischylos und Sophokles der dritte der großen athenischen Tragiker, der um 450 gelebt hat, läßt in seinem Drama »Iphigenie in Aulis« Agamemnons verzweifelte Tochter gegenüber ihrem Vater ausrufen:

> *Morde mich nicht in der Blüte und stoße*
> *mich nicht in die ewige, finstere Nacht ...*
> *Laß dich erbitten, laß mir mein Leben!*
> (1218ff.)

Doch dann setzt plötzlich bei Iphigenie ein völliger Umschwung ein. Sie spürt ein Sendungsbewußtsein. Sie erkennt die Opferung an und hält den eigenen Tod für nötig:

> *Wenn Artemis mein Leben als Opfer haben will,*
> *soll ich ihr entgegentreten, der Göttin, ich, die Sterbliche?*
> *Nein! Unmöglich! Hellas gebe ich meinen Leib als Opfer*
> *hin.* (1395–1397)

Diese überraschende Wandlung ist jedoch im Drama des Euripides kaum genügend motiviert. Schon Sophokles hat dies in seiner »Poetik« so gesehen, und Gerhart Hauptmann hat die jähe Änderung von der Todesfurcht des jungen Mädchens zu seinem »heroischen Entschluß« für wenig glaubwürdig gefunden.

Den Fortgang des Geschehens schildert bei Euripides alsdann ein Bote:

> *Da nahm der Priester seinen Stahl und betete*
> *und spähte nach dem Hals, um ihn genau zu treffen.*
> *Mich überfiel schmerzhafte Wehmut, und ich stand*
> *nachsinnend. Plötzlich bot sich uns ein Wunder dar.*
> *Deutlich hörte jeder des Messers Schlag,*

doch niemand sah, wohin das Mädchen dann entschwand.
Da schrie der Oberpriester, es schrie das ganze Heer,
als vor aller Augen ein Bild erschien,
ein gottgesandtes, das kaum Glauben finden mochte.
Denn eine Hirschkuh lag am Boden zappelnd da,
von hohem Wuchs und herrlich. Ihr frisches Blut
benetzte in Strömen ringsum den Opferherd.
(1578–1589)

Bekannt ist das Gemälde der Opferung Iphigenies aus dem Haus des Tragischen Dichters in Pompeji, heute im Nationalmuseum von Neapel. Auf diesem Bild tragen Odysseus und ein Gefährte Iphigenie zum Priester Kalchas, der in seiner Größe auf dem Bild alle überragt. Agamemnon steht mit verhülltem Gesicht abseits. Oben erscheint indessen Artemis mit Pfeil und Bogen, während eine Dienerin die Hirschkuh bringt. Vorbild dieser Szene ist wohl ein viel früheres Gemälde des Thimantes aus dem 5. Jahrhundert v. Chr., das in der antiken Literatur häufig erwähnt, aber nicht erhalten geblieben ist.

Reste eines alten Tempels

Die Opferung der Iphigenie bzw. ihre Rettung hat in der Antike jahrhundertelang Interesse gefunden. Das trifft auch für den heiligen Bezirk von Aulis zu, der nach Aussagen der griechischen Archäologen Kaiti Demakopoulou und Dora Konsola in einer blühenden mykenischen Stadt

gelegen hat. 1941, als in dieser Region eine neue Straße gebaut wurde, entdeckte man nahe der Bucht Spuren eines alten Tempels. Er war lang und schmal. Die Umfassungsmauern sind noch heute deutlich sichtbar wie auch Säulenbasen und andere Reste des alten Gebäudes. Auch der Opferstein ist erhalten mit einer viereckigen Vertiefung und der Blutablaufrinne. Der Tempel war der Göttin Artemis geweiht. Ist Iphigenie hier geopfert worden?
Doch Iphigenie hat es nur als mythische Vorstellung gegeben – wie Siegfried in der Nibelungen –, König Arthur in der keltischen oder Wilhelm Tell in der Schweizer Sage. Doch ihre Ausstrahlung war stets so mächtig, daß man immer wieder versucht hat, Spuren, die die Erzählungen bestätigen könnten, zu entdecken. Im übrigen stammt der Tempel in Aulis nicht aus der Zeit, in der der griechische Feldzug stattgefunden haben könnte – das müßte im 13. Jahrhundert v. Chr. gewesen sein. Der Tempel ist vielmehr, wie eine Inschrift auf einem Statuensockel besagt, im 5. Jahrhundert v. Chr. gebaut worden. Möglich und wahrscheinlich ist allerdings, daß es an dieser Stelle einen älteren Tempel gegeben hat.
Menschenopfer stehen am Anfang fast aller Kulturen. Sie sind bei den Germanen bekannt, bei den Israeliten, Persern, Sumerern, in Afrika, bei den Steppenvölkern und den meisten amerikanischen Hochkulturen. Spuren eines solchen Ritus finden sich noch heute in abgelegenen Rückzugsgebieten, etwa im Himalaya. Wir haben auf einer Indienreise in Hemis, das fast viertausend Meter hoch im oberen Industal liegt, Mysterienspielen beigewohnt, in denen Menschenopfer symbolisch dargestellt werden. Bei diesen Spielen treten Mönche als Dämonen auf mit furchterregenden Masken, dem dritten Auge, Reißzähnen, großen Ohren und einer Totenschädelkrone. Sie umtanzen

das Linga, eine kleine menschliche Figur, die aus Teig geformt ist. Das Linga wird zerstückelt, und die einzelnen Teile werden verzehrt. Diese Spiele gehen in vorbuddhistische Zeiten zurück, in die Ära des Schamanismus und Animismus, als Menschenopfer Höhepunkte eines religiösen, zauberischen Kults waren.

Mythen und Menschenopfer

Doch zurück in die griechische Vorzeit. In den Mythen dieser Epochen wird verschiedentlich von Menschenopfern berichtet. Der deutsche Wissenschaftler Friedrich Schwenn hat dazu umfangreiches Material vorgelegt. Er meint, im trojanischen Sagenkreis fanden sich Menschenopfer so häufig, »daß wir geradezu von einer Wucherung des Motivs sprechen können«. Ein Beispiel dafür ist die Rache, die Achill an den Trojanern übt, nachdem Patroklos im Kampf gegen Hektor gefallen ist. Achill ruft seinem Freund die Worte nach: »Auch zwölf Jünglinge werde ich dir am Totenfeuer schlachten.« Und im 6. Jahrhundert v. Chr. ist aus Athen zu hören, daß, als hier die Pest wütet, der kretische Sühnepriester Epimendes rät, zwei Menschen zu opfern. Als dies geschieht – es werden die Namen Kratinos und Ktesibios genannt –, erlischt die Seuche. Auch Plutarch, griechischer Philosoph und Historiker, der zwischen 50 und 125 n. Chr. gelebt hat, weiß von Menschenopfern. Er schreibt, im Jahr 380 v. Chr. sollen drei Perser umgebracht worden sein. Als sie an einem Tempel vorbeigeführt werden und dabei die Flamme am Altar hell

Reste des Tempels von Aulis

auflodert, legt der Seher Euphrantides es als Zeichen des Dionysos aus. Dieser, so der Priester, wünsche die Perser als Opfer. Daraufhin werden alle drei zur Ehre des Gottes hingerichtet.

Artemis mit Hirschkuh und Tempelbesuchern. Dieser Sarkophag befindet sich im Museum zu Brauron

Herodot spricht verschiedentlich von Menschenopfern. Im vierten Buch seiner »Historien« berichtet er von den Taurern, die Schiffbrüchige opferten; sie wurden durch Keulenschläge umgebracht. Herodot nennt auch Iphigenie. Er bezeichnet sie als Göttin, der Menschenopfer dargebracht wurden. Andere wollen von Iphigenie als Göttin nichts wissen – so Euripides in logischer Fortsetzung seines ersten Dramas über die Tochter Agamemnons. In seinem weiteren Drama, »Iphigenie bei den Taurern«, ist sie nach ihrer Entrückung nach Tauris Tempeldienerin der Artemis. Nach Euripides trifft Iphigenie in Tauris ihren Bruder Orest und seinen Gefährten Pylades. Sie wollen eine Statue der Artemis entwenden, werden jedoch gefangengenommen, und Iphigenie soll beide vor ihrer Opferung weihen. Doch Orest überlistet mit Hilfe seiner Schwester den König der Taurer, Thoas, und Orest, Iphigenie und Pylades kehren nach Griechenland zurück, nach Brauron.

Ausgrabungen in Brauron

Brauron liegt in Attika, etwa 25 Kilometer südöstlich von Athen. Hier gibt es eine alte Kapelle des Sankt Georg, in deren Nähe Mitte der vierziger Jahre Bauarbeiten vorgenommen wurden. Dabei kamen antike Baureste zutage. Das weckte das Interesse der Archäologen, und schon bald begann der Grieche John Papadimitriou mit Ausgrabungen, in deren Verlauf Reste des alten Brauron freigelegt wurden; sie reichen bis ins 7., 6. und 5. Jahrhundert v. Chr. zurück.

Nördlich der Kapelle wurden Fundamente eines Artemis-Tempels von etwa 20 mal 10 Metern gefunden sowie Reste einer Stoa, einer Halle, deren Dach von mehreren Säulen getragen worden war. Verschiedene Säulen sind inzwischen wieder aufgerichtet worden. Die Stoa war vermutlich Schlaf- und Wohnraum für fünf- bis zehnjährige Mädchen, die der Göttin Artemis geweiht waren und hier ihre Erziehung erhielten. 1958 hat Papadimitriou in der Nordost-Ecke der Stoa einen Raum mit niedrigen Bänken und kleinen Tischen entdeckt, an denen die Kinder ihre Mahlzeiten eingenommen haben. Die Mädchen wurden »arktoi«, »Bären«, genannt, weil Artemis für das Töten eines Bären, eines ihrer Lieblingstiere, zur Sühne junge attische Mädchen als Dienerinnen verlangt hatte. An Feiertagen führten die Mädchen »Bärenreigen« zu Ehren der Göttin auf. Unter den vielen Funden aus dieser Zeit, die hier gemacht wurden, waren auch Nachbildungen der »arktoi«, die heute im Museum von Brauron sind.

Eines der Sieben Weltwunder

Der größte und bedeutendste Tempel der Artemis stand im kleinasiatischen Ephesos, am Rand einer Bucht, die heute versandet ist. 127 Säulen, jede 20 Meter hoch, bildeten den Tempel. Großartig waren die Säulenkapitelle, von denen sich Reste im Britischen Museum zu London befinden. Berühmt war das Kultbild der Göttin aus Gold, Ebenholz, Silber und schwarzem Stein. Der Tempel, 550 v. Chr. gebaut, war ein so gewaltiges Kunstwerk, daß es im Altertum zu den Sieben Weltwundern gezählt wurde. Artemis, Tochter des Zeus und Schwester Apollos, wurden so großartige Bauten errichtet, weil sie eine der populärsten Göttinnen der Antike war. Ihre Spuren gehen zurück bis in graue Vorzeiten, bis zu Hekate, der Herrin von Spuk- und Zaubererscheinungen. Artemis' Wesen war zwiespältig. Galt sie einerseits als anmutig und Beschützerin der Tiere, die mit einem großen Gefolge von Nymphen durch die Berge zog, konnte sie andererseits grausam sein und Menschenleben fordern. Bedingungslos ergeben waren Artemis ihre Priesterinnen, zu denen auch Iphigenie nach ihrer Entrückung nach Tauris gehörte. Über sie läßt Euripides in seinem Drama »Iphigenie bei den Taurern« die Göttin Athene sagen:

> *Du, Tochter Agamemnons, wirst auf heiligen*
> *Berghöhn von Brauron Priesterin der Artemis.*
> *Einst wirst du dort bestattet...* (1462ff.)

Getreu diesen Worten zeigt man heute in Brauron südöstlich des Tempels eine Grotte, die seit der Antike als Grab der Iphigenie ausgegeben wird.

Alexander der Große im Kampf gegen den Perserkönig Darius III. Ausschnitt aus dem fast sechs Meter langen und über drei Meter breiten Mosaik, das 1831 in Pompeji freigelegt wurde und heute im Nationalmuseum Neapel zu besichtigen ist

Er zog bis ans Ende der Welt

Alexander der Große

»Es hat keinen großen Geist ohne eine Beimischung von Wahnsinn gegeben.«

Seneca

Wohl kein Herrscher der Antike ist so von Sagen und Legenden umgeben wie Alexander von Makedonien (356 bis 323), den die Nachwelt den »Großen« genannt hat. Abgesehen vom »Alexanderroman«, der im 3. Jahrhundert n. Chr. entstand und im Mittelalter nach der Bibel das am meisten verbreitete Werk der Weltliteratur gewesen ist, hat es schon lange vorher eine Vielzahl von Alexander-Sagen gegeben. Bei seiner Geburt, so hieß es, hätten sich die merkwürdigsten Dinge ereignet. So sei in dieser Nacht in Ephesos der Artemis-Tempel niedergebrannt, habe außerdem sein Vater, König Philipp II. (um 382 bis 336), die Nachricht von der Geburt zur gleichen Zeit mit drei Siegesbotschaften erhalten.

Als Alexander zwölf Jahre alt war, soll sich nach einem Bericht Plutarchs, des griechischen Philosophen und Historikers (etwa 45 bis 125), folgendes zugetragen haben: König Philipp wurde ein Pferd mit dem Namen Bukephalos für den sehr hohen Preis von 13 Talenten angeboten. Philipp war von dem herrlichen Tier fasziniert und nahm es. Doch es war sehr wild und ließ keinen aufsitzen. Da es unbezähmbar schien, befahl Philipp, das Roß wegzuführen.

Doch Alexander sagte: »Das Pferd ist großartig, ich könnte es wohl reiten.« – »Und wenn es dir nicht gelingt?« fragte sein Vater. »Welche Buße willst du dann leisten?« – »Dann würde ich den Preis für das Pferd bezahlen!« Alles lachte. Aber Alexander lief auf Bukephalos zu, nahm die Zügel und wandte das Pferd gegen die Sonne – er hatte offenbar bemerkt, daß es scheute, sobald es seinen Schatten vor sich fallen und bewegen sah. Nachdem Alexander das Tier etwas beruhigt hatte, warf er seinen Mantel weg, sprang in den Sattel und ergriff die Zügel. Als er spürte, daß das Pferd losrennen wollte, ließ er die Zügel nach, schlug die Hacken in die Weichen des Tieres und galoppierte davon. Dann wendete er, kam zurück und hielt vor seinem Vater. Philipp soll gesagt haben: »Such dir ein Reich, mein Sohn, das deiner würdig ist, denn Makedonien ist für dich nicht groß genug.«
Bukephalos, ein Rappe mit weißem Kopf, hat Alexander bis nach Indien getragen; dort ist das Pferd verendet. Es wurde nicht nur feierlich begraben, sondern es ist sogar eine Stadt nach dem Roß benannt worden: Bukephala. Wie lebendig die Erinnerung an Alexander und an den Hengst lange Zeit danach und noch heute war und ist, zeigen zwei Begebenheiten: Als der Venezianer Marco Polo (1254 bis 1324) gegen Ende des 13. Jahrhunderts auf seinen Reisen durch das Gebiet des heutigen Afghanistan kam und den Mir von Badakshan traf, sagte ihm dieser, er führe seinen Stammbaum auf Alexander zurück und den seiner Pferde auf Bukephalos – und in der Nähe von Rawalpindi in Pakistan gibt es einen Stupa (einen buddhistischen Sakralbau für die Aufnahme von Reliquien), der angeblich noch jetzt von den Anwohnern als Grab des Bukephalos verehrt wird.
Plutarch hat in seiner Biographie über Alexander auch be-

richtet, der junge Prinz sei ein ausgezeichneter Sportler gewesen und habe sich besonders im Schnellauf hervorgetan. Als er einmal von seiner Umgebung gefragt wurde, ob er nicht Lust habe, sich am Wettlauf in Olympia zu beteiligen, gab er die Antwort: »Ja, wenn ich Könige als Rivalen hätte.«

Begeistert von Homers »Ilias«

Seit 343/42 war Aristoteles (384 bis 322) der Lehrer des makedonischen Königssohnes. Der neben Platon wohl bedeutendste und einflußreichste Philosoph der abendländischen Antike unterrichtete Alexander vor allem in Philosophie und Philologie. Zuvor waren zwei andere Lehrer, Leonidas und Lysimachos mit Namen, für die Erziehung des jungen Makedoniers verantwortlich. »Seine Liebe zu Homer ... seine Begeisterung für die Schöpfungen der attischen Tragiker (und dies selbst im Felde) mögen letztlich ihre Keime wohl eher in seiner früheren Erziehung haben als ausschließlich in Aristoteles' Unterweisung«, meinte der australische Alexander-Kenner Ellis.
Besonders beeindruckt war der junge Alexander von der »Ilias« und dem Helden Achilles. Der französische Mythologie-Forscher Pierre Grimal sagt sogar: »Man weiß, daß Alexander ohne Homer, ohne die ›Ilias‹, zweifellos nicht zur Eroberung des Orients aufgebrochen wäre.« Fest steht: Alexander hatte bei seinen späteren Feldzügen immer die »Ilias« bei sich. Er suchte Troja auf, um dort am angeblichen Grabhügel des Achilles einen Kranz niederzulegen.

Löwenjagd. Mosaik im Museum von Pella

Bereits in jungen Jahren ging Alexander gern auf die Jagd. Es gibt ein gut erhaltenes Fußbodenmosaik vom Ende des 4. Jahrhunderts v. Chr., auf dem zwei junge Männer auf der Löwenjagd sind: Der eine greift die Bestie mit dem Schwert an, der andere mit dem Speer. Letzteres soll Alexander sein, der andere sein Freund Krateros. Das Mosaik ist heute im Museum von Pella zu sehen, jener ehemaligen Königsstadt von Makedonien, die ursprünglich am Thermäischen Golf lag (der nördliche Teil des Golfs versandete später). So befinden sich heute die Reste der Residenz vierzig Kilometer landeinwärts, westlich Saloniki.

Neben der »Löwenjagd« zeigt das Museum von Pella noch sechs weitere Mosaiken – wie »Dionysos auf dem Rücken eines Leoparden«, »Greif, der einen Hirsch anfällt« und »Amazonenkampf« – sowie einen Marmorkopf Alexanders. Dem Museum gegenüber beginnen die Ausgrabungen, die 1957 systematisch in Angriff genommen wurden. 1985/86 dann wurden erstmals Teile der antiken Stadt und Reste des großen Palastes freigelegt. Weitere wichtige Ergebnisse sind zukünftig zu erwarten.

In Pella, das von König Archelaos um 400 v. Chr. gegründet wurde, hat Philipp II. residiert. Hier wurde sein Sohn Alexander geboren, hier hat dieser seine Jugend verbracht. Es war eine spannungsvolle Zeit. Von Archelaos berichtet Platon, er habe viele seiner Verwandten umgebracht und sei der skrupelloseste aller Makedonen gewesen. Andererseits hat er jedoch viel für das Land getan: Er ließ Straßen und feste Plätze bauen, begründete ein Münzsystem nach persischem Muster und ließ zahlreiche griechische Künstler an den Hof kommen. Philipps Regierungsstil glich in manchem jenem des Archelaos. Er beseitigte brutal alle Rivalen, hat aber ebenfalls viel zur Entwicklung des Staates beigetragen, und nicht wenige Altertumsforscher halten den Vater Alexanders für eine der größten Gestalten der antiken Welt.

Pella war nicht die erste Hauptstadt Makedoniens. Dies ist vielmehr Aigai gewesen. Lange Zeit hat man angenommen, Aigai sei das alte Edessa gewesen, etwa vierzig Kilometer westlich von Pella gelegen. Doch diese Auffassung mußte korrigiert werden. Vorläufer von Pella – das ist weitgehend die heutige Meinung – war Vergina, südwestlich von Pella am rechten Ufer des Aliakmon gelegen.

»Makedonien war«, schreibt Ellis, »in gewisser Weise ein Königreich mit zwei Hauptstädten: Aigai (oder Aigeai) war die alte, Pella seit Archelaos' Regierungszeit die neue. Aber Aigai war mehr als nur ehemaliger Herrschersitz. Es ging auf die Zeit zurück, als sich die Makedonier erstmals über die Grenzen des nahe gelegenen pierischen Berglandes hinweg ausgebreitet hatten, und spielt in mehreren

Stammesgründungssagen eine wichtige Rolle. Nach einer dieser Sagen führte eine Ziegenherde die Ansiedler zu dem Platz der späteren Stadt, deren Name als ›Ziegenort‹ gedeutet werden kann. Während der gesamten Herrschaftszeit der Temeniden (des makedonischen Herrschergeschlechts, das seinen Ursprung letztlich auf Herakles zurückführt) und später noch bleibt Aigai eine Art zeremonielles Zentrum des Königreiches; dort wurden die Könige begraben, und dort feierte man auch viele der großen Staatsereignisse.«

Der mächtige Grabhügel von Vergina

Der englische Historiker Hammond war schließlich der erste, der behauptete, Vergina müsse das alte Aigai sein. Er vertrat diese Auffassung in seinem Buch »Geschichte Makedoniens« und verweist dabei unter anderem auf die Reste des Palastes von Vergina und den ausgedehnten Tumuli-Friedhof. Damit gewann auch der größte Tumulus von Vergina, der schon längere Zeit vorher das Interesse der Archäologen gefunden hatte, an Beachtung. Dieser Grabhügel hatte beachtliche Ausmaße: Er war 12 Meter hoch und hatte einen Durchmesser von 110 Metern.
Die Erforschung der »Großen Tumba«, wie der Tumulus genannt wurde, war ein besonderes Ziel des Professors für Archäologie an der Universität Saloniki, Manolis Andronikos. 1977 stieß er bei der Abtragung des Hügels auf Gräber, von denen er annimmt, daß es die von König Philipp II. und seiner Frau Kleopatra sind.

Als wir nach Vergina kommen, ist unser erster Weg zu dieser Ausgrabung. Doch es erwartet uns eine unerfreuliche Überraschung: Der Zugang ist gesperrt. Die Bevölkerung des Ortes ist empört darüber, daß die bedeutenden und kostbaren Funde der Gräber nicht in Vergina geblieben, sondern nach Saloniki gekommen sind, wo sie die Attraktion des dortigen Archäologischen Museums bilden. Auf einem meterlangen Demonstrationsband steht auf englisch und griechisch: »Nein zur Degradierung unseres Geschichtsmuseums in Vergina.« Und weiter: »Kein Zutritt.« Doch Vergina hat noch andere Sehenswürdigkeiten aus alter Zeit. Südöstlich des Dorfes liegen auf einem Hügel die Reste des Palastes der Makedonier. Schon Mitte des vorigen Jahrhunderts hat der französische Archäologe Léon Heuzey hier Grabungen vorgenommen. 1937 wurden sie von Professor Constantine Rhomaios von der Universität Saloniki fortgeführt, dann von anderen Wissenschaftlern, darunter von Manolis Andronikos. Seit angenommen wird, Vergina sei das alte Aigai, haben die archäologischen Ausgrabungen beträchtlich an Bedeutung gewonnen.
Über dem Palast, der wahrscheinlich in den letzten Jahren des 4. Jahrhunderts v. Chr. erbaut worden ist, schreibt Andronikos: »Es ist sicherlich das großartigste makedonische Gebäude, das wir im Augenblick kennen, nicht nur seiner Größe wegen, sondern auch wegen seiner architektonischen Planung und Ausführung. Seine Länge beträgt 104,50 Meter, seine Breite 88,50 Meter.« Es ist eine gewaltige zweigeschossige Anlage gewesen, die einen quadratischen Hof einschloß, der umgeben war von einer dorischen Kolonnade. Wichtigster Raum war eine Rundhalle mit Thron. Außerdem waren von imponierender Gestaltung drei Räume im Nordflügel, die einen großartigen Blick auf die weite makedonische Ebene gewährten.

Einer der großen ungelösten Kriminalfälle

Unterhalb des Palastes wurde 1981 ein Theater freigelegt, das in das ansteigende Gelände eingeschnitten war, so daß die oberen Sitzreihen automatisch erhöht lagen. In diesem Theater hat sich vor über zweitausend Jahren einer der großen ungelösten Kriminalfälle der Weltgeschichte ereignet...

Im Sommer 336 v. Chr. wurde im Palast die Hochzeit von Kleopatra, Tochter König Philipps II., mit Alexander König von Epirus, begangen. Nach festlichen Zeremonien und großen Banketts kam der Tag der Spiele.

Am Morgen verläßt Philipp den Palast. Er geht zu Fuß, da die Entfernung zum Theater weniger als 150 Meter beträgt und ein Orakel davor gewarnt hatte, einen Wagen zu benutzen. Es ist eine feierliche Prozession. Zwölf Götterstatuen werden vorausgetragen; die dreizehnte Statue zeigt dagegen das Bild Philipps. Damit wird der Anspruch erhoben, der König sei gottgleich, wodurch es angebracht sei, ihm entsprechende Ehren zu erweisen. Die beiden Alexander, Sohn und Schwiegersohn, folgen den Statuen; sie gehen dem König voraus. Philipp, im weißen Mantel, durchschreitet den Zugang zum Theater und nähert sich der Orchestra, dem halbkreisförmigen Platz zwischen Zuschauerraum und Spielhaus. Als die versammelte Menge dem Herrscher zujubelt, geschieht es: Philipp wird von dem Makedonier Pausanias ermordet.

Der griechische Geschichtsschreiber Diodor, der im 1. Jahrhundert v. Chr. gelebt und ein vierzig Bücher umfassendes Geschichtswerk geschrieben hat, berichtet: »Pausanias stürzte aus seinem Versteck hervor und versetzte dem König einen Stich durch die Rippen. Der König fiel entseelt zu Boden. Pausanias aber rannte zum Eingang des Theaters zurück und zu den für ihn bereitgestellten Pferden. Sofort eilten die einen Leibwächter zum König, die anderen machten sich an die Verfolgung des Attentäters, unter ihnen Leonnatos, Perdikkas und Attalos. Pausanias wäre um ein Haar entkommen, aber er verwickelte sich beim Besteigen des Pferdes in eine Ranke. Als er sich wieder erheben wollte, stürzten sich die Männer um Perdikkas auf ihn und durchbohrten ihn mit ihren Schwertern.«

Hat Pausanias aus eigenem Antrieb gehandelt? Wurde er von anderer Seite zum Mord angestiftet? Darüber gibt es viele Vermutungen, lebten doch am makedonischen Hof zahlreiche Rivalen und erbitterte Feinde Philipps. Bei der Ermordung hat wahrscheinlich des Königs erste Frau, Olympias, mitgewirkt. Olympias, voller Leidenschaft, herrschsüchtig, ränkevoll und unversöhnlich, war von dem König verstoßen worden und lebte seit der Trennung von Philipp in Epirus. Auch Alexander, ihr Sohn, dürfte bei dem Meuchelmord eine Rolle gespielt haben.

Bradford Welles, Professor für Alte Geschichte an der Yale Universität in den USA, schreibt: »Daß die Ermordung Philipps von Alexander organisiert worden war, können nur die wenigsten ernsthaft bezweifelt haben ... Der offenkundige und unmittelbare Gewinner war Alexander – nur in diesem Augenblick hatte er zuschlagen können ... Die Vorstellung, daß Alexander den Pausanias erst zur Ermordung seines Vaters angestiftet und ihn dann zum Sündenbock gemacht haben soll, ist wenig sympathisch, aber sämtliche Tatsachen weisen eindeutig auf diesen perfiden Verrat hin. Gelegentlich hat Alexander selbst von den Makedoniern als wilden Tieren gesprochen, und er wußte nur zu genau, daß man mit Unschuld allein weder König der Makedonier werden noch bleiben konnte.«

Nördlich des Theaters, in dem Philipp umgebracht worden ist, beginnt die Nekropole von Aigai, der makedonische Friedhof, der mit seinen vielen Tumuli einzigartig ist im griechischen Raum. In dieser Nekropole hat Professor Rhomaios 1937/38 ein Grab freigelegt, das den Typ makedonischer Mausoleen darstellt. Es zeigt die Front eines griechischen Tempels mit vier schlanken ionischen Halbsäulen und einer Marmortür in der Mitte, darüber einen schmalen Fries mit gemalten Blumen und einen flachen Giebel. Bemerkenswert in dem geplünderten Grab ist ein Marmorthron.
Das wichtigste Mausoleum ist zweifellos jenes am Ausgang von Vergina, das Grab, zu dem wir keinen Zugang hatten. Als wir es erneut aufsuchen wollen, treffen wir die junge griechische Archäologin Angelika Kottaridou, Assistentin von Professor Andronikos. Die Griechin, die ein fließendes Deutsch ohne Akzent spricht, sieht jedoch eine Möglichkeit, uns trotz der verhängten Sperre das Grab Philipps zu zeigen.
Wir steigen einige Stufen abwärts und sind in einem Halbdunkel, das kaum etwas erkennen läßt. Doch schlagartig ändert sich dies. Scheinwerfer leuchten auf, ein Vorhang wird beiseite gezogen – und vor uns liegt die Front des Mausoleums. Im weißen Unterbau ist eine verschlossene Tür, umgeben von zwei dorischen Halbsäulen und zwei Eckpfeilern. Darüber erstreckt sich ein teilweise farbiges Gesims sowie ein breiter, bunter Fries. Die Farben sind verschwommen. Doch bei genauem Hinsehen erkennt man eine Jagdszene. Drei berittene und sieben Männer zu Fuß jagen wilde Tiere. Angelika macht uns besonders auf zwei Personen aufmerksam: »Auf der rechten Seite, der Reiter, der mit seinem Speer auf einen Löwen einsticht, ist wohl Philipp. Der Jäger in der Mitte des Frieses aber, der

den Speer zum Wurf anlegt, ist Alexander. Sein jugendliches Gesicht mit den großen, durchdringenden Augen und dem Kranz auf dem Kopf machen es wahrscheinlich.«
Angelika spricht dann von der Öffnung des Grabes. Dies war am 8. November 1977. Professor Andronikos, archäologische Kollegen, Assistenten und viele Personen des öffentlichen Lebens waren damals aufs äußerste gespannt, als der Schlußstein aus dem Gewölbe genommen, eine Leiter ins Grab gesenkt und damit der Einstieg ermöglicht wurde.
Neben vielen Grabbeigaben entdeckten die überraschten Archäologen in der Haupt- und Nebenkammer je einen Marmorsarkophag und darin je eine kleine goldene Truhe, eine Larnax, mit Gebeinen. Andronikos berichtet von dem bewegenden Augenblick: »Wir sahen etwas, was wir uns nicht hatten vorstellen können, weil solch ›Ossuar‹ bis dahin niemals gefunden worden war – eine goldene Larnax mit einem eingegrabenen Stern auf der Oberseite. Wir trauten unseren Augen nicht, und unser Atem stockte: Unmißverständlich waren dort verbrannte Gebeine sorgfältig übereinandergelegt, und noch war die Farbe des Purpurtuches erhalten, in das sie eingehüllt gewesen waren.«
Weiter schreibt Andronikos: »Alles deutete darauf hin, daß wir Königsgräber gefunden hatten; und wenn die Datierung, die wir den Funden zugesprochen hatten, stimmte, dann ... ich wagte nicht einmal daran zu denken. Ein Schauer lief mir den Rücken herunter; es war wie ein elektrischer Schock. Wenn die Datierung ... und wenn dies die sterblichen Überreste eines Königs waren ... dann ... hatte ich die Gebeine Philipps in den Händen.«
Als wir Vergina verlassen, um uns nach Saloniki zu begeben, ruft uns Angelika noch nach: »Lesen Sie die Schlußkapitel der ›Ilias‹ und der ›Odyssee‹! Sie werden über-

raschende Parallelen zu den Funden von Vergina feststellen können!«

Das Archäologische Museum in Saloniki ist, seit die Schätze des Königsgrabes hier ausgestellt werden, eine Reise wert. Man sieht Amphoren, Kessel, Vasen, Schwerter, Helme, Silberfunde vielfältiger Art, auch Elfenbeinköpfe, die Philipp und Alexander darstellen. Vor allem überraschen die Goldfunde: Brustschmuck, Beinschienen, ein Köcher, ein Diadem, ein Küraß, ein großer Zeremonienschild... Höhepunkt ist jedoch die Larnax von Philipp. Sie zeigt oben einen sechzehnstrahligen Stern, ist an den Seiten reich verziert und ruht auf vier Löwenfüßen. Die Larnax ist rund 20 Zentimeter hoch, 40 Zentimeter lang und 34 Zentimeter breit und wiegt etwa 7,8 Kilogramm. Über ihr hängt ein goldener Kranz mit Eichenblättern und Eicheln. Ähnlich gestaltet ist die zweite Larnax, die in der Vorkammer des Mausoleums gefunden wurde. In dieser Truhe sollen die Gebeine der Königin Kleopatra liegen.

Untersuchungen von Fachleuten haben ergeben, daß die Toten mit ihren Goldkränzen auf dem Kopf auf den Scheiterhaufen gelegt wurden. Wenn dann die Flammen die Leichname ergriffen, wurden die Goldkränze weggerissen und, nachdem die Körper verbrannt waren, die Knochen gesammelt, sorgfältig mit Wein gereinigt, in Purpur gehüllt und in die Truhen gebettet. Schließlich wurden die goldenen Kränze auf die geschlossenen Truhen gelegt.

Wir erinnern uns der Worte der jungen Archäologin, die Schlußkapitel der Epen Homers nachzulesen. Wir fanden am Ende des 24. Gesangs der »Ilias«, bei der Bestattung Hektors, die Verse:

»Jetzt trugen sie weinend den mutigen Hektor hinaus,
legten ihn hoch auf den Scheiterhaufen und entflammten das
Feuer. Als aufdämmernd nun Eos mit Rosenfingern emporstieg,
versammelte sich das Volk um den Brand des gepriesenen Hektors.
Sie löschten das Feuer mit rotem Wein überall dort, wo
die Glut wütete, dann sammelten die Brüder und Gefährten
das weiße Gebein wehmutsvoll, ihr Antlitz mit Tränen benetzend.
Jetzt legten sie die Gebeine in ein goldenes Kästchen
und umhüllten es mit purpurnen Gewanden. (786ff.)

Und in der »Odyssee« lesen wir, ebenfalls im 24. Gesang, von der Verbrennung des Achilles:

Als dich Hephaistos' Flamme verzehrte, da gossen wir morgens
lauteren Wein in die Asche, sammelten, edler Achilles,
deine weißen Gebeine und bedeckten sie zweifach mit Öl.
Und die Mutter brachte die goldene, gehenkelte Urne,
Dyonisos' Geschenk, und ein Werk des berühmten Hephaistos.
Hierin ruht dein weißes Gebein, ruhmvoller Achilles.   (71ff.)

So durchdringen sich Epen und Mythologie, Archäologie und Geschichte. Es ist eine aufschlußreiche Gratwanderung. Sie gewinnt an Farbigkeit, wenn das Geschehene von Menschen bestimmt wird, die mit normalen Maßstäben nicht meßbar sind, wie Alexander.

Der Makedonier gilt als einer der genialsten Heerführer der Geschichte, der Taktik und Strategie in ungewöhnlicher Weise beherrschte und der seine Soldaten an die Grenzen ihrer Leistung führte und noch darüber hinaus. Der deutsche Professor für Alte Geschichte, Hermann Bengtson, schreibt: »Da ihm das Glück in entscheidender Weise zur Seite stand, wird man Alexander ohne Zögern als den größten Feldherrn des Altertums bezeichnen können. Er übertrifft alle anderen, selbst Männer wie Hannibal und Caesar halten keinen Vergleich mit ihm aus.«
Alexander kämpfte selbst an vorderster Front und ist fünfzehnmal (!) verwundet worden. Er teilte die Strapazen seiner Soldaten, kümmerte sich um die Verwundeten und um das Schicksal der Hinterbliebenen. Er hatte einen eisernen Willen und ließ sich von seinen Zielen durch nichts abbringen. Er war eigensinnig, skrupellos, jähzornig. Widerspruch ertrug er nicht, Terror war ihm nicht unbekannt. So ließ er die Stadt Theben 335 v. Chr. bis auf den Grund zerstören, wobei sechstausend Menschen umgebracht wurden. Auch den Bewohnern der phönizischen Inselstadt Tyros erging es nicht besser. Als die Verteidigung zusammenbrach, wurden zweitausend Soldaten gekreuzigt und Zehntausende in die Sklaverei geschickt.

Dem Krieg und dem Abenteuer verfallen

Dem Wein sprach Alexander unmäßig zu. Auf Gelagen, die oft bis in die Morgenstunden dauerten, beging er Unbeherrschtheiten vielfacher Art. Er war viermal verheira-

Ruinen des Palastes von Pella in Makedonien. Philipp II. unterwarf von hier aus weite Teile Griechenlands, Thrakiens und Illyriens. Der Palast, zwischen 370 und 300 v.Chr. entstanden, wurde 1986 ausgegraben

tet, doch bedeuteten ihm Frauen wenig. Leidenschaftlich geliebt hat er seinen Freund Hephaistion, mit dem er gemeinsam erzogen worden ist. Er war musisch, liebte Literatur und Musik. Großmut und Grausamkeit lagen nebeneinander. Er führte die griechisch-hellenistische Welt in neue, völlig unbekannte Regionen. Wie Plutarch berichtet, hat er siebzig Städte gegründet. Er fühlte sich als Herrscher der Welt. Wäre er nicht in jungen Jahren gestorben, hätte er sicherlich versucht, auch die westliche Welt des Mittelmeers zu unterwerfen.

Wie zur damaligen Zeit üblich, hatten Orakel eine große Bedeutung. Alexander machte da keine Ausnahme. Er war zwiespältig: Reale Ziele waren von Irrationalem überlagert – so in Troja, so in Gordion. Und auf dem Weg zur Oase Siva sollen Raben ihm den Weg gewiesen haben. Die Priester des Tempels in der Oase haben ihn dann, worauf er großen Wert gelegt hatte, zum Sohn des Gottes Ammon erklärt – und so wie Ammon mit Widderkopf dargestellt wurde, hat es in der Folgezeit Darstellungen Alexanders mit Widderhörnern gegeben.

In drei Entscheidungsschlachten – am Granikos, bei Issos und bei Gaugamela – vernichtete er das persische Großreich. In Persepolis ließ er Brandfackeln in die Königspaläste werfen, um zu rächen, was Xerxes den Griechen angetan hatte. Gewaltig waren die Schätze, die ihm hier und andernorts zufielen – auch die Soldaten erhielten davon ihren Anteil. Für den von den Persern, also den eigenen Leuten, umgebrachten Großkönig Darius III. ordnete er dagegen ein Staatsbegräbnis an und handelte fortan so, als sei er der rechtmäßige Nachfolger. Der baktrische Satrap Bessos, der Darius hatte ermorden lassen, wurde in Buchara festgenommen. Alexander ließ ihm als Königsmörder nach persischem Ritus Nase und Ohren abschneiden und in Ekbatana auf bestialische Art hinrichten. Der Makedonier nahm nun in zunehmendem Maße persische Sitten an. So versuchte er auch, die kniefällige Art der Königsverehrung, die Proskynese, einzuführen.

Mit seinem mächtig angewachsenen Heer überschritt der Eroberer den Hindukusch. Der Marsch, der über den Kyber-Paß führte, war eine militärisch ungewöhnliche Leistung. Alexander sah dennoch kein Ende seines Feldzugs und wußte auch kaum, wo er sich wirklich befand. Er war der Ansicht, den Nil erreicht zu haben, weil er in Indien Krokodile und Lotosblumen sah. Er war von dämonischer Dynamik und Unruhe getrieben und dem Krieg und dem Abenteuer verfallen. Er wollte bis ans Ende der Welt.

Doch die übermenschlichen Strapazen, der Wochen andauernde Monsunregen, die barbarische feuchte Hitze und unbekannte Krankheiten brachen die Widerstandskraft der Soldaten. Schließlich meuterten sie am Hyphasis, einem Nebenfluß des Indus. Alexander ließ die Anführer hinrichten und wandte sich dann an die Armee. Er fragte, wer wohl in den Kämpfen mehr Narben davongetragen habe als er selbst. »Geht nach Hause!« rief er den Soldaten zu. »Sagt dort, ihr hättet euren König Alexander aufgegeben und ihn den besiegten Barbaren überlassen!« – Da war von Meuterei keine Rede mehr.

Der Hyphasis war der östlichste Punkt, den Alexander erreicht hat. Von hier zog er mit Booten den Indus abwärts bis zur Mündung. Ein Teil der Armee fuhr dann mit über hundert Schiffen durch den Indischen Ozean und den Persischen Golf westwärts. Alexander selbst nahm mit dem größten Teil des Heeres den Landweg. Der Marsch führte durch die Wüste Gedrosien, eine der heißesten Regionen der Welt. Es war ein Todesmarsch: Tausende fielen der mörderischen Hitze zum Opfer, Tausende dem Durst. Die

Das Theater von Vergina, in dem Philipp II. von Makedonien 336 v.Chr. ermordet wurde

Sage berichtet, man habe Alexander Wasser reichen wollen, er aber habe es absichtlich vergossen, da er nicht bessergestellt sein wollte als die anderen. Nur ein Teil des Heeres erreichte – fast wahnsinnig geworden – die Stadt Susa. Alexander wußte, daß Makedonien allein keine Basis für ein Weltreich war. So wollte er Persien als gleichberechtigtes Land in seine Herrschaft mit einbeziehen, zumal er die Perser als den Makedoniern gleichberechtigt ansah. Zum Zeichen dieser Verbindung heiratete er in Susa 324 zwei persische Prinzessinnen, und achtzig seiner Offiziere nahmen Töchter des persischen Adels zu Frauen. Auch einfache Soldaten schlossen solche Ehen – sie gingen in die Tausende. Zu einem wirklichen Völkerverband kam es jedoch nicht. Spannungen vielfacher Art traten auf.

Alexanders Göttlichkeit

Alexander hatte sich auch verändert. Negative Charakterzüge verstärkten sich. Er war reizbarer geworden, selbstherrlicher, unberechenbarer. Er saß auf einem goldenen Thron und zog Vergleiche zwischen sich und Dionysos und Herakles. Er dünkte sich schließlich mehr als ein König. Gegen Ende des Jahres 324 ging er dann so weit, seine Göttlichkeit zu verkünden. Es war Cäsarenwahn.
Alexander wurde maßlos in allem. Als sein Freund Hephaistion nach einem bacchantischen Trinkgelage in Ekbatana starb, brachte er den Arzt, der Hephaistion behandelt hatte, an den Galgen. Danach inszenierte er für seinen Freund die »größte Beisetzung der Geschichte«, die 10 000 Talente gekostet haben soll. Dies geschah in Babylon. Der Historiker Gustav Droysen (1808 bis 1884) schreibt: »Dort erhob sich in fünf Absätzen, bis zu einer Höhe von zweihundert Fuß [etwa sechzig Meter] emporgetürmt, das Prachtgebäude des Scheiterhaufens. Das Ganze leuchtete von Gold und Purpur, von Gemälden und Bildhauerwerken; auf der Höhe des Gebäudes standen Sirenenbilder, von denen herab die Trauerchöre für den Toten erklangen. Unter Totenopfern, Trauerzügen und Kla-

gegesängen ward der Scheiterhaufen den Flammen übergeben.«

Zurück in Susa, ergab sich Alexander immer mehr dem Trunk. Er veranstaltete Zechgelage mit seinen Offizieren, wobei er an einem Abend sieben Liter Wein getrunken haben soll. Kurz darauf bekam er Fieber, das zehn Tage lang wütete. Am elften Tag starb er; es war der 13. Juni 323. Alexander stand im 33. Lebensjahr; er hatte zwölf Jahre und acht Monate regiert. Sein Leichnam wurde nach Ägypten gebracht, wo er in Alexandria, der Stadt, die seinen Namen trägt, in einem goldenen Sarg beigesetzt wurde.

Alexandria wurde nach dem Plan von Alexanders Baumeister Deinokrates im Jahr 331 in einem rechtwinkligen Straßensystem angelegt. Sie galt später als glanzvollste Stadt der Welt nach Rom und erreichte eine Bevölkerungszahl von mehreren hunderttausend Menschen. Anfang des 3. Jahrhunderts v. Chr. wurde dann auf der vorgelagerten Insel Pharos der 110 Meter hohe Leuchtturm gebaut, der erste »Wolkenkratzer« der Architekturgeschichte, eines der Sieben Weltwunder. Etwa zur gleichen Zeit entstand die Alexandrinische Bibliothek mit etwa 900 000 Buchrollen. In der Bibliothek lagerten auch die Schriften der Historiker, die Alexander auf seinem großen Feldzug begleitet hatten. Von besonderer Bedeutung waren dabei die Aufzeichnungen des Hofhistorikers Kallisthenes. Seine Bücher und andere Aufzeichnungen über Alexander sind jedoch beim Brand der Bibliothek im Jahr 48 v. Chr. verlorengegangen. Als wichtigste objektive Quelle gilt daher heute das Buch von Flavius Arrian (2. Jh. n. Chr.).

Phantastische Aufzeichnungen

Ganz andere, romanhafte und legendäre Erzählungen waren dagegen die Darstellung des Kleitarchos – der griechische Geschichtsschreiber lebte, so wird allgemein vermutet, im 3. Jahrhundert v. Chr. – und danach das Buch von Curtius Rufus (1. Jh. n. Chr.). Sammelbecken all dieser phantastischen und kaum noch historischen Aufzeichnungen wurde der Roman »Leben und Taten Alexanders des Makedoniers« aus dem 3. Jahrhundert n. Chr. Der Verfasser, der wohl aus Alexandria stammte, ist unbekannt.

Helmut van Thiel, Professor in Köln, schreibt über das Buch: »Das Publikum des Alexanderromans, dem die einst historischen Namen in ihren mannigfachen Entstellungen und Brechungen wie Zauberworte aus der Welt des Märchens erscheinen mußten, verlangte sehr wenig von den Tugenden eines Historikers, um so mehr von denen eines Fabulierers: Abenteuer und Sensationen, Schilderung fremder Länder und wunderbarer Geschehnisse im buntesten Wechsel. Alles das bot der Alexanderroman. In seinen Erzählungen wuchs Alexanders Andenken zu dem eines übermenschlichen Wesens heran.«

Also könnte man den Verfasser wegen seiner Naivität und groben Unkorrektheiten schelten? Van Thiel meint: »Es wäre jedoch ungerecht, den Autor nach seiner historischen Treue zu beurteilen: Er hat gar nicht nach ihr gestrebt. Ihm kam es auf den Effekt an; er wollte den Leser unterhalten, sonderbare und rührende Begebenheiten erzählen und den Menschen das Walten der Tyche [der griechischen Schicksalsgöttin] vor Augen führen – und dies hat er ohne Zweifel erreicht.«

Im Alexanderroman ist manches aus früheren Sagen eingeflossen, nicht zuletzt aus Erzählungen, die in Ägypten bekannt waren. Nach diesen Legenden mußte ein Thronfolger göttlicher Herkunft sein; demzufolge konnte Philipp nicht Alexanders Vater sein, sondern nur ein Pharao. Nun ist der letzte einheimische Pharao Nektanebos II. gewesen, der von 360 bis 343 regierte; er wurde als Alexanders Vater ausgegeben. Der Sage nach ist er in Gestalt des Gottes Ammon (bzw. einer Schlange) der Mutter Alexanders, Olympias, erschienen.

Der Gott im Schlafgemach

Im Roman sagt Nektanebos zu Olympias: »Du mußt wissen, Herrin, folgendes Zeichen kündigt an, daß der Gott hereinkommt: Wenn du am Abend in deinem Gemach bist, siehst du eine Schlange auf dich zukriechen. Dann befiehl allen, wegzugehen; du aber lösche nicht die Lichter, die ich mit meiner Kunst gemacht habe und die ich dir jetzt gebe, damit du sie zur Ehre Gottes anzünden wirst. Begib dich auf dein königliches Bett und verhülle dein Gesicht und blicke nur verstohlen den Gott an, den du im Traum schon bei dir gesehen hast.«
Am nächsten Tag trat Nektanebos ins Schlafgemach der Olympias, die nur aus den Augenwinkeln hervorspähte. So sah sie den Gott hereinkommen. Die Lichter leuchteten, und Olympias verhüllte ihr Gesicht. Nektanebos legte sein Zepter ab, bestieg ihr Lager und vereinte sich mit ihr.
Aus der Jugend Alexanders wird von seiner Teilnahme an den Olympischen Spielen berichtet. Alexander machte mit

seinem Freund Hephaistion in Pisa, der Landschaft um Olympia, einen Spaziergang, als ihm Nakolaos, der König der Arkananen, begegnete. Dieser sagte, als er erfuhr, daß Alexander am Wagenrennen teilnehmen wollte: »Wie weit doch die Olympischen Spiele herabgekommen sind!« und spie den jungen Alexander an. Dieser wischte den Speichel ab und erwiderte kühl: »Bald werde ich dich besiegen und in deiner Heimat Arkanien gefangennehmen.« Nachdem das Rennen begonnen hatte, fuhren die Wagen mehrfach um die Wendemarke. Dann kamen einige Wagen zu Fall. Alexander überholte Nikolaos und erfaßte mit seiner Achse dessen Wagen. Der Wagen geriet aus der Bahn und stürzte, wobei Nikolaos ums Leben kam. Alexander siegte, worauf der Seher des Zeus zu ihm sagte: »Wie du Nikolaos besiegt hast, wirst du im Krieg viele besiegen.«

Philipp heiratet Kleopatra

Alexander kehrte nach Makedonien zurück, wo sich Philipp von seiner ersten Frau Olympias getrennt hatte und Kleopatra, Schwester des Lysias, heiratete. Dieser sagte zu Philipp: »Jetzt feiern wir deine Hochzeit mit Kleopatra, von der du echtbürtige Kinder haben wirst.« Alexander war darüber empört, so daß er seinen Becher nach Lysia warf und ihn tötete. Philipp sprang auf, richtete sein Schwert gegen Alexander, stolperte aber und stürzte. Da sagte Alexander lachend: »Du willst Asien erobern und Europa bis auf den Grund zerstören und hast nicht die Kraft, einen einzigen Schritt zu tun.« Er entriß seinem

Alexander der Große

Vater das Schwert und richtete alle Gäste übel zu. So sah man Alexander als einen neuen jugendlichen Odysseus, der die Freier der Penelope tötet.

Eines Tages traf Alexander Männer in fremdländischer Kleidung im Palast. Man sagte ihm, es seien Satrapen des Darius, des Königs der Perser. Sie wollten von Philipp den gewohnten Tribut. Alexander fragte: »Wieviel wollt ihr denn?« Sie antworteten: »Hundert Goldkugeln von je zwanzig Pfund.« Alexander darauf: »Ziehet hin zu Darius und sagt ihm: Alexander, der Sohn Philipps, meldet dir: Als Philipp allein war, hat er euch Steuern gezahlt. Jetzt aber hat er einen Sohn, Alexander, und nun gibt es keine Steuern mehr. Vielmehr wird Alexander kommen und auch die Steuern wieder zurückholen, die du empfangen hast.«

Auf seinem großen Feldzug kam Alexander auch nach Kilikien und badete in einem eiskalten Fluß. Er erkältete sich und lag schwer danieder. Sein Arzt namens Philipp wollte ihm ein Heilmittel geben und bereitete es vor. Da erhielt Alexander einen Brief von einem seiner Feldherrn mit Namen Parmenios. Darin stand: »Darius hat dem Arzt Philipp aufgetragen, dich bei günstiger Gelegenheit durch Gift umzubringen. Hüte dich also vor Philipp.« Alexander las den Brief, war aber nicht beunruhigt, denn er wußte, daß Philipp ihm treu ergeben war. Dann kam der Arzt, reichte Alexander die Medizin und sagte: »Trinke, König, und du wirst bald gesunden.« Alexander tat dies und gab danach dem Arzt den Brief. Philipp las ihn und antwortete: »König, jetzt bestrafe den Schreiber des Briefes, Parmenios. Er hat mich nämlich oft überreden wollen, dich zu vergiften. Dafür sollte ich die Schwester des Darius, Dadipharta, heiraten.« Alexander prüfte alles nach und setzte Parmenios ab.

Alexander schreibt seiner Mutter

Nachdem Alexander den persischen König mehrfach besiegt und Darius von Bessos umgebracht worden war, gelangte er in ganz unbekannte Regionen. Seiner Mutter schrieb er darüber...
»Wir gelangten in eine schluchtenreiche Gegend und sahen dort fremdartige Tiere, die wir noch nicht kannten. Dann kamen wir in einen großen Wald mit Bäumen, die Anaphanda genannt wurden und seltene Früchte trugen; es waren Äpfel, so groß wie riesige Kürbisse. In diesem Wald hausten auch Menschen, Phytoi genannt, die vierundzwanzig Ellen groß waren und etwa eineinhalb Ellen lange Hälse hatten und lange Füße; ihre Unterarme und Hälse waren wie Sägen. Als wir uns mit Geschrei und Trompetenlärm auf sie stürzten, flohen sie. Wir erschlugen zweiunddreißig von ihnen, sie aber von uns hundert Soldaten.
Von dort gelangten wir in ein fahles Land, in dem wilde Menschen wohnten, den Giganten gleich, von feuerfarbenem Aussehen wie Löwen. Daneben gab es auch andere, Ochliten genannt, ganz ohne Haare und vier Ellen groß. Sie waren mit Löwenfellen umgürtet, überaus stark und sehr geschickt beim Kampf ohne Waffen. Ich geriet in Furcht, sie könnten uns besiegen, und befahl, den Wald anzuzünden. Da flohen sie. Von unseren Soldaten hatten sie hundertachtzig getötet. Den folgenden Tag beschloß ich, ihre Höhlen aufzusuchen. Dort fanden wir wilde Tiere, wie Löwen, vor ihren Türen angebunden; sie hatten drei Augen. Wir sahen Flöhe herumspringen, so groß wie bei uns die Frösche.
Wir kamen dann an einen Fluß, in dem Bäume standen,

Alexander der Große

die beim Aufgang der Sonne zu wachsen begannen bis zum Mittag; danach wurden sie wieder kleiner, bis sie ganz verschwanden. Sie hatten Harz wie persische Myrrhe und einen herrlichen Duft. Ich befahl, die Bäume aufzuschneiden und mit Schwämmen das Harz aufzufangen. Da wurden plötzlich die Sammler von einem unsichtbaren Wesen gegeißelt. Wir hörten den Schlag der Peitsche und sahen die Schläge auf den Rücken fallen, aber die Schlagenden sahen wir nicht. Eine Stimme erscholl und verbot die Bäume anzuschneiden und den Saft zu sammeln. Und wir hörten: ›Wenn ihr nicht aufhört, wird das ganze Heer die Stimme verlieren.‹ Da verbot ich, die Bäume anzuschneiden.
Darauf erreichten wir einen Ort, an dem Menschen ohne Kopf wohnten. Sie waren behaart und in Felle gekleidet. Sie jagten Seefische und brachten sie uns. Sie überreichten uns auch Pilze, von denen jeder 25 Pfund wog. Meine Freunde rieten nun zur Umkehr. Aber ich wollte das Ende der Welt erreichen.
Dann gelangten wir ans Meer. Da erfand ich einen großen, eisernen Käfig und baute darin ein gläsernes Faß. In den Boden des Fasses ließ ich ein Loch schneiden, so groß, daß es eine Menschenhand durchließ. Ich wollte nun auf den Grund des Meeres tauchen. Unten angelangt, würde ich, das war mein Vorhaben, die Luke öffnen und die Hand hinausstrecken, um so zu erfahren, was ich auf dem Boden des Meeres vorfände. Ich ließ auch eine Kette von 308 Klaftern Länge machen und ordnete an, mich nicht eher hinaufzuziehen, bis die Kette von mir geschüttelt würde.
Ich stieg in das Faß, das durch einen bleiernen Eingang verschlossen wurde. Als ich 120 Ellen tief getaucht war, schwamm ein Fisch vorbei und schlug mit dem Schwanz gegen den Käfig. Da zog man mich hinauf, weil die Kette

erschüttert worden war. Das wiederholte sich noch einmal. Beim dritten Versuch tauchte ich 308 Ellen tief. Ich sah viele Arten von Fischen. Ein ungeheuer großer Fisch packte meinen Käfig mit seinem Maul und schwamm damit zur Wasseroberfläche. Hier zerquetschte er mit seinen Zähnen den Käfig und warf ihn aufs Land. Ich aber sprach zu mir: ›Laß ab, Alexander, Unmögliches zu unternehmen.‹
Nach drei Tagen kamen wir an einen nebelerfüllten Ort. Wir konnten nicht weiter vorrücken, weil die Straße unwegsam war. Am folgenden Tag zog ich mit tausend Bewaffneten weiter, um zu erkunden, ob dort das Ende der Welt sei. Doch uns befiel Furcht, und wir kehrten um. Wir kamen an einen Ort mit einigen Gewässern und einer Quelle, deren Wasser wie ein Blitz strahlte. Die Luft war wohlriechend, und hier war es nicht dunkel. Jetzt verlangte ich vom Koch etwas Nahrung. Der Koch nahm einen Dörrfisch, ging an das klare Wasser der Quelle, um ihn zu waschen. Doch kaum war der Fisch vom Wasser benetzt, wurde er lebendig und entglitt den Händen des Kochs. Der Koch verschwieg mir den Vorfall. Wir alle aber tranken von den anderen Quellen. Weh über mein Mißgeschick. Denn so ist mir nicht beschieden gewesen, an diesem Unsterblichkeitsquell zu trinken, der Tote lebendig macht.
Erneut fragte ich mich, ob dort das Ende der Welt sei und der Himmel sich zur Erde herabsenke. Ich wollte nun die Wahrheit erforschen, und zwar mit sehr großen, weißen Vögeln, die wir sahen. Sie waren stark und zutraulich, flohen nicht bei unserem Anblick. Einige Soldaten stiegen auf ihren Rücken und flogen mit ihnen davon. Ich ließ zwei Vögel einsperren und ihnen drei Tage lang kein Fressen geben. Am dritten Tag ließ ich ein Holz in Form eines Jochs anfertigen und um ihre Hälse legen. Daran tat ich

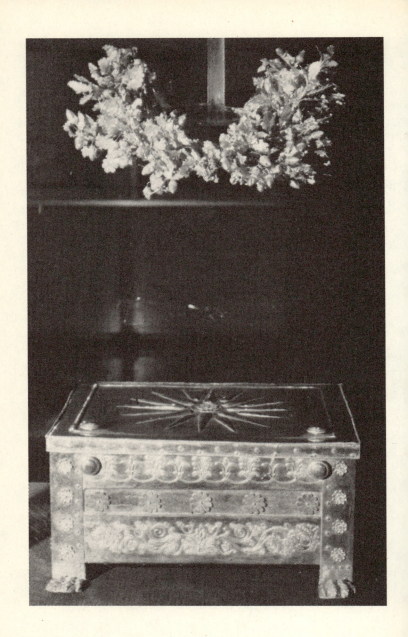

eine Kuhhaut als Korb und stieg in diesen hinein. In der Hand hielt ich einen Speer, sieben Ellen lang, mit einer Pferdeleber an der Spitze. Sofort flogen die Vögel auf, um die Leber zu fressen. Ich stieg mit ihnen in die Luft und meinte bald, dem Himmel nahe zu sein. Ich zitterte am ganzen Körper wegen der übermäßigen Kälte, die durch den Flügelschlag der Vögel entstand. Schließlich kam mir ein geflügeltes Wesen in menschlicher Gestalt entgegen und rief: ›Alexander, du begreifst die irdischen Dinge nicht und strebst nach den himmlischen. Kehre rasch zur Erde zurück, damit du nicht diesen Vögeln zum Fraße wirst!‹ Ich kehrte um und kam nach dem Willen der Vorsehung auf die Erde zurück, sieben Tage weit von meiner Armee entfernt. Ich war völlig erstarrt und halbtot. Ich nahm mir vor, nie mehr Unmögliches zu versuchen.« Soweit der Brief an seine Mutter.

Die Wunder Indiens

Als Alexander in Indien war, sprachen einige Weise zu ihm und sagten: »König, wir haben dir etwas Wunderbares zu zeigen.« Dann führten sie Alexander in einen Garten, wo sich ein Heiligtum der Sonne und des Mondes befand. In

Die in der Grabkammer von Vergina gefundene goldene »Larnax«. Der Deckel trägt den Stern der makedonischen Dynastie. In der Goldtruhe waren die in Purpurgewebe eingehüllten Gebeine Philipps II. Darüber lag ein goldener Kranz aus Eichenlaub

einer Einfriedung standen zwei Bäume, die wie Zypressen aussahen. Beide konnten sprechen, der eine mit männlicher, der andere mit weiblicher Stimme. Die Bäume waren mit Fellen verschiedener Tiere umkleidet, der männliche mit solchen von männlichen Tieren, der weibliche mit solchen von weiblichen. Alexander forschte nach den Eigenschaften der Bäume und hörte: »Wenn am Morgen die Sonne aufgeht, ertönt eine Stimme aus dem Baum, dann wieder, wenn die Sonne im Zenit steht, und zum dritten Mal bei ihrem Untergang. Ebenso ist es beim Mond.« Nun traten Männer zu Alexander und sagten: »Wenn du rein bist, tritt ein und bete. Dann wirst du eine Weissagung empfangen.« Es war aber Sonnenuntergang, und da geschah es: Eine Stimme sprach in indisch aus dem Baum. Die Anwesenden fürchteten sich und wollten das Gehörte nicht übersetzen. Da wurde Alexander nachdenklich und zog die Inder einzeln beiseite. Sie sagten ihm ins Ohr: »König Alexander, du mußt bald sterben, und zwar von der Hand deiner eigenen Leute.« Als der Mond aufging, rief der Baum in griechischer Sprache: »König Alexander, du mußt in Babylon sterben – von deinen eigenen Leuten.«
Von den Wundern Indiens erzählt Alexander in einem »Brief an Aristoteles« ...
»Wir fingen vierhundert Elefanten, die auf dem Rücken Türme mit bewaffneten Schleuderern trugen, und drangen mit Waffengewalt in die Hauptstadt und den Palast des Königs Porus ein. Dort zählten wir an die vierhundert Säulen von ungeheurer Dicke und Höhe, mitsamt den Kapitellen aus reinem Gold. Die Wände waren mit fingerdicken Goldplatten belegt. Ich bewunderte einen Weinstock aus massivem Gold und Silber, der zwischen Säulen hing, mit Blättern aus Gold und Trauben aus Kristall im Wechsel mit Smaragden. Die Schlafgemächer und Betten waren

mit Perlen und Karfunkeln geschmückt, die Türflügel aus glänzendem Elfenbein. Außen an der Palastwand schwirrten unzählige Arten bunter Vögel in goldenen Platanen umher. Dazu fanden wir viele Trinkgefäße und Schöpfbecher aus Edelsteinen, Kristall und Bernstein.
Später lagerten wir andernorts im Feld. Doch bei den ersten Strahlen des aufgehenden Mondes strömten auf einmal mit aufgerichteten Stacheln am Hinterleib unzählige indische Skorpione an unserem Lager zusammen. Diesen Ungeheuern folgte eine unermeßliche Schar verschiedenartiger Hornschlangen und Sandvipern. Einige hatten rote Schuppen, andere waren von schwarzer und weißer Farbe, andere glänzten wie Gold. Überall zischte es, und die Tiere flößten uns keinen geringen Schrecken ein. Wir besetzten die Lagergrenzen dicht mit Schilden und hielten Lanzen in der Hand, mit denen wir die üblen Untiere durchbohrten. In der dritten Nachtstunde krochen Schlangen mit zwei und drei Köpfen zum Wassertrinken aus den nahen Berghöhlen hervor, mit schuppiger Brust den Boden zerreibend. Ihre Köpfe waren hoch aufgerichtet, ihre Zungen dreigespalten, ihr Schlund weit aufgerissen; ihre Augen funkelten giftig, und ihr Odem war verderbenbringend. Mit ihnen kämpften wir länger als eine Stunde und verloren 30 Sklaven und 20 Soldaten. Nach den Schlangen kamen Krebse in unermeßlicher Zahl zum Lager, die wie mit Krokodilhäuten überzogen waren. Diesen Untieren war wegen des harten Panzers mit eisernen Waffen nicht beizukommen. Viele verbrannten in den Feuern.
Wir waren noch nicht zum Schlafen gekommen, da tauchten Löwen von fahler Farbe auf, die an Größe mit Stieren vergleichbar waren; sie griffen uns mit ungeheurem gekrümmten Nacken und aufgerichteter Mähne blitzschnell an und stürzten in die vorgehaltenen Lanzen. Dann griffen

uns Eber an von ungeheurer Größe, mit Borsten, die emporstarrten wie Pallisaden, zwischen ihnen fleckige Luchse und Tiger und schreckliche Panther, mit keinem Verderben vergleichbar. Dazu stürzte sich eine ungeheure Schar von Fledermäusen, so groß wie Tauben, auf uns. Sie hatten Zähne wie die von Menschen.
Darauf gelangten wir zu den äußersten Wäldern Indiens. Da kamen ungeheure Herden von Elefanten auf uns zu. Ich befahl unseren Reitern, auf die Pferde zu steigen und Schweine mitzunehmen, deren Grunzen, wie ich wußte, Elefanten erschreckt. In der ersten Reihe ritten Reiter mit Trompeten. Ich selbst rückte mit König Porus aus und sah, wie die Scharen der Elefanten mit erhobenem Rüssel auf uns losstürmten. Ihre Rücken waren schwarz und weiß und rot, einige auch gescheckt. Die Elefanten waren jedoch durch die Trompeten und das Grunzen der Schweine so entsetzt, daß sie in die Wälder flüchteten. Wir töteten 980, indem wir ihnen die Sehnen der Beine durchschlugen. Dann brachen wir ihnen die Stoßzähne aus.«

Die Gymnosophisten

Zum Alexanderroman gehört auch eine Episode, die auf hellenistische Sophistik zurückgeht, auf die Kunst der Scheinbeweise und Scheinbeschlüsse, und auf indisch-vedische Rätselerzählungen. Es ist der Bericht von den sogenannten Gymnosophisten. Diese haben wirklich existiert, und griechische Historiker haben sich mit ihnen befaßt. Es waren indische Asketen, eine Klasse der Brahmanen, die nackt in den Wäldern lebten und sich von Früchten ernährten. Sie widmeten sich dem Gebet, hatten eine strenge Lebensweise, waren Propheten und verehrten die Natur. Der berühmteste war Kalanos, der im Gefolge Alexanders gereist ist und sich schließlich, wie die Regeln der Sekte vorschrieben, selbst verbrannte.

Die Sage von den Gymnosophisten wird unterschiedlich berichtet. Nach der interessantesten Version haben zehn Asketen ihrem König geraten, gegen Alexander Widerstand zu leisten. Sie werden jedoch gefangengenommen und sollen hingerichtet werden. Vorher legt Alexander ihnen unlösbare Fragen vor und sagt, er werde jeden sofort töten, der nicht richtig antworte. »Einen von euch werde ich darüber urteilen lassen; er soll euer Richter sein; urteilt er falsch, wird er als erster getötet.«

Alexander fragt nun den ersten, ob die Lebenden oder die Toten zahlreicher seien. Antwort: »Die Lebenden. Denn es ist nicht möglich, daß diejenigen, welche nicht sind, mehr sind als diejenigen, welche sind.« Der zweite wird gefragt, ob die Erde oder der Ozean mehr Tiere ernähre. Antwort: »Die Erde, denn das Meer ist Teil der Erde.« Der dritte soll sagen, welches das verschlagenste Tier sei. Antwort: »Dasjenige, das kein Mensch kennt.« Eine weitere Frage lautet: »Ist der Tag oder die Nacht früher entstanden?« Antwort: »Der Tag, um eine Nacht früher.« Und: »Was muß man tun, um Gott zu werden?« Antwort: »Man muß das vollbringen, was für einen Menschen unmöglich ist.« So und ähnlich lauten auch die anderen Fragen und Antworten.

Als schließlich der Asket übriggeblieben ist, der über alle urteilen soll, fragt Alexander ihn nicht, wie vorher gesagt, danach, wer falsch erwidert, sondern wer am schlechtesten geantwortet habe. Der Inder sagt, einer habe immer schlechter geantwortet als der Vorgänger. Darauf Alexan-

der: »So werdet ihr alle sterben und du nach deinem Urteil als erster.« – »Nicht doch«, meint der Asket. »Du hast versprochen, den Richter freizugeben, wenn er richtig antwortet. Ich habe zwar am schlechtesten geantwortet und müßte also als erster sterben. Aber was ich gesagt habe, ist richtig. Du mußt mich also freilassen. Da nun keiner vor mir sterben darf, wie du gesagt hast, müssen alle freigelassen werden.« So geschah es.
Diese Erzählung ist insofern interessant, als sie nicht übereinstimmt mit der Verherrlichung Alexanders, die sonst in Alexanderromanen weitgehend vorherrscht und auch die Jahrhunderte hindurch befolgt wurde. Sie schildert zwar den makedonischen König als Sieger der Schlachten, aber geistig sind die Gymnosophisten ihm überlegen.

»Geh mir aus der Sonne!«

Ähnlich verhält es sich mit einem Bericht Plutarchs. Dieser erzählt von einem Zusammentreffen Alexanders mit dem Philosophen Diogenes, der aus der Hafenstadt Sinope am Schwarzen Meer stammte und 323 v. Chr. in Korinth gestorben ist. Er zog als Wanderlehrer umher und zeichnete sich durch Schlagfertigkeit aus. Als Alexander ihn traf, lag Diogenes in der Sonne und richtete sich nur ein wenig auf, als er Alexander sah. Als dieser ihn fragte, ob er eine Bitte habe, antwortete Diogenes: »Nur eine kleine: Geh mir aus der Sonne!« Das hat auf Alexander Eindruck gemacht. Während die Leute ringsum lachten, sagte er: »Wäre ich nicht Alexander, so wollte ich Diogenes sein.«

Alexander der Große

Was immer über Alexander erzählt worden ist, die Darstellungen haben stets größtes Interesse gefunden. Der deutsche Forscher Phister schreibt: »In der gesamten Weltliteratur gibt es keine geschichtliche Persönlichkeit, die die gleiche bedeutsame Rolle spielt und die so oft und so vielgestaltig in Geschichtsbüchern, Epen, Romanen und Legenden, Liedern und dramatischen Dichtungen, in frommen Erbauungsbüchern und in prophetischen Offenbarungen dargestellt wurde.« In mehr als dreißig Sprachen ist in drei Kontinenten über ihn berichtet worden, und stets ging es um die sagenhafte Darstellung.
Darüber hinaus wird Alexander nicht nur im Alten Testament genannt, sondern findet auch, als Prophet, im Koran Erwähnung. So hat schließlich weit über tausend Jahre die romanhafte Schilderung vorgeherrscht. Erst als alte Quellen wiederentdeckt, neu durchforscht und Maßstab wurden, ergab sich ein anderes, ein zutreffenderes Bild. Der Münchner Professor Herman Bengtson meint: »Um dieses Alexanderbild bemüht sich die Forschung seit mehr als vierhundert Jahren, und sie steht immer noch nicht am Ende, im Gegenteil, man kann sagen, daß jeder Forscher seinen eigenen Alexander hat.«

nächste Doppelseite: Fast sechs Meter lang und über drei Meter breit ist das Mosaik, das in Pompeji gefunden wurde und Darius III., den Großkönig von Persien, im Kampf gegen Alexander zeigt. Es befindet sich heute im Nationalmuseum von Neapel. Hier ein Ausschnitt

Alexander als Vorbild

Alexander ist in römischer Zeit oft Vorbild gewesen, so für Crassus, Pompejus, Caesar, Nero, Trajan und vor allem für Septimius Severus und Caracalla. Caracalla (188 bis 217) fühlte sich gar als zweiter Alexander. Er nannte eine Abteilung seiner Truppen »Phalanx Alexander« und bewaffnete sie in makedonischer Art, kleidete sich makedonisch und ließ Bilder herstellen, auf denen er die Züge Alexanders hatte. Doppelgesichtige Büsten zeigten denn auch auf der einen Seite ihn und auf der anderen Alexander.
Besonders im Mittelmeerraum trifft der Reisende in zahlreichen Museen auf Skulpturen des Makedoniers. In Pompeji fanden Ausgräber 1831 im »Haus des Fauns« ein fast sechs Meter langes und über drei Meter breites Mosaik – jenes berühmte Bild, das Alexander im Kampf mit Darius zeigt. Auf dem heute im Nationalmuseum von Neapel befindlichen Mosaik sind Einzelheiten der drei großen Schlachten gegen die Perser vereinigt.
Andere Darstellungen weist der sogenannte Alexandersarkophag im Antikenmuseum von Istanbul auf. Der riesige Marmorsarkophag, in dem Alexander allerdings nicht beigesetzt worden ist, stammt aus den Jahren 330 bis 320 v. Chr. und wurde 1887 n. Chr. unversehrt in der Begräbnisstätte der Könige von Sidon entdeckt. Auf den Längsseiten ist Alexander dargestellt, einmal im Kampf gegen die Perser, das andere Mal auf der Löwenjagd. Der sorgfältig gearbeitete Sarkophag, auf dem noch Spuren der Bemalung sichtbar sind, gilt als Meisterwerk antiker Kunst.
Auf einem Fußbodenmosaik der Kathedrale von Otranto im südlichen Apulien aus dem Ende des 11. Jahrhunderts n. Chr. ist neben Tieren und Fabelwesen, neben Kain und

Abel und Noah, neben dem sagenhaften König Arthur auch Alexander abgebildet. Er wird von zwei Greifen in die Lüfte getragen. Es ist des Makedoniers Himmelfahrt aus der Alexandersage.

Erstaunlich sind andere Nachwirkungen der Alexanderzeit, zum Beispiel Bauten in der Osttürkei, die zur hellenistischen Epoche zählen und von Nachfolgern Alexanders errichtet wurden. So findet sich auf dem über zweitausend Meter hohen Nemrud Dag die imponierende Kultstätte des Königs Antiochos I., dem Herrscher von Kommagene, der im 1. Jahrhundert v. Chr. gelebt hat. Vor und hinter einem Tumulus von fünfzig Metern Höhe stehen riesige Steinskulpturen von Göttern und eben von jenem Antiochos, der seinen Stammbaum unter anderem auf Alexander den Großen zurückführt.

Noch weiter ostwärts führen ebenfalls Spuren. Als wir auf einer unserer Reisen im Himalaja die Ruinen Skankara Varman aufsuchen, erkennen wir an dem ehemaligen Tempel eindeutige hellenistische Stilelemente, Merkmale aus der Zeit, als der Hellenismus mehr oder weniger stark Nordwestindien beeinflußt hat. So zeigt das während der Gandhara-Zeit entstandene Buddha-Bild deutlich griechisch-hellenistische Züge. Eindrucksvolle Skulpturen dieser griechisch-buddhistischen Kunst fanden wir schließlich in den »Staatlichen Museen Berlins« und vor allem im »Musée Guimet« in Paris.

Alexander hat, lange über seinen Tod hinaus, bis zum »Rand der Welt« – viele tausend Kilometer von seiner Heimat entfernt – Spuren hinterlassen wie kein anderer Herrscher. Das ist auch der Hintergrund, auf dem der Alexanderroman entstand. Doch der Roman weicht entscheidend vom realen Geschehen ab. Zu Recht behauptet darum der Tübinger Rhetorikprofessor Egidius Schmalzriedt: »... die in den europäischen Literaturen so fruchtbare Alexandersage, in der der historische Kern bis zur Unkenntlichkeit von legendären Elementen überwuchert wurde, ist ein Musterbeispiel dafür, daß zwar aus Geschichte Geschichten werden können, aber niemals aus diesen Geschichten Geschichte als wissenschaftliche Erkenntnis.«

Hero und Leander, Helle und Phrixos sowie die Argonauten

Sagenhafte Meerengen

»Die Legenden der Geschichte sind mächtiger als die Wahrheiten.«

Joachim Fest

Im Altertum hieß die Meerenge, die sich vom Marmarameer südwestlich ins Mittelmeer hinzieht, Hellespont, benannt nach der griechischen Sagenfigur Helle. Der heutige Name Dardanellen geht auf die antike Stadt Dardanos zurück, die am Südwestufer der Meerenge lag.
Die Dardanellen, ein untergetauchtes Flußtal, werden auf europäischer Seite von den über dreihundert Meter aufsteigenden Bergen der Halbinsel Gallipoli begrenzt und am asiatischen Ufer von den Hügeln des kleinasiatischen Festlandes. Die Ränder, vornehmlich die Halbinsel Gallipoli, sind landschaftlich reizvoll. Die Vegetation ist mittelmeerisch geprägt mit Olivenbäumen, einigen Baumwollfeldern, besonders aber mit Kiefernwäldern und Macchia, den meterhohen Gebüschformationen aus Baumheide und Hartlaubgehölzen. Noch gibt es Reste der Sultanschlösser an der Öffnung der Dardanellen zum Ägäischen Meer.
Die 65 Kilometer lange und rund 1 bis 7 Kilometer breite Meerenge hat eine beträchtliche Oberströmung aus dem Marmara- ins Mittelmeer und eine salzige Unterströmung

Die Simplegaden, die »Klappfelsen«, am Bosporus

in umgekehrter Richtung. Das Wasser erreicht eine Tiefe von 50 bis 100 Metern. Unter den zahlreichen Meerengen – der Straße von Gibraltar, von Messina, von Hormuz, Bab el Mandeb oder der Straße von Dover – zählen die Dardanellen mit dem Bosporus zu den Wasserstraßen von erstrangiger geopolitischer Bedeutung. Das war immer so – bei Persern, Griechen, Makedoniern, Franken, den Byzantinern oder den Osmanen. Um die Meerengen wurden Kämpfe ausgetragen. Die letzte große Auseinandersetzung war 1915, bald nach Beginn des Ersten Weltkrieges. Großbritannien und Frankreich wollten mit der Eroberung von Istanbul, der damaligen Hautpstadt der Türkei, dem Weltkrieg eine entscheidende Wende geben. Doch den Türken gelang es mit deutscher Hilfe, die Angriffe zurückzuschlagen. Noch finden sich Spuren der Kämpfe im Südteil der Halbinsel Gallipoli. In einem kleinen Museum wird der Krieg auf Karten und Bildern, mit Zeitungsausschnitten oder in Büchern veranschaulicht, auch mit Funden aus jener Zeit.
Es werden Splitter von Granaten der Schiffsgeschütze und der Kanonen der Landbefestigungen gezeigt.

Tausende von Gräbern

Noch gibt es Trichter vom Einschlag der Granaten im Gelände. In Chunuk Bair wurden Schützengräben in den alten Zustand versetzt. Gräber überziehen Hügel und Felder – Hunderte, Tausende von Gräbern. Denkmäler der verschiedenen Nationen, die an den Kämpfen teilnahmen,

Sagenhafte Meerengen 332

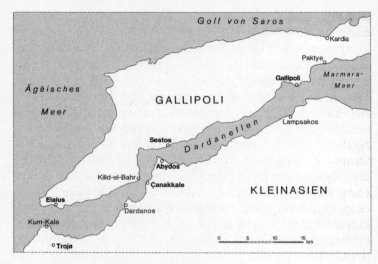

Sagenumwoben ist diese Gegend in Kleinasien

wurden errichtet, Denkmäler der Briten, Australier, Neuseeländer und Franzosen. Beherrschend ist der mächtige Vier-Pfeiler-Bau der Türken.

Es war eine gewaltige See- und Landschlacht, für die in London Pläne schon in den Jahren 1904 bis 1911 ausgearbeitet worden waren. Eine Million Soldaten und eine gewaltige Flotte, darunter zahlreiche Kreuzer und Schlachtschiffe, nahmen teil. Die Verluste waren außerordentlich. Großbritannien und seine Verbündeten verloren wegen mangelnder Führung, falscher Taktik, fehlender Überraschungsmomente, Unerfahrenheit der Truppen und zu geringen Munitionsbeständen. Die Türken gewannen unter

dem Oberbefehl des deutschen Generals Otto Liman von Sanders. »Der Sieg hatte große psychologische Auswirkungen; in der Welt verbreitete sich der Eindruck, die Alliierten seien militärisch unfähig«, schreibt die »Encyclopaedia Britannica«.
Siebzig Jahre nach der Schlacht, am 25. April 1985, trafen sich auf der Halbinsel Galipoli britische, australische und neuseeländische Überlebende mit ehemaligen türkischen Soldaten. Der Älteste der Teilnehmer war 94 Jahre. Die Veteranen umarmten sich, tauschten Bruderküsse und hatten die Grausamkeiten vergangener Tage vergessen, an denen sogar mit dem Bajonett gefochten worden war. 1990 kam es zu einem weiteren Treffen der Veteranen.
Heute werden von der Stadt Çanakkale aus Besichtigungsfahrten zu den Schlachtfeldern unternommen. Auf einem der Grabsteine – für den australischen Soldaten G. R. Seager, der am 7. August 1915 im Alter von siebzehn Jahren gefallen ist – lesen wir: »Er starb als Mann und beschloß sein kurzes Leben, kaum, daß es begonnen hatte.«

Alexander war hier

Gekämpft worden ist hier schon vor Jahrtausenden. Der Achäer (Grieche) Protesilaos landete angeblich in dieser Region mit vierzig Schiffen, um am Krieg gegen Troja teilzunehmen. Dies müßte, wenn der Krieg keine Legende ist, in der Mitte des 13. Jahrhunderts v. Chr. gewesen sein. Protesilaos besiegte mehrere Gegner und fiel im Kampf gegen Hektor. Sein Grab ist lange Zeit im Süden der Halbinsel

Sagenhafte Meerengen　　　　　　　　　　　　　　　　　334

Chersones (Gallipoli), nahe der damaligen Stadt Elaius, zu sehen gewesen. Protesilaos ist als Held verehrt worden. Zu seiner Grabstätte haben Heilungsuchende Wallfahrten unternommen. Auch wurden hier Orakelsprüche verkündet. Dadurch gewann das Heiligtum manche Reichtümer. Als Alexander der Große im Frühjahr 334 v. Chr. an den Hellespont kam, opferte er am Grab, um nicht dasselbe Schicksal wie Protesilaos zu erleiden.
Danach bestieg Alexander sein königliches Schiff und ließ sich an das gegenüberliegende, das asiatische Ufer rudern. In der Mitte der Meerenge, die hier etwa vier Kilometer breit ist, griff er zu einer mit weingefüllten goldenen Schale, trank daraus zu Ehren des Poseidon, dem Gott des Meeres, und schleuderte den Pokal in die See. Nicht genug des Schauspiels, folgte darauf ein weiteres. Als die Triere Alexanders das Ufer erreichte, stand der makedonische König in funkelnder Rüstung und mit flatterndem Helmbusch am Bug des Schiffes und warf seinen Speer an den Strand. Es war das Zeichen der Landnahme, das Symbol dafür, daß der erst Einundzwanzigjährige den asiatischen Kontinent als sein Territorium beanspruchte. Damit Nachkommen der Geschlechter sich dieses Tages erinnerten, ließ Alexander an der Stelle einen Altar errichten, an der seine Lanze den Boden traf.
Der junge König zog weiter zum Burghügel von Troja. Er war fasziniert von der legendären Stadt, von ihrer Geschichte, von den Kämpfen. Er hatte Homers »Ilias« immer bei sich und las sie stets erneut voll Begeisterung. In Troja suchte er den Tempel der Athene auf, weihte seine Waffen der Göttin und tauschte seinen Schild gegen einen anderen, von dem es hieß, es sei Achills Schild gewesen. Wie der antike Schriftsteller Arian, der im 2. Jahrhundert n. Chr. gelebt hat und die Hauptquelle für das Leben Alex-

anders ist, schreibt, zog der Makedonier dann zu einem Grabhügel, von dem behauptet wurde, es sei das Grab Achills. Hier legte er einen Kranz neider und sagte, welch glücklicher Mensch doch Achill gewesen sei, »da er einen Homer hatte, der seine Taten verkündete«.

Während Alexander Troja (Ilion) besuchte, setzte sein Heer über die Meerenge. Der nicht einfache Übergang wurde von Alexanders erfahrenem General Parmenion geleitet. Hätten die Perser erkannt, was sich da entwickelte, und hätten sie ihre Flotte eingesetzt, so wäre Alexanders Feldzug zu Beginn gescheitert. Aber ein persischer Angriff unterblieb. So konnte der Übergang unbehelligt durchgeführt werden.

Das Übersetzen des Heeres fand nicht an der schmalsten Stelle des Hellespont statt, die zwischen den heutigen Orten Çanakkale auf asiatischer und Kilid-el-Bahr auf der anderen Seite liegt. Hier beträgt die Entfernung zwar nur rund 1300 Meter, aber die Strömung ist ungewöhnlich stark. Der Übergang erfolgte darum andernorts, und zwar bei dem europäischen Ort Sestos. Von hier aus erreichten die Schiffe das südlich gelegene Kap von Abydas auf asiatischer Seite. Die Strömung beträgt auf dieser Route nur 2,8 Kilometer in der Stunde, die Entfernung ist allerdings fast 2 Kilometer.

Alexander hatte 160 Trieren und zahlreiche Lastschiffe eingesetzt, um seine 30 000 Soldaten zu Fuß sowie die 5000 Reiter mit ihren Pferden überzusetzen, was Tage in Anspruch nahm. Der Übergang war sorgfältig vorbereitet worden. Fachleute wußten, wo und wie die Schiffe einzusetzen waren. Es geschah auch nicht das erste Mal, daß hier ein großes Heer von einem Ufer zum anderen gelangte. 146 Jahre zuvor – 480 v. Chr. – hatte der persische Großkönig Xerxes, der Sohn des Darius, an derselben

Stelle, aber in umgekehrter Richtung, eine Armee übergesetzt. Er hatte eine Brücke schlagen lassen.

Xerxes straft den Hellespont

Für den Brückenbau wurden insgesamt 640 Schiffe benötigt. Sie waren verankert und durch Taue miteinander verbunden. Bretter, darüber gelegte Erde und Schutzwände zu beiden Seiten bildeten gesicherte Überwege. Alles schien gut vorbereitet. Doch ein mächtiger Sturm kam auf und zerstörte die Brücke. Xerxes war maßlos ergrimmt und ließ den Hellespont, den er sich personifiziert vorstellte, »hart bestrafen«.
Herodot schreibt: »Xerxes befahl, den Hellespont durch dreihundert Geißelhiebe zu züchtigen, auch ein paar Fußfesseln ins Meer zu werfen. Ja, man berichtet, daß er auch Henkersknechte geschickt habe, um dem Hellespont Brandmale aufzudrücken. Sicher ist nur so viel, daß er den Auftrag gegeben hat, den Hellespont mit Ruten zu peitschen und die rohen, gottlosen Worte zu sprechen: ›Du, bitteres Wasser! So züchtigt dich der Gebieter, weil du ihn gekränkt hast. König Xerxes wird über dich hinweggehen, ob du willst oder nicht. Wie recht geschieht dir, daß kein Mensch dir Opfer bringt, dir schmutzigem, salzigem Strom!‹ – So ließ er das Meer züchtigen, und den Aufsehern des Brückenbaus wurde der Kopf abgeschlagen. Die Henker mußten es tun, denen dieses traurige Amt oblag. Dann bauten andere Baumeister neue Brücken.« – In sieben Tagen und sieben Nächten erfolgte nun der Übergang.

Für den Schiffsverkehr zwischen beiden Ufern war und ist eine Querströmung von Bedeutung. Sie entsteht dadurch, daß ein Teil des Wassers aus dem Marmarameer nördlich Abydos auf die vorkragende Küste stößt, von dort zurückgeworfen wird und in den Hauptstrom einmündet, der dann zum europäischen Ufer führt. Diese Strömungen waren im Altertum bekannt. Der Wasserweg durch die Dardanellen war auch durch zwei Leuchttürme gekennzeichnet, der eine in der Nähe von Sestos, der andere nahe Abydos, wie der griechische Geograph Strabon (63 v. bis 26 n. Chr.) berichtet. Strabon nennt den Leuchtturm auf dem europäischen Ufer, der noch in den ersten nachchristlichen Jahrhunderten zu sehen war, »Hero-Turm«.
In heutiger Zeit stehen an diesen für die Schiffahrt so wichtigen Punkten erneut Leuchtfeuer.

Hero war Priesterin der Aphrodite

Im Altertum gab es zwischen den beiden Orten Abydos und Sestos regen Verkehr und lebhaften Austausch. Die Menschen auf beiden Ufern kannten sich. Vor diesem Hintergrund und in Verbindung mit einer Liebesgeschichte, die sich tatsächlich zugetragen haben mag, entstand im 3. Jahrhundert v. Chr. eine der romantischsten Erzählungen der Antike, die Sage von Hero und Leander. Einige Verse der alten dichterischen Behandlung sind überliefert. In Rom benutzte später Ovid die Vorlage als Stoff für zwei leidenschaftliche Briefe der Liebenden. Eine ausführliche Form der Romanze ist aus dem 5. Jahrhundert n. Chr.

überliefert, verfaßt von dem griechischen Dichter Musaios. Nach dieser recht sentimentalen Vorlage war Hero Priesterin der Aphrodite in Sestos und Leander ein junger Mann aus Abydos. Bei Musaios heißt es:

> *Hero, das liebliche Mädchen, edlen Blutes entsprossen,*
> *wohnte droben im Turm, der jäh aufragt am Meeresstrand.*

Leander lernte sie auf einem Fest zu Ehren der Aphrodite kennen:

> *Dorthin sah man zum heiligen Tag Scharen um Scharen eilen...*
> *Von den Nachbarn blieb keiner fern dem Fest,*
> *keiner aus Phrygien, kein Bürger aus dem nahen Abydos*
> *und sicher kein junger Mann, der gern ein Mädchen sieht.*

Auf dem Fest begegnete Leander der schönen Hero:

> *Von Liebe bedrängt war er unbekümmerten Mutes.*
> *Leise schlich er heran und trat der Jungfrau entgegen,*
> *sah ihr verstohlen ins Auge mit lockendem Blick*
> *und gewann ihr Herz.*

Hero zu Leander:

> *Dort ist mein Haus im Turm, der umstürmt zum Himmel ragt.*
> *Darin wohne ich und habe eine einzige Dienerin bei mir,*
> *draußen vor Sestos' Stadt an der wogenumfluteten Küste.*
> *Ich habe nur die See als Nachbarn.*

Leander darauf:

> *Mädchen, aus Liebe zu dir, will ich das feindliche Meer durchqueren,*
> *wenn auch die Flut mich umstürmt und niemand zur Fahrt sich hinauswagt.*
> *Gewinne ich deine Umarmung, so fürchte ich nicht die Stürme,*
> *auch nicht das tosende Meer...*
> *Nur laß ein Licht mir leuchten im Dunkeln am ragenden Turm.*

Leander schwamm jede Nacht von Abydos nach Sestos, erstieg den Turm, begrüßte leidenschaftlich die Geliebte

> *... und löste sogleich ihr den Gürtel.*
> *Und sie begannen die Bräuche, die Aphrodite verordnet:*
> *Es war eine Hochzeit ohne Reigen, ein Brautbett ohne Lieder.*

Der Winter kam. Stürme peitschten den Hellespont bei strömendem Regen. Kein Schiff befuhr mehr die Meerenge. Leander trotzte dem Wetter und schwamm dem Leuchtturm von Sestos entgegen. Aber der Sturm löschte das Licht, Leander wurde an die Klippen geschleudert. Als Hero am Morgen den Geliebten tot am Ufer fand, stürzte sie sich ins Meer.
So waren beide vereint im Tod.
Das Kurzepos war im Altertum ungewöhnlich beliebt. Es gab Nacherzählungen in griechischer und lateinischer Literatur. Zahlreich waren die Abbildungen. Skulpturen entstanden. Hero und Leander wurden auf Gemmen abgebildet. Wandgemälde aus dem Haus der Vettier in Pom-

peji (1. Jh. n. Chr.) sind erhalten geblieben und Münzen aus Sestos und Abydos mit dem Liebespaar.
Auch im Mittelalter und danach ist die Romanze nicht vergessen worden. Es gab ein mittelhochdeutsches und ein mittelniederländisches Gedicht. Im 15./16. Jahrhundert entstand das Volkslied:

> *Es waren zwei Königskinder,*
> *die hatten einander so lieb;*
> *sie konnten zusammen nicht kommen,*
> *das Wasser war viel zu tief.*

Hans Sachs, der Meistersinger und Dichter aus Nürnberg, befaßte sich mit dem Stoff. Auch englische, spanische und französische Dichter griffen ihn auf. 1801 schrieb Schiller darüber eine Ballade:

> *Und es wächst des Sturmes Toben*
> *hoch, zu Bergen aufgehoben,*
> *schwillt das Meer, die Brandung bricht*
> *schäumend sich am Fuß der Klippen...*

Ferner verfaßte Grillparzer 1831 »Des Meeres und der Liebe Wellen«. Es wurden sogar Opern über Hero und Leander geschrieben.

Byron durchschwamm die Dardanellen

Auch der Engländer Lord Byron (1788 bis 1824) fand Gefallen an der antiken Vorlage. Der britische Dichter war eine zwiespältige Natur: Von der englischen Gesellschaft wurde er gemieden, in Deutschland zu Lebzeiten überschätzt. Er sagte von sich, er bereue nicht die wenigen Sünden, die er begangen, sondern die vielen, die er nicht begangen habe.
1810 kommt er in die Türkei. Am 14. April ist er an den Dardanellen. Am 8. Mai schwimmt er zusammen mit dem englischen Leutnant Enkenhead von Sestos nach Abydos. In einem Brief an seinen Freund Drury schreibt er nach diesem Abenteuer: »Heute nacht bin ich von Sestos nach Abydos geschwommen. Die eigentliche Entfernung beträgt nicht mehr als eine Meile, aber die Strömung macht es zu einem gewagten Unterfangen... Ich habe es schon vor einer Woche versucht, und es ist mißglückt – wegen des Nordwindes und der erstaunlichen Geschwindigkeit der Strömung –, obwohl ich von Jugend an ein tüchtiger Schwimmer war. Aber heute morgen war es ruhiger, es ist gelungen, ich habe den ›breiten Hellespont‹ in einer Stunde und zehn Minuten überquert.« – Diese sportliche Leistung hat Byron höher bewertet als seinen schriftstellerischen Ruhm. Er verfaßte auch ein Gedicht über seine Überquerung der Dardanellen: »Als ich von Sestos nach Abydos geschwommen war«.
Bei unserem Besuch der Meerenge wollten wir die Stelle aufsuchen, an der die Strömung auf das vorkragende asiatische Festland trifft und dann zum gegenüberliegenden Ufer abgelenkt wird. Wir kamen von Kilid-el-Bahr auf der Halbinsel Gallipoli und setzten mit der Fähre nach Çanak-

kale über, das heißt, wir durchfuhren die engste Stelle der Dardanellen, wo die Strömung besonders ausgeprägt ist. Von Çanakkale nahmen wir die Straße nach Norden – doch wir kamen nicht weit. Wir gelangten zu einer militärischen Sperre. Dahinter sind wichtige Befestigungsanlagen mit weittragenden Geschützen, die die westlichen Dardanellen bestreichen können und schon im Ersten Weltkrieg von Bedeutung waren. Wir wichen nach Osten aus, bogen dann nach Norden ab und konnten von den dortigen Hügeln Einblick nehmen in die Region, die in der Antike eine so wichtige Rolle gespielt hat. Mit einem 200-mm-Objektiv machten wir Aufnahmen von dem langgestreckten Hügel, der sich zum Wasser hinzieht, von dem Küstenstreifen davor und den Dardanellen mit dem europäischen Ufer als Hintergrund. Hier hat der persische König Xerxes seine Pontonbrücke gebaut und hat Alexander sein Heer übergesetzt. Hier haben die Leuchttürme gestanden, die den Schiffen den Weg durch die Meerenge wiesen, und hier ist auch die Stelle, von der aus – der Sage zufolge – Leander jeden Abend zum gegenüberliegenden Ort Sestos geschwommen ist.

Die Dardanellen, wie auch der Bosporus, waren von jeher ein Lehrstück für die Kriegsführung. Einmal ging es um den Wasserweg durch die Meerengen, dann aber auch um den Landweg von einem Kontinent zum anderen. Von besonderer Bedeutung waren dabei die engsten Wasser- und Landstellen. Auf der Halbinsel Chersones war die engste Stelle bei Paktye. Hier hat schon der Athener Miltiades der Ältere, Tyrann von Chersones, zu Beginn des 6. Jahrhunderts v. Chr. eine Verteidigungsmauer von Paktye nach Kardia gezogen, um damit die Halbinsel gegen Einfälle von Norden abzuschirmen. Auch heute zieht sich eine Befestigungslinie von Küste zu Küste.

Der geflügelte goldene Widder

An solchen besonders »sensitiven« militärischen Plätzen haben häufig auch Sagen eine Rolle gespielt. Das ist nicht zufällig. So gab es im Altertum bei Paktye einen Tumulus, der als Grab der Helle, einer Figur der griechischen Sage, bezeichnet wurde. Herodot ist dieser Grabhügel durchaus bekannt gewesen. Er spricht von dem Tumulus, als er den Zug des Xerxes nach dem vollzogenen Übergang über den Hellespont schildert. Der Grieche läßt uns wissen, das Heer sei ostwärts durch die Chersones gezogen und habe das Grab der Helle rechts und die Stadt Kardia links gelassen.

Helle war die Tochter des böotischen Königs Athamas und seiner Frau Nephele. Sie hatte viel unter ihrer Stiefmutter Ino zu leiden – auch ihr Bruder Phrixos. Ino wollte beide durch ein gefälschtes Orakel als Sühneopfer schlachten lassen. Da setzte Nephele ihre Kinder auf einen geflügelten Widder, ein Wundertier, dessen Fell aus gediegenem Gold war und das sie von Hermes, dem Götterboten und Gott der Diebe und Kaufleute, zum Geschenk erhalten hatte. Auf diesem Widder ritten Phrixos und Helle durch die Luft über Land und Meer. Doch als sie die Halbinsel Chersones überquert hatten und über die Meerenge flogen, wurde Helle von Schwindel befallen, stürzte in die See und ertrank. Nach ihr wurde das Meer »Hellespont« genannt. Phrixos kam indessen glücklich ins Land der Kolcher am Schwarzen Meer. Den Widder opferte er Zeus. Das goldene Fell, das sogenannte »Goldene Vlies«, machte er König Aietes zum Geschenk. Es galt in der Sage als großer Schatz, den viele gewinnen wollten, darunter die Argonauten.

Sagenhafte Meerengen

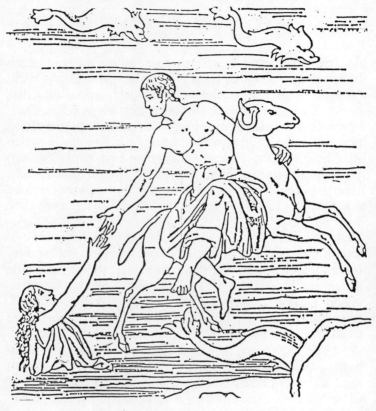

Dieses pompejanische Wandgemälde gibt den Ritt von Helle und Phrixos wieder. Helle stürzt in die Meerenge, die nach ihr den Namen Hellespont erhält

Auf den Spuren der Argonauten

Sie waren nach der »Argo« benannt, dem schnellsten und stärksten Schiff seiner Zeit, das für fünfzig Ruderer gebaut worden war. Es galt als ältestes Langschiff. Beim Bau hatte die Göttin Athene Hilfe geleistet und ein Stück der sprechenden Eiche vom Orakelort Dodona in Westgriechenland eingebaut. Mit dem Schiff fuhren die Argonauten von Velos an der Ostküste Griechenlands durch die Ägäis, den Hellespont, das Marmarameer, den Bosporus und das Schwarze Meer nach Kolchis. An der Fahrt nahmen viele der bekanntesten Helden der griechischen Sagenwelt teil: Jason als Führer der Mannschaft; Argos, der Erbauer des Schiffes; Tiphys als Steuermann; Euphemos, Sohn des Poseidon, als Untersteuermann; Idmon und Mopsos als Seher; Lynkeus als Späher; Orpheus, der Sänger und Leierspieler; Herakles, der stärkste von allen; und viele andere. Die Argonautensage, vor dem Hintergrund der griechischen Kolonisation Kleinasiens entstanden, reicht weit zurück, bis in die Zeit vor Homer. Die abenteuerliche Geschichte blieb durch die Jahrhunderte hindurch bekannt bis in die Jetztzeit. Es wurden auch Fahrten auf den Spuren der Argonauten unternommen – so von dem Skandinavier Göran Schildt in den vierziger Jahren dieses Jahrhunderts und danach von dem Engländer Tim Severin im Jahr 1984. Der Brite konstruierte sogar ein Schiff, wie es die Argonauten benutzt haben könnten – unter Verwendung von in der Antike gebräuchlichen Materialien. Er heuerte eine internationale Mannschaft an und ruderte dem klassischen Sagenstoff nach...
Unter den mannigfachen Abenteuern, die die Argonauten der Sage zu bestehen hatten, sind ihre Erlebnisse im Bos-

porus besonders fesselnd. Am europäischen Ufer der Meerenge, deren Gegebenheiten ähnlich sind wie die der Dardanellen, trafen sie auf den Griechen Phineus. Ihm hatte Zeus die Gabe der Prophezeiung verliehen. Doch da er die geheimsten Pläne der Götter enthüllt hatte, strafte Zeus ihn mit Blindheit. Außerdem erschienen ihm bei den Mahlzeiten stets große Vögel aus den Wolken, die Harpyen, und rissen ihm mit ihren Schnäbeln die Bissen vom Mund und aus den Händen. Dazu besudelten sie alles mit widrigem Geruch.

Doch Phineus wußte, daß er irgendwann von den Übeln befreit würde, und er ahnte, daß die Argonauten seine Retter sein würden. Als diese nun Phineus ein Essen zubereitet hatten, erschienen die Harpyen wieder, verzehrten alles, schwangen sich in die Luft und hinterließen einen greulichen Gestank. Da verfolgten zwei der Argonauten, die fliegen konnten, Zetes und Kaleis, die Harpyen, näherten sich ihnen und wollten sie umbringen. Doch nun erschien Iris, Botin des Zeus, und rief: »Es ist nicht erlaubt, die Harpyen, die Jagdhunde des Zeus, zu töten. Doch schwöre ich, die Raubvögel werden Phineus künftig nicht mehr belästigen.«

Schwimmende Felsen: Die Symplegaden

Zum Dank für ihre Hilfe prophezeite Phineus den Argonauten die Zukunft. »Wenn ihr mich verlaßt«, sagte er, »werdet ihr bald die Symplegaden vor euch sehen, mächtige Klippen am Ausgang des Sundes. Sie stehen nicht fest

Sagenhafte Meerengen

auf dem Grund des Meeres, sondern schwimmen und vernichten alles, das das offene Meer erreichen will. Sie prallen zusammen, treiben auseinander und fahren wieder aufeinander zu. Ich rate euch, schickt eine Taube von der ›Argo‹ aus, um die gefahrvolle Durchfahrt durch diese ›Klappfelsen‹ zu prüfen. Gelingt es der Taube, zwischen den Klippen, die auch ›Kyaneaische Inseln‹ genannt werden, hindurchzukommen, so folgt ihr. Wird die Taube aber von den Felsen zerschmettert, so gebt eure Reise auf. Sonst würden euch die Symplegaden vernichten.« Die Argonauten brachen auf, nahmen eine Taube an Bord und ruderten dem Pontos Euxeinos, dem Schwarzen Meer, entgegen. Schon bald schlug ihnen lautes Tosen und Lärmen entgegen – es war das Krachen der zusammenprallenden Klippen, die sich gleich darauf wieder voneinander trennten.
Bei Apollonius von Rhodos (3. Jh. v. Chr.), dem Vorsteher der berühmten Bibliothek von Alexandria, heißt es in seiner »Argonautica«, der ersten großen Darstellung des Sagenstoffes:

> *Da ließ Euphemos die Taube*
> *mit ausgebreitetem Gefieder ins Weite flattern. Die Helden*
> *hoben den Kopf und schauten ihr nach; quer durch die Klippen*
> *flog sie davon. Schon trieben die Felsen wieder aufeinander*
> *und krachten zusammen. Da spritzte die Salzflut*
> *brausend empor in mächtiger Wolke. Es heulte entsetzlich*
> *ringsum das Meer; laut widerhallte das Echo.*
> *Unter den zackigen Klippen erdröhnte in Grotten und Klüften*

*in der Tiefe donnernd das brausende Meer. An den Riffen
schoß der weiße Gischt der brandenden Wogen empor.
Und nun drehte die Strömung das Schiff, und die Felsen
kappten die Schwanzfedern der Taube. Sie selbst kam
heil hindurch...* (2, 561–573)

Die Argonauten jubelten, während die Felsen wieder auseinandertrieben. Es entstand ein mächtiger Sog, der die Galeere unaufhaltsam nach vorn zog. Jetzt kam ihnen eine turmhohe Woge entgegen. Der Steuermann Tiphys meisterte die Lage; die Woge wälzte sich unter dem Schiff hindurch und schob es hoch über die wieder zusammeneilenden Felsen – Euphemos rief seinen Gefährten zu, mit äußerster Kraft zu rudern... Doch jetzt stürmte ein zweiter, gewaltiger Brecher ihnen entgegen. Die Argo nahm ihn wieder unter den Kiel, glitt in die Tiefe und war nun in größter Gefahr. Denn das Schiff war dort, wo die Felsen zusammenstoßen würden; und es kam nicht voran. Es schien, als ob Schiff und Menschen vernichtet werden sollten. Da griff Athene ein. Mit der Linken hielt sie die Felsen zurück, mit der Rechten schob sie die Argo nach vorn:

*Doch rissen die Felsen, als sie zusammenschlugen,
das äußerste Ende vom Heck des Schiffes ab. Pallas
  [Athene]
indessen schwebte zum Himmel zurück, als die Argonauten gerettet waren.
Aber die Klippen lagen für alle Zeiten nah beieinander,
unbeweglich verwurzelt. So war es der Götter
Wille, wenn es einem Schiff gelingen sollte, heil durch die
  Felsen hindurchzukommen.*

(2, 601–606)

Ist die Sage von den Symplegaden nun reine Phantasie, oder existiert ein lokaler Hintergrund? Liegen die Felsen, die in der Erzählung einen so wichtigen Platz einnehmen, wirklich im Bosporus? Göran Schildt schreibt in seinem Buch »Das Goldene Vlies«: »Symplegaden, die die Ausfahrt in das Schwarze Meer erschweren, gibt es ... nicht mehr.« Wir haben in Istanbul Ortskundige befragt. Auch ihnen waren die »Klappfelsen« nicht bekannt. Aber in einigen Büchern war zu lesen, daß die Felsen existieren müßten, und zwar dort, wo sie nach Angaben von Appollonius von Rhodos liegen sollten, kurz vor der Einmündung des Bosporus ins Schwarze Meer.

Militärisches Sperrgebiet

Bei weiterer Nachforschung stellte sich allerdings heraus, daß eine Fahrt zu den Symplegaden kaum möglich sein würde, da sie in einem militärischen Sperrgebiet liegen sollten. Uns wurde gesagt: »Wenn Sie zum letzten Drittel des Bosporus gelangen, kommen Sie zu einer Schranke. Dort steht ein türkischer Soldat mit Maschinenpistole. Eine Weiterfahrt ist unmöglich.« Die Auskunft hat uns nicht befriedigt. Uns war natürlich bekannt, daß bei Sperrgebieten Vorsicht angebracht ist. Kurz zuvor war ein deutscher Tourist, der sich in solchem Gebiet verfahren hatte, erschossen worden. Doch wir wollten die Lage an Ort und Stelle überprüfen.

Wir sind den Bosporus nach Norden gefahren, unter den zwei riesigen Brücken hindurch, die die Meerenge bei

Istanbul überspannen und Europa und Asien miteinander verbinden, vorbei an der kleinen, romantisch gelegenen Moschee von Ortaköi, nach Rumeli Hissar. Hier hat 512 v. Chr. der Perserkönig Darius I. eine Brücke geschlagen, und hier haben 1097 die Kreuzfahrer übergesetzt. Hier hat schließlich Mehmet II., der Eroberer Konstantinopels, eine mächtige Festung errichtet, deren Mauern und Türme noch heute stehen. An Tarabya vorbei, dem beliebten Ausflugsziel der Instanbuler, fahren wir durch Büyükdere und Sariyer zur militärischen Sperre.

Wie vorhergesagt, verwehrt uns ein Soldat die Weiterfahrt. Als wir ihm klarmachen, daß wir nach Rumeli Feneri wollen, dem letzten Ort am Ausgang des Bosporus, zeigt er uns auf der Karte, wie wir auf einer anderen Straße, in einem Bogen, dennoch zum gewünschten Ziel gelangen können.

So kommen wir nach Rumeli Feneri, einem Fischerdorf, abseits der großen Welt, wohl selten oder nie von Fremden besucht. In einem Hafen finden sich zahlreiche kleinere und größere Boote für den Fischfang. Sie liegen im Schutz der beiden Felsen, die der Sage nach früher jede Schiffahrt verhinderten. Die Symplegaden, wie sie sich heute darstellen, sind zwei mächtige Basaltklippen, die im Abendlicht braunrot erscheinen. Sie sind mit einer Mole von Bruchsteinen mit dem nahen Festland verbunden. Wenn im Winter Stürme über den Bosporus jagen, schlagen die Brecher mit Macht gegen die Symplegaden und schießen hoch über die Felsen hinaus. Das dabei entstehende Getöse dröhnt über den Hafen hinweg und ist bis ins Landesinnere zu hören. Um die zerstörerische Wucht der Brandung zu mindern, haben die Seeleute von Rumeli Feneri beide Klippen mit einer Mauer verbunden.

Die Schiffer erbaten den Schutz der Götter

Die beiden Felsen werden im antiken Schrifttum verschiedentlich genannt. Euripides spricht von ihnen in seinem Drama »Iphigenie bei den Taurern« sechsmal, so beispielsweise, als ein Hirte Iphigenie die Ankunft von zwei jungen Männern meldet, von ihrem Bruder Orest und seinem Freund Pylades. Ferner sagt der Hirte, die beiden seien »dem dunklen Symplegadentor entronnen.«

Die Felsen waren damals so bekannt, weil sie für die Schiffahrt eine große Gefahr bedeuteten. Die Schiffer wurden darum vor den Tücken der Durchfahrt durch eine Landmarke auf der Kuppe eines der beiden Felsen gewarnt. Es war eine römische Säule, von der noch ein Marmorblock von über einem Meter vorhanden ist. An derselben Stelle soll vordem ein griechischer Altar gestanden haben, an dem die Seeleute den Göttern opferten und ihren Schutz erbaten.

Gefahrvoll war nicht nur die Fahrt aus der Meerenge in die offene See des Pontos Euxeinos oder umgekehrt. Gefährlich war eigentlich jede Fahrt durch den 30 Kilometer langen und 700 bis 3000 Meter breiten Bosporus, besonders dann, wenn sie von Süd nach Nord unternommen wurde. Denn es gab und gibt einen reißenden, mehrfach von einem zum anderen Ufer wechselnden Oberstrom, der an der engsten Stelle, bei Rumeli Hissar, eine Geschwindigkeit von 9 Kilometern in der Stunde erreicht. Diesem Oberstrom entspricht, wie im Marmarameer, ein schwächerer, salziger Unterstrom in umgekehrter Richtung.

Wie schwierig sich für ein Ruderboot die Durchfahrt gestaltet, erfuhr Tim Severin, als er 1984 mit einer zweiten »Argo« durch den Bosporus fuhr. Severin schreibt: »Ich

Hellespont. Kurz vor Sonnenaufgang

konnte deutlich sehen... daß von einem wirklichen Vorwärtskommen keine Rede sein konnte. Dann entdeckte ich das, wonach ich Ausschau gehalten hatte, die Gegenströmung. Die Fließgeschwindigkeit des Bosporus ist so groß, daß das Wasser in der Nähe der Ufer seine Richtung ändert und, riesige Strudel bildend, zurückströmt, um das Vakuum zu füllen, das durch die in den Süden eilenden Wassermassen hervorgerufen wird. Diese Gegenströmun-

gen, die verschieden stark und schnell sind und keine kontinuierliche Linie entlang dem Ufer bilden, sind der Schlüssel für ein Schiff, das mit Hilfe von Rudern den Bosporus hinaufkommen will.«
An einigen Stellen wird die Schiffahrt besonders kritisch, zum Beispiel bei dem Ort Bebek, »wo der gewaltige Strom in einen Kanal von nur 800 Metern Breite eingezwängt wird. Die Folge davon – wenn dazu noch ein Nordwind weht – kann ein Mühlgerinne sein. Die Hauptströmung prallt dann von einem Ufer zum anderen, von Europa nach Asien, wirbelt umher und stürzt von einem Felsvorsprung zum nächsten und kann bei Flut Wasserfontänen entstehen lassen, die höher sind als kleine Schiffe.«
Vom Hafen Rumeli Feneri zieht sich eine Steilküste mit Klippen und Höhlen nach Süden. Es sind ideale Nistplätze für räuberische Seevögel, zumal die Gewässer gute Fischgründe sind, da hier die Fluten des Schwarzen Meeres mit dem Wasser des Bosporus zusammenfließen. Vögel bestreichen in großer Zahl mit wildem Geschrei die Ufer, fressen, was sich ihnen bietet, und beschmutzen Küste und Felsen. Das ist der Hintergrund für die Erzählung vom Griechen Phineus, der hier, wie die Sage berichtet, den Drangsalen der räuberischen Harpyen ausgesetzt war.

Ein Drache bewachte das Goldene Vlies

Von den Argonauten ist noch zu berichten, daß sie nach Bezwingung der Symplegaden an der Südküste des Schwarzen Meeres entlangfuhren und nach Kolchis gelangten. Hier hing das Goldene Vlies im heiligen Hain des Ares an einer Eiche und wurde von einem nie schlafenden Drachen bewacht. König Aietes von Kolchis versprach Jason das Vlies, wenn er zwei feuerspeiende Stiere vor einen Pflug spannen und Drachenzähne aussäen würde. Die Tochter des Königs, Medea, gab Jason ein Zaubermittel und riet ihm, die aus den Drachenzähnen entstehenden Krieger mit einem Steinwurf gegeneinander aufzubringen. So geschah es. Jason bestand alle Bedingungen, doch Aietes wollte das Vlies nicht herausgeben. Da spritzte Medea mit einem Wacholderstengel dem Drachen einen Zaubertrank in die Augen. Der Drache schlief ein, und Jason zog das Vlies von der Eiche. Dann verließ er mit Medea den Hain, wobei der Widerschein des Vlieses ihnen den nächtlichen Weg beleuchtete, und die beiden begaben sich an Bord der »Argo«. Als die Morgenröte kam, funkelte das Vlies wie »des Donners Blitz«, und die Argonauten segelten heimwärts durchs Schwarze Meer...

Zu fragen ist noch, wie es dazu kam, daß ein Widderfell, das angeblich aus purem Gold bestand, Schlüsselpunkt einer so bemerkenswerten Sage werden konnte. Reiner Zufall? Sicher nicht. Schafe waren in der Antike für die Ernährung wichtig, ferner wegen der Wolle und nicht zuletzt als Opfertier. Edle Rasseschafe erzielten hohe Preise. Etwas kam noch hinzu: In der Antike hat man Schaffelle bei der Goldgewinnung verwandt. Sie wurden im Niedrigwasser der Flüsse ausgelegt und fingen mit ihren Wollfasern die kleinen Goldpartikel auf, die die Gewässer mit sich führten. Auf diese Art wurde im Fluß Paktolos in Lydien Gold- bzw. Elektrumsand gewonnen. Dies geschah auch anderswo, etwa in den Bergbächen des Kaukasus, im früheren Kolchis, in der heutigen grusinischen Republik der Sowjetunion. Der jetzige Name Kolchida erinnert an die alte Zeit. Goldsandgewinnung mit Schaffellen war hier sogar noch bis in die 30er Jahre dieses Jahrhunderts üblich. Auch der griechische Geograph Strabon berichtete von der Goldgewinnung mit Hilfe von Schaffellen. Dies sei denn auch der Ansatz gewesen für die Sage vom Goldenen Vlies.

»Midas' Stadt« in Anatolien

Der Herrscher mit den Eselsohren

König Midas

»Midas galt als ein Verschwender, der den Staat durch sein habsüchtiges und ausschweifendes Wesen schwächte, so daß die Nachwelt die Sage erfand, er habe die Götter gebeten, sie möchten alles, was er berühre, in Gold verwandeln.«

William James Durant

Wenn man in Südmakedonien den 1360 Meter hohen Kastaneapaß hinter sich gelassen hat und die kurvenreiche Straße in nordöstlicher Richtung weiterfährt, schiebt sich bald zur Linken ein größerer Berg über andere Gebirgszüge, der Vermion, auch Bermion genannt. Als der 2053 Meter hohe Berg in unser Blickfeld kommt, lesen wir im 8. Buch von Herodots »Historien« den Hinweis, man könne den Bermion »wegen seiner winterlichen Kälte nicht besteigen«. Weiter ist bei Herodot zu lesen, am Fuß des Berges hätten die sogenannten Gärten des Midas gelegen (Midas war ursprünglich ein Walddämon oder Quellgeist). Von diesen Gärten berichtet der Historiker, wenn er schreibt: »...wuchsen wilde Rosen mit sechzig Blütenblättern und stärkerem Duft als alle Rosen sonst.« Außerdem, so der Grieche, habe hier – der makedonischen Sage nach – Midas einen Silen gefangen.
Silene, den Satyrn verwandt, waren Mischwesen aus Mensch und Pferd, wobei der Pferdecharakter sich auf Ohren, Schweif, und Hufe beschränkte. Der Körper war be-

haart. Silene hatten starken Bartwuchs, eine Stülpnase, einen großen Mund und runde Augen. Sie waren im allgemeinen älter, weiser und trinkfreudiger als Satyrn und fanden sich oft im Gefolge des Dionysos, des Weingottes. Silene waren feige, prahlten aber mit ihrem Mut. In Gefangenschaft wurden sie manchmal zu Wahrsagern.
Der im alten Makedonien wohlbekannte Midas fing den Silen mit einer List. Er wußte, wie sehr die sagenhaften Wesen dem Wein zugetan waren, und füllte einen Brunnen in den Rosengärten mit Wein. Das war für den Silen eine Versuchung. Er kam zum Brunnen und trank in großen Zügen. Nun war es ein leichtes, ihn zu fangen. Midas, der auch von der Weisheit der Silenen wußte, hat mit seinem Gefangenen oft Gespräche geführt. Einmal fragte er ihn, was wohl das größte Glück der Menschen sei, und erhielt zur Antwort, das größte Glück sei, nie geboren zu werden, das zweitgrößte, bald zu sterben. Es war eine Weisheit, die in der Antike oft zu hören gewesen ist.

Die Phrygier kamen aus Makedonien

Auf den Namen Midas sind wir etwa tausend Kilometer ostwärts des Bermion erneut gestoßen, in der Türkei, im ehemaligen Phrygien. Hier hat es im 8. und 7. Jahrhundert v. Chr. ein selbständiges Reich gegeben, und verschiedene Herrscher dieses Staates hießen Midas. Der bedeutendste war der letzte, der ab 738 v. Chr. geherrscht hat. Doch wie gelangte der Name Midas von Makedonien nach Kleinasien? Er hat die Wanderung mitgemacht, die die Völker

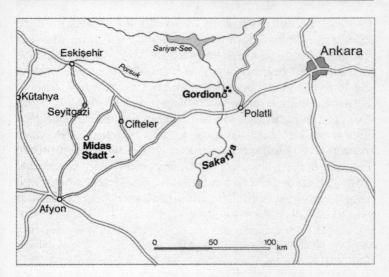

In einigen Orten Anatoliens wird die Sage von König Midas wieder lebendig

Nordgriechenlands im Zusammenhang mit der Dorischen Wanderung nach Osten unternommen hatten. Dies war im 12. Jahrhundert v. Chr. Herodot erzählt im 7. Buch seiner »Historien«, die Phrygier hätten ursprünglich »im Land der Makedonen« gewohnt und Briger geheißen. Als sie nach Asien ausgewandert seien, hätten sie mit dem Land auch den Namen vertauscht und sich Phrygier genannt.

Im Gebiet des alten Phrygien, etwa vierzig Kilometer nördlich der Provinzhauptstadt Afyon, stoßen wir auf die Reste einer alten Siedlung, »Midas-Stadt« genannt, türkisch »Midas şehri«. Der Weg hierher führt in eine von Fremden kaum besuchte Region. Schafherden weiden auf spärlichen, harten Gräsern, einige Ziehbrunnen stehen am Wegesrand. Die über tausend Meter hohe Hochebene wird stärker zergliedert: Sträucher, auch ein paar Bäume sind in die gelbbraunen Höhen hingetupft. Wenn gelbe, sandige Erdschichten durchbrochen werden von grauem, hartem Gestein, erscheint diese mit senkrechten Wänden wie eine Festung. Danach ziehen sich dunkle Felspartien längs der Straße, die durch Erosion in pantastische, wilde Formationen zergliedert sind. Wegweiser gibt es kaum. Die Karte versagt. Verständigungsversuche mit Hirten führen zu nichts. Nach mühsamer Fahrt erreichen wir Yazilikaya. Südwestlich des Ortes, am Fuß des 1713 Meter hohen Oluk Dag, liegt »Midas' Stadt«, ein rätselhaftes Felsplateau.

Das legendäre Grab des Midas

Reste von Höhlenunterkünften, Felsengräbern, Altäre und Reliefs sowie Inschriften in phrygischer und hethitischer Schrift sind hier erhalten geblieben. Beherrschend ist das »Midas-Grab«, das im Jahr 1800 entdeckt wurde. Es ist eine über zehn Meter hohe, aus dem rotbraunen Stein geschlagene Fassade mit flachem Giebel und geometrischer Ornamentik. An der Basis zeigt sich eine größere Scheintür, die vermuten läßt, hier sei der Eingang zu einem Fürstengrab. Räuber haben versucht, in den Fels einzudringen. Doch die Steinwand birgt kein Grab; in der großen Nische hat vielmehr früher ein Götterbild gestanden. Vor diesem mystischen Hintergrund haben rituelle Szenen gespielt.

Etwa zweihundert Meter westlich vom »Midas-Grab« ist

in der Felswand eine andere, unvollendet gebliebene Fassade, die als »Grab des Gordios« bezeichnet wird. Gordios gilt nach legendären Überlieferungen als Vater des Midas. Von ihm wird berichtet, er habe die Stadt Gordion gegründet, deren Ruinen etwa 130 Kilometer nordöstlich von »Midas-Stadt« liegen, in der Nähe des Ortes Polatli. Vielleicht stammt der Name Gordion vom Gründer der Stadt. Es könnte auch umgekehrt sein, besonders dann, wenn »Gordion« im Phrygischen für die Bezeichnung »Ort« gestanden haben sollte – so wie im modernen Slawisch »grad« Stadt bedeutet. Der amerikanische Ausgräber von Gordion, Rodney Stuart Young, hat darauf verwiesen.
Die Sage erzählt folgendes: Als der Bauer Gordios sein Feld beackerte, umschwirrten ihn Vögel aller Art und ließen nicht davon ab, auch den Pflug und die aufgeworfene Erde wild zu umfliegen. Gordios hatte wohl des öfteren bei seinen Feldarbeiten in nächster Nähe Vögel beobachtet. Diesmal aber schienen sie ihm so erregt, als wollten sie ihm eine Botschaft andeuten. Gordios kannte die Auffassung, wonach Vögel Mittler zwischen Göttern und Menschen sein sollten, und fragte sich darum, was das alles zu bedeuten hätte. Da begegnete ihm auf dem Rückweg am Stadttor eine Seherin und sagte, das Erlebnis auf dem Feld sei ein Zeichen dafür, daß Gordios zum Herrscher ausersehen sei und König werde.
Der so Bedachte heiratete die Seherin. Doch bald nach der Hochzeit brachen Unruhen in der Stadt aus. Als besorgte Bürger nun vom Orakel Auskunft darüber erbaten, wie sie sich zu verhalten hätten, erhielten sie zur Antwort, sie sollten in ihrem Reich das Königtum einführen und den zum Herrscher wählen, der ihnen bei ihrer Rückkehr am Zeus-Altar als erster begegnen würde. Es war Gordios auf einem Ochsenkarren, der somit König von Phrygien wurde.

Der Gordische Knoten

Zur Erinnerung an den Ursprung seiner Herrschaft stellte Gordios seinen Ackerwagen mit dem Ochsenjoch im Tempel auf. Deichsel und Joch waren fest miteinander verbunden, so fest, daß niemand in der Lage war, den Knoten zu lösen. Nun haben Knoten seit alters her magische Bedeutung. Von der ägyptischen Göttin Isis ist bekannt, daß für sie der Knoten ein Zaubersymbol war, und in der minoischen Religion galt er als liturgisches Zeichen. Im Museum von Iraklion auf Kreta wird ein kunstvoll verschlungener Knoten aus Elfenbein gezeigt.

Als Alexander der Große 333 v. Chr. nach Gordion kam – sein Heer überwinterte in der Stadt –, hörte er von dem Ackerwagen. Er war empfänglich für hintergründige Symbolik und begab sich darum in den Tempel. Der deutsche Geschichtsforscher Johann Gustav Droysen (1808 bis 1884) berichtete darüber: »Das Joch an diesem Wagen war durch einen aus Baumbast geschürzten Knoten so künstlich befestigt, daß man weder dessen Anfang noch Ende bemerken konnte; es gab ein Orakel, daß, wer den Knoten löse, Asiens Herrschaft erhalten werde. Alexander ließ sich die Burg, den Palast und den Wagen zeigen, er hörte dies Orakel, er beschloß, es zu erfüllen und den Knoten zu lösen; umsonst suchte er ein Ende des Bastes, und verlegen sahen die Umstehenden sein vergebliches Bemühen; endlich zog er sein Schwert und durchhieb den Knoten, das Orakel war, gleichviel wie, erfüllt.«

Der Gordische Knoten war ein Symbol und wurde zum Mythos, als Alexander das Geheimnis gelöst hatte – und zwar anders als erwartet: nicht durch kunstvolles Auflösen der Stricke, sondern durch Gewalt, durch das Schwert.

König Midas

Im alten Phrygien begegnet man seltsamen Gesteinsformationen

Ob der Gordische Knoten wirklich existiert oder ob es sich um eine Legende gehandelt hat – die Umwelt griff jedenfalls den Bericht gern auf, weil er treffend das Wesen des jungen Makedoniers wiedergab. Der deutsche Schriftsteller Ernst Jünger war davon so fasziniert, daß er 1953 ein Buch über den Gordischen Knoten schrieb, mit dem er Ausdeutungen westöstlicher Begegnungen sowie Betrachtungen über Geist und Macht verband. Der amerikanische Ausgräber Gordions, Young, der sich auch mit dem Phänomen beschäftigt hat, sagt, von dem Knoten sei keine Spur gefunden worden. Hatte er dies erwartet? Er verweist jedenfalls nicht auf eine Mythenbildung, sondern sagt, der

Knoten sei, »wie uns berichtet wird«, aus der Rinde der Kornelkirsche hergestellt worden, »also aus vergänglichem Material«.

Amerikanische Ausgräber am Werk

Dieser Rodney Stuart Young ist Präsident des Archäologischen Instituts der USA gewesen. Er hat in den dreißiger und vierziger Jahren an den Ausgrabungen der Athener Agora teilgenommen und begann 1950 mit seinen Ausgrabungen in Gordion. Young führte damit Arbeiten weiter, die Anfang des Jahrhunderts die Deutschen G. und A. Körte begonnen hatten.

Die Ruinen von Gordion liegen am Sakarya nicht weit vom Zusammenfluß mit dem Porsuk. Beide Flüsse führen das ganze Jahr hindurch Wasser. Die ehemalige Stadt zeichnet sich heute als eine rund 20 Meter hohe, mit Gras bewachsene Anhöhe ab, die etwa 500 Meter lang und rund 350 Meter breit ist. Nur ein Teil ist ausgegraben.

Ersteigt man den Nordosten des Hügels, so hat man die Ausgrabungen vor sich: Reste ehemaliger Häuser, größere Gebäude, Straßen, Terrassen, Wälle, Tore und Mauern. Es ist keine einheitliche Siedlung; es zeichnen sich mehrere Schichten ab. Die dritte Schicht ist phrygisch. Besonders eindrucksvoll ist der südöstliche Teil, der monumentale Zugang zur Stadt in einer Breite von 9 Metern, einer ebensolchen Höhe und einer Tiefe von 23 Metern. Ursprünglich war dieses »Tor« zu beiden Seiten noch jeweils von einem Turm flankiert. Die deutlich sichtbare Stadtmauer hatte eine Tiefe von 4 Metern und war zwischen Innen- und Außenseite mit Schotter gefüllt. Hinter den Wällen lag der Palastbezirk, der von einer zweiten Mauer umschlossen war. Der Palast bestand aus einigen größeren Gebäuden im Megaron-Stil. Es waren langgestreckte, freistehende, rechteckige Bauten mit einem Vor- und einem Hauptraum sowie Feuerstellen. In die Böden waren Mosaiken aus bunten Kieseln eingelassen. Holzbalken trugen das Satteldach, teilten die Räume nochmals auf und stützten eine Galerie, die in halber Höhe auf drei Seiten den Hauptraum umgab. Die Dächer waren mit Schilf gedeckt und mit Lehm verkleidet.

Wie die Eingangsfront der Gebäude ausgesehen hat, verdeutlichen Ritzungen auf Steinresten. Sie zeigen eine quadratische, ornamentierte Wand mit flachem Giebel. Großartig ist solche Front nachgebildet am »Midas-Grab«, das wir kurz zuvor besucht hatten. Sie gibt wahrscheinlich den Eingang zum größten Megaron wieder – oder: Sie zeigt die Front des Tempels, in dem der Ackerwagen mit dem Gordischen Knoten gestanden haben könnte.

Aufschlußreiche Funde

Die Palastbauten sind im 8. bzw. 7. Jahrhundert v. Chr. entstanden, nachdem die Phryger sich hier fest etabliert hatten. Ihr Reich umfaßte damals Zentralanatolien mit Ankara, Höyük, Pazarli, Bogazköy und Konya im Osten bzw. im Südosten; im Westen reichte es über »Midas-Stadt« hinaus bis an die Grenzen des lydischen Staates.

König Midas

Aufschlußreiche Funde aus dieser Zeit sind heute im Museum von Gordion und hauptsächlich im Archäologischen Museum von Ankara zu sehen.
Hervorragend gearbeitet ist ein verzierter, fast 30 Zentimeter hoher Bronzekessel. Er war zunächst im Museum von Gordion ausgestellt. 1976 wurde er mit anderen Funden entwendet. Dem türkischen Fahndungsdienst gelang es aber, dem gestohlenen Gut, das in der Nähe des Ortes Aydin vergraben worden war, auf die Spur zu kommen. Heute befindet sich der Kessel im Museum von Ankara. Andere wichtige Funde sind:

- ein etwa 40 Zentimeter hohes, mit Fischgrätmustern, Halbkreisen und Punkten verziertes Tongefäß in Entengestalt;
- ein bauchiger, mit Tierfiguren bemalter Tonkrug;
- ein Terrakotta-Fries mit einem Löwen;
- Krieger mit Rundschilden, Lanzen und Helmen auf einer Steinplatte – und viele andere Stücke mehr.

Die Funde gehen zum Teil zurück in die Zeit der phrygischen Herrscher mit dem Namen Midas, von denen – wie schon erwähnt – der bedeutendste der letzte war. Er wird von Sargon II. von Assyrien, der von 721 bis 705 regierte, mehrfach genannt, da Midas gegen Sargon einen Krieg geführt und verloren hatte und Tribut zahlen mußte. Viele Geschichten sind von Midas überliefert. Er hat Ankyra, das heutige Ankara, gegründet, und im Zeus-Tempel der Stadt soll, wie Pausanias berichtet, ein Anker ausgestellt gewesen sein, der auf Midas zurückgehe. Des weiteren wird in alten Quellen erzählt, er habe das Blei erfunden (!). Ferner heißt es, er habe die Querflöte eingeführt wie auch die Flötenmusik bei Opferungen.

Eingang zum Königsgrab in Gordion. Der Hügel ist 53 Meter hoch und hat einen Durchmesser von 250 Metern. Ein 70 Meter langer Tunnel führt zur Grabkammer im Innern des Hügels

Alles, was er berührte, wurde zu Gold

Sein Reichtum war sprichwörtlich. In der Sage vom Silen, den er gefangen hatte, wird geschildert, wie er zu großem Wohlstand gelangte. Midas hatte bald in dem Silen den Erzieher des Gottes Dionysos erkannt und ließ ein großes Fest feiern, das zehn Tage und zehn Nächte dauerte. Dann eilte er zusammen mit dem Silen nach Lydien und übergab dort dem jungen Dionysos dessen Pflegevater. Dionysos war darüber hoch erfreut und versprach Midas, ihm einen Wunsch zu erfüllen. Midas, dem Luxus verfallen, dachte nicht lange nach und sagte, er möchte, daß alles, was er berühre, zu Gold würde. Dionysos wußte zwar um die Gefahr solchen Begehrens, sagte aber Midas, er werde seinen Wunsch erfüllen.
Schon auf dem Rückweg versuchte Midas, die ihm verliehene Zauberkraft zu erproben. Er faßte Blätter, Pflanzen, Bäume und Steine an, und alles verwandelte sich in Gold. Der Glückliche war berauscht von der Magie seiner Hände. Doch schon bald mußte er die Tücke der Kraft erfahren, die ihm verliehen worden war. Auch Speisen und Getränke wurden zu purem Gold. Der König war verzweifelt. Er litt tagelang Hunger und Durst, dann rief er Dionysos an und bat den Gott, ihn aus seiner Not zu erlösen. Dionysos hatte Mitleid und befahl Midas, er solle sich zum Fluß Paktolos begeben, dem heutigen Sart Çayi, der auf dem Boz Dagi entspringt, dem früheren Tmolos. Er solle im Fluß baden, dann würde die Zauberkraft von ihm fallen und auf den Fluß übergehen.
Der König tat, wie ihm befohlen, und von nun an führte der Fluß Gold.
Das Edelmetall des Paktolos war in der Antike berühmt.

Besonders unter der Dynastie der Mermnaden, die im 6. und 5. Jahrhundert v. Chr. regierten, wurde das aus Gold und Silber bestehende Elektron gewonnen, das die Wasser aus den Höhen herabspülten.

Midas hat Eselsohren

Von Midas wird noch eine andere Sage erzählt. Der König sei, so heißt es, Beobachter bei einem musikalischen Wettstreit gewesen, der zwischen Apollo und dem Waldgott Pan ausgetragen wurde. Richter war König Tmolos. Dieser verlieh den Preis Apollo für sein Leierspiel. Doch Midas war anderer Meinung. Obwohl gar nicht gefragt, sagte er, Pan sei der bessere Musiker. Darüber war Apollo empört und beschloß, Midas exemplarisch zu bestrafen. Er wollte ihn als dummen Menschen kennzeichnen, der von Musik nicht das geringste verstünde, und ließ ihm darum Eselsohren wachsen. Der König war über diese Entstellung entsetzt und entzog sich ganz der Öffentlichkeit. Nach einiger Zeit schließlich setzte er sich eine besonders gearbeitete Mütze auf, die die Eselsohren verdeckte. Er nahm sie nur ab, wenn er sich die Haare schneiden ließ. Damit wußte lediglich der Friseur von dem »schrecklichen Staatsgeheimnis«. Aber der Haarschneider war zu absolutem Stillschweigen verurteilt. Man drohte ihm schlimme Strafen an, falls er auch nur das geringste verlautbaren ließe.
So schwieg der Friseur lange Zeit. Doch irgendwann konnte er sein Wissen nicht mehr für sich behalten. Er begab sich auf eine Wiese, grub ein Loch und sprach in dieses

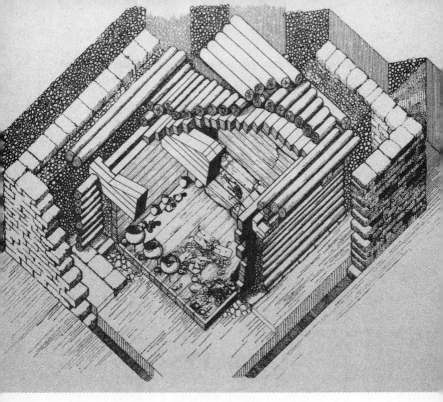

Zeichnung der Grabkammer des Königsgrabes in Gordion. Die Kammer, aus Holz gebaut, war von einer Mauer umgeben. Der Raum zwischen den Balken und der Mauer war mit Schottersteinen aufgefüllt, und hinter der Mauer folgte eine neue Schicht von Schottersteinen

das Unerhörte leise hinein. Dann schüttete er das Loch wieder zu. So war er die bedrückende Kenntnis losgeworden, und kein Mensch hatte irgend etwas vernommen.
Alles ging gut, bis zum nächsten Frühjahr. In der Zwischenzeit war Gras über das zugeschüttete Loch gewachsen. Wenn nun der Wind über die Wiese strich und sich die Grashalme bewegten, raunten diese das Staatsgeheimnis.

Vorübergehende vernahmen staunend die Worte: »Midas hat Eselsohren! Midas hat Eselsohren!!« Die ungeheuerliche Botschaft machte schnell die Runde, und bald wußte alle Welt, was dem König widerfahren war und warum er diese absonderliche Mütze trug.

Die phrygische Mütze als Symbol

Diese Kappe mit ihrem nach vorn geneigten Zipfel machte in der Folgezeit Geschichte. Historisch gesehen geht sie auf die Helme der phrygischen und makedonischen Soldaten zurück. Die Helme hatten oben eine Vorwölbung, auf der ein Busch aus Pferdehaaren aufgesetzt war. Diese Wölbung – ohne Pferdebusch – wurde auf Mützen und Kappen übertragen und erfreute sich schnell großer Beliebtheit. Der persische Gott Mithras wurde mit der phrygischen Mütze abgebildet, auch Orpheus, Adonis oder Ganymed. Der Sohn des Priamos, Paris, trug die merkwürdige Kappe, gelegentlich auch Odysseus. Noch in frühchristlicher Zeit war die Kopfbedeckung beliebt. Der deutsche Wissenschaftler Gérard Seiterle sagt: »Die Mütze diente oft zur Kennzeichnung der orientalischen Herkunft ihrer Träger. So sind zum Beispiel die drei Weisen aus dem Morgenland in der Basilika San Apollinare Nuovo in Ravenna mit einer phrygischen Mütze bekleidet.« In römischer Zeit haben freigelassene Sklaven solche Kappen getragen. Daraufhin wurden die Mützen zum Sinnbild der Freiheit, zu einem Kennzeichen, das seine Symbolkraft nicht verlor. Während der Französischen Revolution trugen die Jakobiner, die einflußreichsten Anführer der Massen, eine der phrygischen Kopfbedeckung nachgebildete rote Mütze mit überhängendem ausgestopften Beutel, und noch heute zeigt sich Marianne, die Verkörperung der Republik Frankreich, stets mit der phrygischen Mütze.

Der 53 Meter hohe Tumulus ist das Wahrzeichen von Gordion

Das Umfeld von Gordion wird beherrscht von einem mächtigen Tumulus. Ursprünglich war dieser Grabhügel 70 bis 80 Meter hoch mit einem Durchmesser von 250 Metern. Doch im Verlauf der Zeit – von der Errichtung des Hügels bis heute sind über zweieinhalb Jahrtausende vergangen – haben sich die Maße nicht unbeträchtlich verändert. Jetzt ist der Tumulus 53 Meter hoch, und er hat einen Durchmesser von 300 Metern.
Der Grabhübel ist der größte, aber nicht der einzige in Gordion. Besteigt man ihn, sieht man in der Umgebung etwa achtzig weitere Hügel. Im Morgen- und Abendlicht, wenn die Schatten prägnanter sind, erkennt man zahlreiche andere Tumuli. Davon haben die Deutschen fünf ausgegraben, die Amerikaner fünfundzwanzig.
Die Lokalisierung der Grabkammern ist nicht einfach, da sie meist nicht im Zentrum der Hügel liegen. Die Amerikaner mußten bei ihren Arbeiten am großen Tumulus in Gordion rund hundert Bohrungen vornehmen, bis sie die Lage genau festgestellt hatten. Dann zogen sie vom Rand des Grabhügels aus einen etwa siebzig Meter langen Gra-

Ein antikes Vasenbild zeigt Midas mit den Eselsohren, der Rede des Silens zuhörend

ben und anschließend einen Tunnel von ungefähr derselben Länge.
Beträchtliche Spannung herrscht, als die Archäologen sich zum Grab vorgearbeitet haben, zumal sie sicher sind, daß das Grab nicht geplündert worden ist. Was wird man finden? Vielleicht Schätze, vergleichbar jenen, die der englische Archäologe Howard Carter 1922 bei der Öffnung des Tutanchamun-Grabes im Tal der Könige in Ägypten entdeckt hatte?
Die Amerikaner durchbrechen eine Schotterschicht und stoßen nun auf mächtige, runde Zedernhölzer, die – obwohl Jahrtausende alt – in gutem Zustand sind. Eine weitere Schicht von Hölzern folgt; sie sind quadratisch geschnitten. Die Archäologen brechen eine Öffnung, groß genug, daß ein Mensch sich durchzwängen kann, und stehen in der Grabkammer.
Für die Wissenschaft wichtiges Material wird freigelegt, doch das Grab ist nicht vergleichbar mit jenem des Tutanchamun, dessen Öffnung zu einer Sensation wurde. In Gordion findet man keinen kostbaren Sarkophag, keine Goldschätze, keinen Kampfwagen, keinen Thronsessel, kein prunkvolles Zepter. In der 6,20 mal 5,15 Meter großen Kammer mit Giebeldach liegt auf den Resten eines großen Bettes das Skelett eines Mannes, der 1,59 Meter groß gewesen ist und über 60 Jahre alt geworden war. Am Kopf des Toten, eines phrygischen Königs, hatte ein Tisch gestanden, auf dem der Schmuck des Verstorbenen ausgebreitet war: 175 Fibeln in einem Leinentuch. Der Schmuck ist aus Messing. Am Boden liegen drei große bronzene Kessel sowie kleinere bronzene Gefäße, insgesamt 166 Stück.

Wenig ist geblieben von der einstigen Größe: Reste der Stadtmauern von Gordion

Ist dies das Grab des Königs Midas?

Wir treffen in dem kleinen Museum von Gordion, das dem Tumulus gegenüberliegt, einen türkischen Wissenschaftler, der an den Arbeiten seiner amerikanischen Kollegen teilgenommen hat, und fragen: »Ist der Tumulus das Grab des Königs Midas?«
Die Antwort: »Mit Sicherheit nicht.«
»Warum nicht?«
»Der letzte König mit Namen Midas starb, als die Kimmerer, ein nomadisches Reitervolk, das im Süden Rußlands ansässig war, das phrygische Reich zerstörten. Das ist Anfang des 7. Jahrhunderts vor Christus gewesen. Midas ist dabei entweder im Kampf gefallen oder er hat Selbstmord begangen. Die Sage erzählt, er sei durch Einnahme von Stierblut gestorben. Das Grab in Gordion wurde in jedem Fall vor der Vernichtung des Phrygerreiches errichtet.«
»Und welcher Herrscher ist dann hier beigesetzt worden?«
»Vielleicht der Vorgänger von Midas, vielleicht ein Gordios...«
So gibt es hier einen neuen Gordischen Knoten zu lösen.

Straßenschild, das besagt, daß es hier nach Midas city geht, nach Midasstadt, einer alten phrygischen Siedlung, nördlich des heutigen Afyon

Der Fluß Sakarya, dahinter der nicht ausgegrabene Teil der alten phrygischen Stadt Gordion. Gordion war die Hauptstadt des alten Phrygerreiches, das im 8./7. Jhdt. v. Chr. bestand

Das, was heute noch vom Artemis-Tempel in Sardes zu sehen ist, läßt die Monumentalität der damaligen Anlage erahnen

Zwischen Sage und Geschichte

Gyges und Krösus

»Die Lyder sind die ersten Menschen, von denen wir wissen, daß sie Gold- und Silbermünzen geprägt und verwendet haben.

Herodot, »Historien«, I, 94

Die Fahrt von Gordion in Richtung Izmir führt über das anatolische Hochplateau, durch eine Gebirgslandschaft von weitgehend steppenartigem Charakter. Es ist Herbst. Die wenigen Gräser sind gelbbraun wie der Sand, wie Steine und Felsen und die Berge am Horizont. Endlos zieht sich die Straße geradeaus, manchmal in Windungen einen Paß hinauf, dann in Serpentinen abwärts. In ihrer ursprünglichen Wildheit erinnert die Landschaft an Nationalparks in den Vereinigten Staaten.
Zeigt sich ein Wasserlauf, wachsen Büsche und Pappeln an den Ufern. Auf kleinen Feldern werden Rüben geerntet. Schaf- und Ziegenherden weiden am Straßenrand. Lehmhäuser mit rotem Dach gruppieren sich um eine Moschee. So abgelegen die Dörfer sind, so hat doch auch Modernes Einzug gehalten: Die Stimme des Muezzins wird vom Minarett mit Lautsprechern übertragen.
Ab und an beleben Autos die breite, asphaltierte Straße. Sie fahren mit schlechtem Treibstoff, vor allem die LKWs. Überholen wir einen Lastwagen, hüllen uns die Abgase in eine schwarze Wolke. Kamele, die vor Jahrzehnten anzutreffen waren – täglich vierzig, fünfzig –, gibt es nicht

mehr, so wie auch die Reste früherer Karawansereien verschwunden sind. Tankstellen sind die Karawansereien von heute.
Jahrtausende hindurch sind Handelskarawanen und die Heere der Eroberer diesen Weg gezogen. Die Hethiter benutzten ihn, die Phryger, die Lyder. Die Perser bauten schließlich die Strecke zur »Königlichen Straße« aus, die von Susa über Kirkuk, Ninive, Edessa, Hattusa, Ankara (Ankyra) und Gordion nach Sardes führte. Die Fernstraße war vorzüglich ausgebaut, meist sechs Meter breit, wie freigelegte Stücke des alten Weges bezeugen.
Herodot berichtet von dieser Straße, die für Persien von höchster Bedeutung war: »Auf der ganzen Strecke befinden sich königliche Raststätten und vortreffliche Herbergen, und die Straße führt durchweg durch bewohntes, sicheres Land. Zwanzig solcher Raststätten liegen auf lydischem und phrygischem Gebiet.« Herodot spricht auch von Sperren, die meist an Flußübergängen lagen, wie am Halys, am Euphrat, am Tigris. Die Sperren bestanden aus geschlossenen Toren und waren durch Kastelle gesichert. Mittels Relaisstationen und Pferdewechsel konnten am Tag Strecken von 120 Kilometern zurückgelegt werden.
Wir sind weiter westwärts gefahren. Die Straße hat indessen ständig an Höhe verloren. Der Niveauunterschied beträgt fast tausend Meter. In der Vergangenheit war diese Differenz von strategischer Bedeutung, denn jeder Angreifer aus dem Osten hatte den nicht unbeträchtlichen Vorteil, bergab zu marschieren, während Truppenbewegungen in östlicher Richtung beim Nachschub und der Truppenversorgung mit größeren Schwierigkeiten rechnen mußten.
Der Niveauunterschied, die veränderten Temperaturen,

die breite Ebene, die wir inzwischen erreicht haben, verändern die Vegetation grundlegend und schaffen günstige Bedingungen für die Landwirtschaft. Weizen, Mohn, Gemüse, Pfirsiche und Melonen gedeihen in üppiger Fruchtbarkeit. Auf großen Baumwollfeldern pflücken buntgekleidete Frauen die aufgesprungenen Kapseln mit ihren weißen Früchten. An den Hängen beginnt die Lese auf den Weinfeldern.

In Sardes lebten einmal 100 000 Menschen

An den Rändern der etwa fünfzehn Kilometer breiten Ebene steigen die Berge steil empor, vornehmlich auf der Südseite, wo der Boz Daglari eine Höhe von 2137 Metern erreicht. Niedrigere, vorgelagerte Felsrücken begleiten die Straße. Sie wurden zu Festungsanlagen genutzt. Das Zusammenspiel von Bergen, Fluß und Ebene und das günstige Klima führten dazu, daß sich hier ein überaus wichtiges politisches, wirtschaftliches, religiöses und kulturelles Zentrum entwickelte mit Sardes als Hauptstadt, das im 2. Jahrhundert v. Chr. eine Bevölkerungszahl von 100 000 Menschen gehabt haben soll.
Schon 1853 begann der deutsche Generalkonsul in Izmir, Spiegelthal, mit Ausgrabungen der lydischen Königsnekropole nördlich von Sardes. 1868 bis 1882 legte dann der Engländer George Dennis einige Kammergräber frei. Wichtig war die erste Sardes-Expedition des Amerikaners Howard Crosby Butler. Der Professor für Kunst und Archäologie in Princeton führte von 1910 bis 1914 fünf Kam-

Gyges und Krösus 382

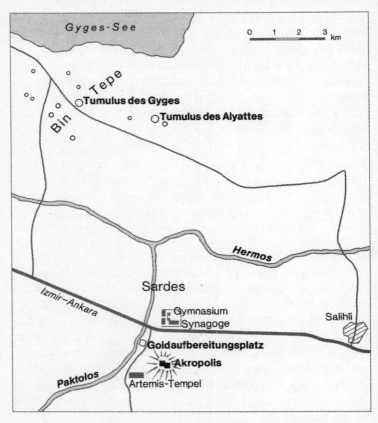

In Sardes und Umgebung finden sich noch beachtliche Zeugnisse vergangener Größe

pagnen durch und begann seine Arbeiten nach Ende des Ersten Weltkrieges erneut. Butler, der mächtige Finanzleute als Mäzene hinter sich wußte, sagte, Sardes sei der Schlüssel für viele historische und archäologische Probleme. Er hat über tausend Felsgräber freigelegt, die allerdings fast alle ausgeraubt waren bis auf rund siebzig, die mehr oder weniger interessante Funde zutage förderten.

Von Butler erzählt man sich noch heute Anekdoten. Es wird berichtet, daß er streng auf die Einhaltung von Formalitäten achtete. So mußten die Teilnehmer der Expedition zum Dinner stets im Smoking erscheinen. Oft galoppierte er auf einem schwarzen Hengst durchs Ausgrabungsgelände, und mit einer Pfeife gab er jeweils das Signal zum Beginn und Ende der täglichen Arbeit. Schließlich landete ein Mitglied der Expedition, Theodore Leslie Shear, einen großen Glückstreffer: Er entdeckte im Spalt eines römischen Grabes, das in ein früheres lydisches Grab hineingebaut worden war, ein Gefäß mit sechsunddreißig Goldstücken aus der Zeit des Königs Krösus.

Unser heutiges Wissen von Sardes geht jedoch weitgehend zurück auf die im großen Stil durchgeführte »Harvard-Cornell-Expedition« der Jahre 1958 bis 1975 unter der Leitung von George M. A. Hanfmann von der amerikanischen Cambridge-Universität in Massachusetts (in der Zeit von 1958 bis 1971 waren allein über zweihundert Experten aller Fachrichtungen dort tätig).

Die Expedition hat nicht nur umfangreiche Grabungen, sondern auch Rekonstruktionen vorgenommen. Nördlich der Hauptstraße entstand wieder das Gymnasium mit dem quadratischen Hof der Palästra, dem anschließenden, zweistöckigen Marmorhof und weiteren Gebäuden. Die Anlagen stammen aus griechisch-römischer Zeit. Sardes hatte im 3. Jahrhundert v. Chr. ein griechisches Theater,

und bald darauf wurde das Gymnasium gebaut (133 v. Chr. wurde Sardes in die römische Provinz Asia eingegliedert).
Besonders gelungen ist neben dem Marmorhof die wiederaufgebaute Synagoge mit Säulenvorhof, langgestrecktem Hauptbau und der Apsis. Die Reste von Mosaiken, ein Brunnen und ein Marmortisch mit Adlern an den Seiten fügten sich zu einem harmonischen Ganzen zusammen.
Schon früh haben Juden in Sardes eine Rolle gespielt. Sie kamen im 6. Jahrhundert v. Chr. nach der Zerstörung Jerusalems (587) durch die Babylonier. Es gab dann weitere Zuwanderungen. Die Juden genossen Sonderrechte und waren bald gut gestellt. Das Ende ihrer Gemeinde kam schließlich im 7. Jahrhundert n. Chr., als der persische Herrscher Chosroes II. Sardes zerstörte.

Ein Stoff zur Legendenbildung

Unser besonderes Interesse gilt der lydischen Epoche, deren Ursprünge neben historisch Greifbarem sich im Sagenhaften verlieren.
Historisch ist Gyges aus der Familie der Mermnaden, die am königlichen Hof geachtet, aber auch gefürchtet war. Zu dieser Zeit herrschte Kandaules aus dem Geschlecht der Herakliden. Doch Gyges riß die Macht an sich, wobei ihm die Frau des Kandaules, mit der er in ehebrecherischer Beziehung stand, behilflich gewesen ist. Das war ein Stoff, so recht geeignet zur Legendenbildung.
Herodot gab der Geschichte die folgende Fassung...

König Kandaules pflegte mit seinem Ratgeber Gyges nicht nur Staatsangelegenheiten zu besprechen, sondern auch Privates. Einmal erzählte er, seine Frau sei die schönste der Welt. Als er zu merken glaubte, Gyges bezweifle es, sagte er: »Sieh zu, daß du sie einmal unbekleidet siehst.« Gyges erwiderte: »Wenn eine Frau ihr Gewand ablegt, entkleidet sie sich auch ihrer Achtung. Ich glaube ja, daß deine Frau die schönste der Welt ist. Aber ich bitte dich, nichts Unrechtes von mir zu verlangen.«
Kandaules sagte jedoch: »Ich werde es so einrichten, daß meine Frau es gar nicht bemerkt, wenn du sie siehst. Ich werde dich in dem Gemach, in dem wir schlafen, hinter die geöffnete Tür stellen. Nach mir wird dann meine Frau hereinkommen. Nahe der Tür steht ein Sessel. Darauf wird sie ihre Kleider legen. So kannst du sie in Muße betrachten. Wenn sie aber vom Sessel zum Lager geht und dir den Rücken zuwendet, mußt du dich, ohne daß sie dich sieht, entfernen.«
Als der späte Abend gekommen war, führte Kandaules seinen Ratgeber ins Schlafgemach. Gleich darauf erschien auch die Königin. Gyges sah, wie sie ihre Gewänder ablegte, und als sie ihm den Rücken zuwandte, schlich er sich hinaus. Aber die Königin hatte Gyges erkannt und wußte, daß alles von ihrem Mann ausgegangen war. Sie ließ sich nichts anmerken, war aber entschlossen, sich an ihrem Mann zu rächen. Sie ließ Gyges am nächsten Tag kommen und sagte: »Du hast die Wahl: Entweder tötest du Kandaules, nimmst mich zur Frau und wirst König von Lydien, oder du mußt auf der Stelle sterben. Einer von euch darf nicht mehr leben. Entweder er, der jenen Plan ersonnen hat, oder du, der mich nackt gesehen und getan hat, was sich nicht gehört.«
Gyges wählte das Leben.

Als die Nacht hereinbrach, folgte er der Frau ins Schlafgemach. Sie gab ihm einen Dolch und versteckte Gyges hinter der Tür. Nachdem Kandaules sich zur Ruhe begeben hatte, tötete Gyges ihn und bestieg den Thron als neuer König von Lydien. Das geschah zu Beginn des 7. Jahrhunderts v. Chr.

Es gibt noch eine andere Fassung der Erzählung. Sie geht auf Platon zurück. Danach ist Gyges ein Hirte gewesen, der in einer Höhle einen goldenen Ring fand, der seinen Träger unsichtbar machte. Mit diesem Ring ist Gyges ins Schlafgemach des Königspaares gelangt, sah die Frau des Kandaules und hat sich ihr vorübergehend gezeigt. Aus dieser Geschichte hat Friedrich Hebel die außerordentlich erfolgreiche Tragödie »Gyges und sein Ring« gemacht, die 1889 in Wien uraufgeführt wurde und in der der Ring zum Symbol für das unheimliche Walten des Schicksals wird.

Der Mord an Kandaules und die Thronbesteigung des Gyges sind geschichtlich gesichert. Das ist die eine Sache. Die andere: Das Ganze fand zunächst nicht die Zustimmung der Bevölkerung. Es kam zu Kämpfen. Die streitenden Parteien einigten sich schließlich dahingehend, daß Gyges dann Herrscher sein sollte, wenn das Orakel von Delphi ihn als König bestätige. Gyges hatte aber zwischenzeitlich dem Orakel große Weihegeschenke gemacht und hielt diese Praxis auch später bei. Er hat Delphi regelrecht bestochen, damit sich das Orakel im Sinne seiner Politik äußere. Von den Geschenken für Delphi schreibt Herodot: »Silberne Geschenke stehen dort in großer Zahl, und außer den silbernen weihte er auch unermeßlich viele goldene, unter denen sechs goldene Mischkrüge die denkwürdigsten sind. Diese stehen im Schatzhaus der Korinther zu Delphi und haben ein Gewicht von dreißig Talenten...

In Delphi nennt man diese goldenen und silbernen Geräte, die Gyges gestiftet hat, Gygadas, eben nach dem Namen des Stifters.«

Gyges hat, wie damals üblich, Politik mit dem Schwert gemacht und so griechische Kolonien in Kleinasien erobert – und er hat mit Gold und Silber seine Herrschaft gesichert. Er konnte dies, weil Lydien durch Edelmetallfunde im Paktolos-Fluß, der durch Sardes fließt, einer der reichsten Staaten damaliger Zeit war.

Nekropole der tausend Hügel

Gyges starb im Kampf gegen die Kimmerer. Das geschah 652 v. Chr. Er wurde nördlich der Stadt auf dem größten und bedeutendsten Grabhügelfriedhof Kleinasiens beigesetzt, zwei Kilometer südlich eines Sees, der im Altertum Gyges-See genannt wurde. Bei den Türken heißt die Nekropole »Bin Tepe« (Tausend Hügel), die Zahl der Tumuli beträgt allerdings »nur« etwa hundert. Der Tumulus des Gyges, aus Erde, Lehm, grobem Sand und Steinen errichtet, wurde von 1963 bis 1966 im Rahmen der »Harvard-Cornell-Expedition« von dem amerikanischen Archäologen Greenewalt (»Greenie«) ausgegraben. Er stieß auf Gänge von Grabräubern, legte aber die Grabkammer nicht frei – die Suche war zu kompliziert und zu kostspielig.

Als wichtigstes Ergebnis stellte sich heraus, daß der Hügel ursprünglich wesentlich kleiner und von einer Rundmauer umgeben war. Diese Mauer, »Lydische« oder »Crepis-

Über hundert Grabhügel gibt es in der Ebene von Sardes. Das Bild zeigt den größten, der eine Höhe von 70 Metern hat. Er gilt als das Grab des Alyattes, des Vaters von Krösus

Mauer« genannt, bestand aus zwei Lagen großer rechteckiger Steine sowie abschließenden mächtigen Rundsteinen in der Art liegender Säulen. Der später wesentlich vergrößerte Tumulus hat heute die Höhe von fünfzig und einen Durchmesser von zweihundert Metern. Mehr als zwanzig Steinritzungen im Grabhügel, der von den Türken »Karniyarik-Tepe« genannt wird, wurden von Hanfmann als »GuGu« gedeutet – das ist, assyrischen Berichten zufolge, der Name des Königs Gyges. Auch Zeilen des griechischen Dichtes Hipponax, der im 6. Jahrhundert v. Chr. gelebt hat, bestätigen, daß der Tumulus das Grab des Gyges ist.

Etwas mehr als drei Kilometer südöstlich des Hügels erhebt sich ein anderer, noch größerer. Er ist siebzig Meter hoch und gilt als Grab des Königs Alyattes, der von etwa 605 bis um 560 regierte und Lydiens Großmachtstellung weiter ausbaute. Der Hügel hat wegen seiner Größe zu allen Zeiten starke Beachtung gefunden. Herodot schreibt: »Ein Werk gibt es in Lydien, das außer den ägyptischen und babylonischen Bauten nicht seinesgleichen hat. Das ist das Grabmal von Krösus' Vater Alyattes. Sein Unterbau besteht aus großen Steinen, das Grabmal selber aus aufgeschütteter Erde. Die Arbeit daran haben die Händler, die Handwerker und die käuflichen Dirnen getan. Oben auf dem Grabhügel sind fünf Tafeln angebracht, die noch heute vorhanden sind; auf ihnen ist verzeichnet, wieviel jeder der drei Gruppen gearbeitet hat. Vergleicht man danach, so ergibt sich, daß die Dirnen den größten Teil der Arbeit geleistet haben. Die jungen Töchter bei den Lydern führen nämlich ein unzüchtiges Leben ... Der Umfang jenes Grabhügels beträgt sechs Stadien und zwei Plethren, sein Durchmesser dreizehn Plethren.« Umgerechnet ergibt sich daraus ein Umfang von 1171,42 Metern und ein Durchmesser von 400,79 Metern.

Schon früh sind Grabräuber in den Tumulus eingedrungen; es gab verschiedene Versuche, die Schätze, die dem König beigegeben worden waren, zu rauben. Als der Deutsche Spiegelthal 1853 mit wissenschaftlichen Grabungen begann, legte er im Südwesten des Hügels eine Vorkammer aus Kalkstein und eine Grabkammer aus weißem Marmor frei, beide aus großen Blöcken gefertigt, die mit Krampen miteinander verbunden waren. Irgendwelche Funde machte Spiegelthal, wie auch der britische Archäologe Dennis rund achtzehn Jahre später, jedoch nicht. Der Brite meinte ärgerlich, in der Antike müsse sich wohl jeder als Räuber betätigt haben, und verzichtete auf eine Publikation.

Nachfolger auf dem lydischen Thron war Alyattes' Sohn Krösus (lateinisch Croesus). Er ist zwar historisch faßbar (er soll etwa von 560 bis 546 regiert haben), aber das meiste aus seinem Leben ist Sage und Legende. Schon als Prinz lebte er aufwendig, was Neid erregte und Bestrebungen förderte, ihn von der Thronfolge zu verdrängen. Plutarch berichtet, die zweite Frau des Alyattes habe Krösus mit vergiftetem Brot umbringen wollen. Die Bäckerin aber, die das Brot gebacken, habe Krösus gewarnt. Dieser habe das Brot den Kindern seiner Stiefmutter gegeben. Von der Bäckerin habe er dann eine goldene Skulptur herstellen lassen – Herodot will in Delphi eine drei Ellen hohe Bildsäule der Bäckerin gesehen haben.

Krösus war einer der reichsten Männer des Altertums

Als König betrieb Krösus eine Eroberungspolitik großen Stils. Zunächst unterwarf er Ephesos, die anderen Küstenstädte folgten, so daß er bald alle griechischen Siedlungen – bis auf Milet – bezwungen hatte. Auch die Völker westlich des Halys mit Ausnahme der Lykier und Kiliker unterjochte er. Die lydische Macht hatte damit ihren Höhepunkt erreicht – alle eroberten Länder mußten beträchtliche Tributzahlungen leisten. Außerdem konnte Krösus auf große Goldgewinne aus Bergwerken zwischen Atarneus und Pergamon und aus Goldwäschereien am Fluß Paktolos zurückgreifen. Der König der Lyder war unbestritten einer der reichsten Männer des Altertums.
Mit seinen Goldschätzen ging er großzügig um. Als beispielsweise die Lakedämonier (Spartaner) eine goldene Apollo-Statue kaufen wollten, schenkte er sie ihnen. Auch Alkmeon, den er sehr schätzte und der einem der angesehensten attischen Adelsgeschlechter angehörte, zeigte er sich großzügig: Er wollte ihm alles Gold schenken, das er tragen konnte. Alkmeon griff daraufhin zu einer List: Er legte einen weiten »Chiton« an, ein griechisches Kleidungsstück, und zog die größten Stiefel an, die er finden konnte. »So ging er in die Schatzkammer, in die man ihn führte«, berichtet Herodot. »Er fiel über die Haufen Goldstaubes her, stopfte zuerst soviel Gold in die Stiefel, wie sie nur fassen konnten, füllte dann das ganze Gewand, streute auch Goldstaub auf die Kopfhaare und nahm Gold in den Mund. Als er die Schatzkammer verließ, konnte er kaum seine Stiefel bewegen und war einem Menschen sehr unähnlich geworden ... Krösus lachte, als er ihn sah, ließ ihm

alles Gold und schenkte ihm noch einmal soviel. So kam das Geschlecht des Alkmeon zu großem Reichtum.«
Das Gold des Krösus hat die »Harvard-Cornell-Expedition« von Beginn an fasziniert. Es war eines ihrer Ziele, über diese Schätze Genaueres zu erfahren – sowie sie andererseits wissen wollte, was es auf sich hatte mit

- den Königs-Tumuli und anderen alten Gräbern,
- der Akropolis auf dem Bergrücken,
- dem alten Stadtgebiet von Sardes,
- den antiken Tempeln,
- dem Gymnasium-Komplex,
- der Synagoge und vielem anderen mehr.

Krösus' Gold war für die amerikanischen Archäologen ein Traum. George M. A. Hanfmann schreibt in seinem Buch »Briefe aus Sardes« zum 6. August 1968: »Da zu sein, wo Krösus' Reichtum entstand, seine Handwerker zu beobachten, wie sie die Blasebälge bedienten, wie sie in Schmelzöfen Gold aufbereiteten und in Tiegel gossen – das konnte nur ein Traum sein: Dennoch haben wir diese Szene realisiert und können sie nachweisen aufgrund eindrucksvoller Spuren.«
Alles begann am 6. Juli 1968. Damals säuberte der »archäologische Detektiv« Andrew Ramage von der Harvard-Universität sorgfältig einen Lehmboden in der Nähe des Paktolos. Da nahm er plötzlich Umrisse von kleineren grünen Ringen wahr, von schalenartigen Vertiefungen, von Ton und Asche umgeben und mit einer grauen, schweren Substanz am Boden. Ramage hatte sofort den Verdacht, daß diese Bodenringe etwas zu tun haben mußten mit der Verarbeitung von Metall – und damit begann die Jagd nach dem Gold des Krösus.

Dies waren die Ergebnisse: Am Paktolos fand man zwei Plätze mit rund dreihundert Ringen, die einen Durchmesser von etwa zwanzig Zentimetern aufwiesen; sie zeigten Spuren von intensiver Hitze, von Asche sowie Reste von oxidiertem Blei. In diesen Schalen haben die Lyder vor über zweieinhalbtausend Jahren erzhaltige Sande aus dem Paktolos stark erhitzt und gewannen dabei das sogenannte Elektrum (Elektron), eine Legierung aus Gold und Silber. Es diente als Material für ein Münzsystem. Die Münzen hatten einen Goldgehalt von 50 bis 75 Prozent Gold; der Rest war im wesentlichen Silber.

Zur Herstellung von Feingold mußten nun Gold und Silber voneinander getrennt werden. Dies geschah durch das Herauslösen des Silberanteils mit einer heißen Säure. Das noch heute angewandte Verfahren wurde in besonderen Öfen bei hohen Temperaturen durchgeführt. So wurde in dieser »Scheideanstalt« gediegenes Gold gewonnen, das Grundlage des Staatsschatzes und der Goldwährung war und auch zur Schmuckherstellung diente. Die Veredelungsverfahren kamen in von Mauern umgebenen Aufbereitungsanlagen zur Anwendung, in denen jeweils etwa zwanzig bis fünfzig Mann beschäftigt waren.

Eine der großen wirtschaftlichen Revolutionen

Herodot schreibt: »Die Lyder sind die ersten Menschen, von denen wir wissen, daß sie Gold- und Silbermünzen geprägt und verwendet haben.« Hanfmann sieht darin einen historisch überaus bedeutenden Vorgang: »Die Mermna-

Gyges und Krösus

den haben eine der größten wirtschaftlichen Revolutionen in die Wege geleitet, die die Menschheit je durchgemacht hat.« Hanfmann verweist in diesem Zusammenhang auf Behauptungen, wonach

- eine vom Staat garantierte Währung in Sardes erfunden wurde;
- der Übergang vom Tauschhandel zur Geldwirtschaft in Sardes durchgeführt worden ist;
- die freie Marktwirtschaft, die auf Angebot und Nachfrage beruht, zum ersten Mal in Sardes wirksam wurde.

Hanfmanns Resümee: »Was haben wir erreicht? Es gibt, denke ich, keinen Zweifel daran, daß die Entdeckung der Goldaufbereitung am Paktolos ein fundamentaler Beitrag zur wirtschaftlichen und technologischen Geschichte des lydischen Königreiches ist und, in der Tat, der antiken Welt. Wir stehen buchstäblich auf dem Boden, auf dem Krösus' Reichtum entstand.«
Abgesehen von der Einführung einer Währung war auch der Export von Gold äußerst wichtig. Lydien hat große Mengen von Gold ausgeführt und war in den Jahren von 650 bis 550 für das griechische Festland der große Lieferant des Edelmetalls. Damit wuchs das Ansehen Lydiens beträchtlich.
Der Wohlstand des Landes wird besonders deutlich vor dem Hintergrund früherer Zeiten. Denn es hat auch Perioden der Armut gegeben. Herodot berichtet von einer achtzehn Jahre währenden Hungersnot und der merkwürdigen Art, ihr zu begegnen. »Damals wurden das Würfel- und Knöchelspiel, das Ballspiel und alle anderen Spiele er-

funden, nur nicht das Brettspiel, dessen Erfindung die Lyder nicht für sich in Anspruch nehmen. Durch diese Spiele vertrieben sie den Hunger in der Weise, daß sie einen ganzen Tag lang spielten, um die Eßlust nicht aufkommen zu lassen, und den nächsten Tag aßen sie und spielten nicht.«
Würfel aus Terrakotta, zweieinhalb Zentimeter hoch, haben die Archäologen übrigens bei ihren Arbeiten am Artemis-Tempel gefunden.
In einem der beiden freigelegten Goldaufbereitungsgebiete, dem »Paktolos Nord«, stießen die Ausgräber 1968 auf einen etwa drei Meter langen und rund zwei Meter breiten Altar aus aufgeschichteten Gneissteinen. Es war ein Heiligtum aus Krösus' Zeit zu Ehren der kleinasiatischen Göttin Kybele, der Gottheit der Mermnaden. Kybele war Patronin der Metallaufbereitungsanlagen am Paktolos. Ihr Altar war ursprünglich von vier steinernen Löwen umgeben gewesen, von denen Reste gefunden wurden. In späterer, griechischer Zeit wurde aus Kybele Artemis.
Der Göttin Artemis war südlich des »Industriegeländes« von Sardes ein riesiges Bauwerk gewidmet, ein überwältigender großer Tempel, hundert Meter lang, mit acht mal zwanzig Säulen, deren Kapitelle und Basen kunstvoll gearbeitet waren. Der Tempel, dessen Ruine noch heute Bewunderung erregt, stammt allerdings nicht aus der Zeit der Mermnaden – er wurde später, im 4. Jahrhundert v. Chr., begonnen und in mehreren Bauphasen beendet. Damals war Lydien Teil des Seleukidenreiches, das fast ganz Vorderasien bis zum Indus umfaßte.
Steht man heute im Artemis-Tempel und blickt durch die gewaltigen Säulen nach Norden, steigen im Hintergrund die steilen, gezackten Berge auf. Hier, schwer zugänglich, lag ehemals die Akropolis, die Burg der lydischen Könige. Sie war von den ersten Tagen der Siedlung an bis zum

Gyges und Krösus

Ende der Stadt Sardes und darüber hinaus eine natürliche Festung und ein bedeutendes Rückzugsgebiet. Nach Herodot wurde die Burg im 8. Jahrhundert angelegt.
Auf der Akropolis herrschte Krösus. Hier stand sein Palast, hier war die königliche Verwaltung, hier lagen die Archive mit der Korrespondenz, die mit Griechenland, Assyrien, Ägypten, Babylon und Medien geführt wurde. Auf der Akropolis war auch, vielfach gesichert, die Schatzkammer des Königs, auf die er unermeßlich stolz war. Er glaubte, der reichste Mann der Welt zu sein, machte keinen Hehl daraus und ließ es seine Besucher wissen – auch angeblich Solon, den griechischen Gesetzgeber und Dichter (etwa 640 bis etwa 560). In Wirklichkeit hat dieser Besuch nie stattgefunden, denn Solon starb zu der Zeit, als Krösus den Thron bestieg. Doch im Kern gibt die Legende Richtiges wieder...

Solon in der Schatzkammer

Sie berichtet, wie Solon auf die Burg gelangte, freundlich empfangen und gut bewirtet wurde. Am dritten oder vierten Tag führten die Diener den Gast in die Schatzkammer und zeigten ihm die Kostbarkeiten, die hier angehäuft waren. Dann fragte Krösus – so lesen wir bei Herodot: »Fremdling aus Athen, der Ruf deiner Weisheit ist zu uns gedrungen, und man hat uns oft von dir erzählt, daß du als Freund der Weisheit und um die Welt kennenzulernen, viele Länder der Erde besucht hast. Nun hat mich das Verlangen ergriffen, dich zu fragen, ob du wohl einen Men-

Kapitell einer Säule vom Tempel der Artemis in Sardes

schen gefunden hast, welcher der allerglücklichste auf Erden ist.« Krösus stellte diese Frage, weil er glaubte, selbst der glücklichste Mensch auf Erden zu sein. Aber Solon wollte ihm nicht schmeicheln, sondern sagte: »Ja, König. Tellos in Athen ist der glücklichste.«
Solon begründete seine Aussage. So geht Herodots Bericht (verkürzt) weiter: »Tellos hatte tüchtige Söhne. Er war wohlhabend, und sein Leben krönte ein herrlicher Tod. Er nahm an einem Kampf der Athener gegen ihre Nachbarn in Eleusis teil, brachte die Feinde zum Weichen und starb als Held. Die Athener ehrten ihn hoch.«
Nun fragte Krösus, wer nach Tellos der glücklichste sei. So-

lon sagte: »Kleobis und Biton. Diese beiden Brüder aus Argos trugen oft Preise auf Kampfspielen davon. Als man das Fest der Hera feierte, mußte die Mutter der beiden in den Tempel gefahren werden. Da die Stiere, die den Wagen ziehen sollten, nicht rechtzeitig zur Stelle waren, traten Kleobis und Biton unters Joch und zogen den Wagen, auf dem die Mutter saß. Sie liefen fünfundvierzig Stadien [rund 8,5 Kilometer] bis zum Tempel. Die Mutter trat nun vor das Bild der Göttin und bat diese, sie möge ihren Kindern das Schönste gewähren, was ein Mensch erlangen kann. Nach dem Gebet nahmen die Söhne am Opfer und am festlichen Mahl teil. Dann legten sie sich im Tempel zur Ruhe und erwachten nicht mehr. Die Gottheit hatte damit gelehrt, daß der Tod für den Menschen besser sei als das Leben.«

Solon hatte also Kleobis und Biton an die zweite Stelle in der Reihe der Glücklichen gesetzt. Darüber geriet Krösus in Hitze und sagte: »Fremdling aus Athen, mein Glück achtest du also gering, da du mich nicht einmal unter diese gewöhnlichen Bürger einreihst?«

Solon antwortete: »Ich sehe, daß du über große Reichtümer verfügst und König bist über viele Völker. Aber das, was du fragst, kann ich nicht eher beantworten, bis ich Kunde darüber habe, daß dein Leben auch glücklich zu Ende ging. Manchem winkte die Glückseligkeit, und doch hat die Gottheit ihn dann ins tiefste Elend gestürzt.«

Die furchtbare Rache der Gottheit

Als Solon abgereist war, kam die furchtbare Rache der Gottheit über Krösus, wohl deshalb, weil er sich für den allerglücklichsten Menschen hielt. Schon bald hatte er einen Traum, in dem er erlebte, wie einer seiner beiden Söhne, Atys, den er über alles liebte (der andere Sohn war stumm), von einer Lanze getötet wurde. Wenig später kam Atys auf einer Jagd tatsächlich durch einen versehentlichen Speerwurf ums Leben.

Wer denkt bei dieser Sage nicht auch an Schillers »Ring des Polykrates«, an das Gedicht, in dem Polykrates, Tyrann von Samos, zum ägyptischen König sagt: »Gestehe, daß ich glücklich bin!« Doch der ägyptische Gast will dem nicht zustimmen, auch nicht, als eine Glücksbotschaft nach der anderen eintrifft. Im Gegenteil, der Besucher vom Nil wertet das Glück nur als Vorspiel zu einem schlimmen Ende:

> *Hier wendet sich der Gast mit Grausen:*
> *»So kann ich hier nicht ferner hausen,*
> *mein Freund kannst du nicht länger sein.*
> *Die Götter wollen dein Verderben,*
> *fort eil ich, nicht mit dir zu sterben.«*
> *Und sprach's und schiffte schnell sich ein.*

Krösus achtete sehr auf Träume und besonders auf die Verkündigungen der Orakel. Doch deren Aussagen waren unterschiedlich. Um festzustellen, welche der Orakelstätten die Wahrheit verkündete, stellte er sie auf eine Probe. Er schickte Beauftragte nach Delphi, nach Abai in Phokis, nach Dodona und zu den Orakeln des Amphiaraos und des Zeus Trophonios (beide in Böotien), wieder andere zu dem Priestergeschlecht der Branchiden bei Milet. Er sandte sogar Kuriere zum Orakel in der nordafrikanischen Oase Siva. Die Boten sollten bei ihrer Abreise die Zeit genau bedenken und am hundersten Tag bei den Orakeln fragen, was jetzt der König der Lyder täte. Die Antworten sollten sie notieren und ihm mitteilen. Man weiß nicht, was die jeweiligen Orakel geantwortet haben – nur die Aussage aus Delphi ist überliefert...

> *Weiß ich doch, wieviel Sand am Ufer und wie weit das Meer ist,*
> *höre ich doch der Stummen Gespräche und der Schweigenden Worte!*
> *Duft der Schildkröte, des gepanzerten Tieres, erreichte mich wohl,*
> *kochend zusammen mit dem Fleisch des Lammes in eherner Pfanne;*
> *Erz umschließt es von allen Seiten, oben wie unten.*

Als die Boten zurückgekehrt waren, entfaltete Krösus ihre mitgebrachten Schriftrollen und las. Keiner der Sprüche fand seine Zustimmung – bis auf die Antwort aus Delphi. Diese erkannte er als richtig an. Nur Delphi, so sagte er, hätte erraten, was er damals getan: eine Schildkröte und ein Lamm zerschnitten und zusammen in einem ehernen Kessel gekocht, auf dem ein eherner Deckel lag.

Geschenke und Fehler

Als Krösus sah, daß nur der Gott in Delphi die Wahrheit wußte und die Gabe der Prophezeiung wirklich besaß, versuchte er, Delphi durch gewaltige Opferspenden für sich zu gewinnen. Dreitausend Stück Vieh jeder Art opferte er und verbrannte gold- und silberbeschlagene Ruhebetten, goldene Schalen und Purpurgewänder, die er alle auf einem Scheiterhaufen türmen ließ. Auch seine Lyder mußten opfern, jeder von seinem Besitz. Nachdem er jene Opfer vollbracht hatte, schmolz er große Mengen Goldes ein und formte Halbziegel daraus, sechs Handbreit lang, drei breit und hoch. Es waren im ganzen 117 Ziegel, vier davon aus lauterem Gold, jeder zweieinhalb Talente schwer (ein attisches Talent entsprach 26,2 Kilogramm), die anderen aus Weißgold, zwei Talente schwer. Ferner bildete er einen Löwen aus lauterem Gold, zehn Talente schwer... Krösus fügte jedoch noch mehr hinzu: zwei gewaltige große Mischkrüge, einen aus Gold und einen aus Silber, vier silberne Fässer und zwei Weihbecken, ein goldenes und ein silbernes – und er schickte noch viele andere, nicht näher zu bestimmende Geschenke.

Nachdem er Delphi so reich bedacht – und eingedenk dessen war, was Solon ihm berichtet hatte –, wollte er von der Pythia auch wissen, ob seine Herrschaft von langer Dauer sein würde. Das Orakel gab ihm daraufhin zur Antwort:

Nur wenn einst ein Maultier den Medern [Persern] als König gebietet,
dann entflieh, zartfüßiger Lyder, zum steinigen Hermos ohne Zaudern und scheue dich nicht, Feigling genannt zu werden.

Als der Lyder dies vernahm, war er hoch erfreut, da er dachte, daß nur ein Mensch, nie aber ein Maultier König der Meder sein könnte, daß also er und seine Nachkommen nie den Thron verlieren würden.

Krösus hatte inzwischen die ganze westliche Hälfte Kleinasiens erobert bis zum Grenzfluß Halys, dem längsten Fluß Vorderasiens. Er wollte nun seine Eroberungspolitik nach Osten fortsetzen, das heißt Krieg gegen Persien führen. Vorher aber schickte er Boten zum Orakel des Amphiaraos und vor allem zum Orakel von Delphi und ließ fragen, ob er Krieg gegen die Perser führen solle oder nicht. Als die Boten zu den Tempeln gelangten, überreichten sie Weihegeschenke, stellten ihre Fragen und erhielten von beiden Orakeln die gleiche Antwort. Sie verkündeten, wenn Krösus den Halys überschreite, werde er ein großes Reich zerstören.

Krösus begann den Krieg, überschritt den Grenzfluß und brach in persisches Gebiet ein. Er verheerte Kappadokien und eroberte die Hauptstadt Pteria. Hier kam es zur Schlacht mit dem Heer des persischen Königs Kyros' II. Der Kampf war verlustreich auf beiden Seiten, wurde aber in der Nacht als unentschieden abgebrochen. Da Kyros sich am nächsten Tag nicht wieder stellte, kehrte Krösus nach Sardes zurück. Doch Kyros folgte ihm, und in der Ebene von Sardes kam es erneut zur Schlacht.

Die Sage berichtet, Kyros habe alle Kamele zusammentreiben, ihnen die Lasten abnehmen und Krieger aufsitzen lassen. Er selbst setzte sich an die Spitze des Heeres, Krösus' Reiterei gegenüber. Hinter den Kamelen ließ er Fußvolk antreten, hinter das Fußvolk stellte er seine Reiterei. Die Kamele hatte er deshalb der lydischen Reiterei gegenüber aufgestellt, »weil Pferde sich vor Kamelen fürchten und weder ihren Anblick noch ihren Geruch ertragen können«. Seine Absicht war also, Krösus' Reiterei kampfunfähig zu machen, von der dieser hauptsächlich den Sieg erwartete. Der Kampf begann, und sobald die Pferde die Kamele witterten, machten sie kehrt, und Krösus' Hoffnungen waren dahin.

Vom Kampf wird noch berichtet, daß ein Perser auf Krösus zulief, um ihn zu töten. Das sah der zweite, stumme Sohn des Krösus. Er erkannte die Gefahr, in der sein Vater war, und konnte plötzlich sprechen. Er rief mit lauter Stimme: »Mann, töte Krösus nicht!« Darüber war der Perser so erschrocken, daß er vom Angriff abließ. Zur Vorgeschichte dieser Legende heißt es noch, daß Krösus – in glücklichen Tagen – über das Schicksal seines Sohnes das Orakel von Delphi befragt und zur Antwort erhalten hatte:

Lyder, Herr über viele Völker, törichter Krösus!
Wünsche dir nicht, die ersehnte Stimme des Sohnes zu hören.
Denn er wird sprechen dereinst am unglückseligsten Tag.

An dem »unglückseligsten Tag« wurde die Festung von Sardes eingenommen. Das geschah folgendermaßen: »Der persische König Kyros II. ließ verkünden, er wolle den, der zuerst die Mauer der Burg ersteige, reich beschenken. Darauf unternahm das Heer einen Angriff, der aber nicht zum Ziel führte. Als die Krieger wieder am Fuß der Akropolis angelangt waren, versuchte ein Mann namens Hyroiades den Aufstieg an einer Stelle der Burg, die nicht bewacht war. Von dieser Seite befürchteten die Lyder keine Erstürmung, weil der Hang ungewöhnlich steil war und die Akropolis unangreifbar schien. Auch hatte ein früherer König, Meles mit Namen, mit einem Zauber die Burg uneinnehmbar machen wollen. Dabei hatte ein Löwe

eine Rolle gespielt, das Wappentier von Sardes, das der Göttin Kybele heilig war. Meles trug den Löwen rings um die Burg, doch hatte er den südlichen Teil, der dem Tmolos-Gebirge gegenüberliegt und am steilsten ist, ausgelassen. Das war ein Fehler nach den Regeln der Magie. An dieser Stelle hatte Hyroiades einen Lyder beobachtet, wie er die Burg hinabstieg, um einen Helm heraufzuholen, der hinabgefallen war. Hyroiades merkte sich die Stelle, kletterte am nächsten Tag dort den Berg hinauf, und andere Perser folgten. So wurde die Akropolis nach vierzehntägiger Belagerung eingenommen und Sardes zerstört.«
Es soll im Jahr 547 v. Chr. gewesen sein.

Überaus schwierige Ausgrabungen

Die amerikanischen Archäologen der »Harvard-Cornell-Expedition« haben auch einige Kampagnen auf der Burg durchgeführt. Sie kannten natürlich Herodots Buch und auch die Werke des Römers Vitruvius, der im ersten nachchristlichen Jahrhundert gelebt und zehn Bücher über Architektur und Militärtechnik geschrieben hat. Nach Vitruvius bestand die Akropolis aus übereinanderliegenden Terrassen, auf deren oberster sich der Palast erstreckte. Die Anlage ist wahrscheinlich mit Terrakotta-Verkleidungen dekoriert gewesen, von denen Reste unterhalb des Hügels gefunden wurden. Ein Bruchstück zeigt eine Kampfwagenszene.
Die Amerikaner hatten bei ihren Arbeiten auf der Akropolis beträchtliche Schwierigkeiten, da im Jahr 17 n. Chr. die

Westseite der Burg zerstört worden und in die Tiefe gestürzt war. Der amerikanische Experte William M. Mierse sagt: »Die Akropolis ist von Erdbeben und Bergstürzen betroffen gewesen, die große Veränderungen verursachten und verifizierbare topographische Informationen fast unmöglich machten.« Dennoch hat die Expedition unter anderem Mauern aus Quadersteinen gefunden, »aus denen der Palast des Krösus gebaut sein könnte«. Die Befestigungsmauern zogen sich fünfzehn Meter abwärts und hatten eine Höhe von bis zu sieben Metern. Da nach Angaben aus früheren Zeiten die Festung als uneinnehmbar galt, hält Mierse Herodots Angaben, wonach die Akropolis durch Irrtum eingenommen wurde, für nicht unwahrscheinlich. Dennoch: Als Alexander der Große 334 v. Chr. Sardes eroberte, war er von den dreifachen Mauern, die die Akropolis umgaben, stark beeindruckt.

Kehren wir zurück zu Krösus. Historisch gesehen, ist es nicht ausgeschlossen, daß er beim Fall seiner Hauptstadt noch den Versuch gemacht hat, sich durch Verbrennung das Leben zu nehmen. Ein Bild auf einer Amphora aus Etrurien aus der Zeit um 500 bis 490 v. Chr. (heute im Pariser »Louvre«) zeigt ihn auf einem Scheiterhaufen, während ein Diener das Feuer entfacht. Auch die Legende berichtet von einem Scheiterhaufen, den Krösus auf Befehl von Kyros besteigen mußte – zusammen mit vierzehn lydischen Knaben. Da soll Krösus an Solon gedacht haben und an dessen Worte, wonach kein Mensch glücklich sei, solange er lebe. Dreimal soll er Solons Namen gerufen haben.

Als Kyros das hörte, ließ er durch den Dolmetscher fragen, wen Krösus anriefe. Der König blieb lange stumm, brach schließlich doch das Schweigen und berichtete von »einem Mann, mit dem alle Herrscher ein Gespräch führen sollten«. Weiter sagte er, Solon sei einst zu ihm gekommen, habe seine Herrlichkeiten gesehen, aber verachtet, und es sei all das eingetroffen, was der griechische Weise vorhergesagt habe – besonders vom Schicksal der Menschen, die sich für glücklich hielten.

Krösus ruft Apollo um Hilfe an

Inzwischen war Feuer an den Scheiterhaufen gelegt worden, und die Flammen schlugen hoch. Da befahl Kyros, das Feuer zu löschen und Krösus und die anderen zu retten. Die Diener versuchten, dem Befehl nachzukommen, wurden aber des Feuers nicht Herr. Als Krösus dies gewahr wurde, rief er Apollo um Hilfe an. Da versammelten sich am Himmel dunkle Wolken, ein furchtbares Unwetter brach los, das Feuer erlosch.

Nach der Rettung sagte der persische König zu Krösus, er wolle ihm eine Gnade gewähren. Der Lyder antwortete: »Herr, am meisten würde ich dir danken, wenn du erlaubtest, Boten zum Gott in Delphi zu senden, um anzufragen, ob es Brauch sei, seine Freunde zu betrügen.« Kyros gewährte die Bitte. So kamen Abgesandte nach Delphi und fragten, ob der Gott sich nicht schäme, Krösus durch Orakelspruch zum Krieg gegen die Perser und zu seinem Sturz angetrieben zu haben, zumal der lydische Herrscher so große Weihegeschenke gestiftet habe.

Die Pythia antwortete, der Gott habe ihm doch geholfen, indem er ihn vor dem Feuertod gerettet habe. Den Orakelspruch tadele er überdies zu Unrecht. Denn Apollo habe

Gyges und Krösus

Auf dieser Amphora aus Vulci in Etrurien ist die Szene abgebildet, die sich seinerzeit in Lydien zugetragen haben soll: König Krösus auf dem Scheiterhaufen. Die Amphora, um 500/490 v.Chr. entstanden, befindet sich heute im Pariser »Louvre«. Foto: Louvre

Steinerne Zeugen vergangener Größe: Reste des Gymnasiums in Sardes. Im Hintergrund die Akropolis

zwar gesagt, wenn Krösus gegen die Perser zöge, würde er ein großes Reich zerstören. Der König hätte aber nachfragen müssen, welches Reich, das persische oder sein eigenes, gemeint gewesen wäre. Auch den Orakelspruch vom Maultier habe er nicht richtig verstanden. Das Maultier sei Kyros gewesen, denn er entstamme zwei ganz verschiedenen Völkern, sei doch seine Mutter von edler Geburt gewesen als sein Vater.

Die meisten Einzelheiten dieser Berichte verdanken wir Herodot, der in seinen »Historien« ausführlich das Leben Krösus' schildert, den Aufstieg, den Reichtum, die Verstrikkungen, in die er geriet, den Sturz an einem Tag und die damit verbundene Vernichtung eines bedeutenden Reiches. Dieses dramatische Geschehen hat in hohem Maß das Interesse der Griechen gefunden. Es kam ihrem Verständnis für die Tragödie, die sie als Kunstform geschaffen haben, entgegen. Bei diesen Dichtungen hat der Neid der Götter – wie im Fall des Krösus – oft die entscheidende Rolle gespielt.

Touristenattraktion in Kleinasien: Das hölzerne Pferd von Troja

Der Krieg, der nicht stattfand

Troja

»Daß der Trojanische Krieg tatsächlich stattfand, kann man wohl glauben; wissen freilich dürfen wir es nicht.«

Justus Cobet

Das Hotel »Bakia« im türkischen Çanakkale liegt direkt am Hafen. Ein prächtiger Blick bietet sich hier auf Boote und Schiffe und die spiegelnde Wasserfläche, die sich westwärts zum europäischen Ufer der Dardanellen hinzieht, nach Kilid-el-Bahr mit seinen Türmen und Mauern, einer Festung aus byzantinischer Zeit. Hier – zwischen Europa und Asien – ist die engste Stelle der Dardanellen, an der die südwestwärts strömenden Fluten beachtliche Geschwindigkeit erreichen. Es herrscht reger Fährverkehr. Hin und wieder kreuzen auch größere Schiffe, die von Istanbul kommen oder Kurs auf die Stadt am Goldenen Horn nehmen.
Die Szene vor dem Hafen wird plötzlich durch ein riesiges Kreuzfahrtschiff belebt. Es verlangsamt die Fahrt, rasselnd fallen die schweren Anker. Boote, die in Wartestellung gelegen haben, laufen das Schiff an, und schon bald werden die Passagiere an Land gebracht: hundert, zweihundert, fünfhundert, sechshundert. Sie haben nur ein Ziel: Troja. – Wenig später treffen wir die Touristen-Invasion in den Ruinen der antiken Stadt.
Als wir das erste Mal Troja besuchen wollten – das ist

lange her –, wußten wir nicht, ob wir unser Ziel wirklich erreichen würden. In unserem Türkei-Führer aus dem Jahr 1956 stand: »Troja-Besucher benötigen eine Ermächtigung des Vali von Çanakkale; diese Ermächtigung wird nur in äußerst seltenen Fällen erteilt.« Da wir die türkische Bürokratie kannten, hatten wir ernste Zweifel an der Realisierung unseres Vorhabens. Dennoch sind wir damals ohne größere Schwierigkeiten nach Troja gelangt. Wir waren die einzigen Besucher.
So ändern sich die Zeiten.
Troja ist immer von höchster Ausstrahlung gewesen. Grund war Homers Epos, die »Ilias«, die den erbitterten Kampf um die Stadt zwischen den Achäern, den Griechen, und den Trojanern schildert. Ursache für den Krieg war nach dem Epos der Raub der Helena, der Tochter des Zeus und der Leda, Frau des Königs von Sparta, Menelaos. Wegen ihrer Schönheit wurde Helena von Paris, Sohn des trojanischen Königs Priamos, entführt. Die Griechen machten sich unter dem mykenischen König Agamemnon, einem Bruder Menelaos', auf, Helena zurückzugewinnen. Zehn Jahre tobte der Kampf. Dieses von Homer erzählte Epos haben die Menschen früherer Zeiten für wahr gehalten. Frauenraub wie die Plünderung und Zerstörung feindlicher Städte waren durchaus üblich. So heißt es von den Kriegsgesetzen der Antike in der Bibel, im 5. Buch Mose 20, 13–14: »...so sollst du alles, was männlich darin [in der Stadt] ist, mit der Schärfe des Schwertes erschlagen. Nur die Frauen, die Kinder und das Vieh und alles, was in der Stadt ist, und alle Beute sollst du unter dir austeilen...«

Es war eine Machtfrage

Tatsächlich kann aber Frauenraub im trojanischen Krieg, wenn er tatsächlich stattgefunden haben sollte, nicht der Grund für den Kampf gewesen sein. Es war vielmehr eine Machtfrage. Es ging um das Aufbrechen des Sperriegels vor den Dardanellen, des Hellesponts, wie die Wasserstraße damals genannt wurde. Dabei waren die topographischen Gegebenheiten andere als zu Zeiten Heinrich Schliemanns, der sich 1870 darangemacht hat, Troja auszugraben, den Hügel, den die Türken Hisarlik nennen. Der deutsche Altertumsforscher hat bekanntlich nicht nur ein Troja freigelegt, sondern mehrere übereinanderliegende, die er mit römischen Ziffern kennzeichnete. Diese Stadtgründungen lagen in der Antike weit näher am Meer als heute. Der deutsche Archäologe Manfred Korfmann vom Vor- und Frühgeschichtlichen Institut der Universität Tübingen, der seit 1982 mit einem größeren Team Troja ausgräbt und seine Arbeiten bis in die neunziger Jahre fortführen wird, ist der Meinung, daß zur Zeit von Troja VI und VII, das heißt zur Zeit der »Ilias« im 13. Jahrhundert v. Chr., Troja »noch in unmittelbarer Nähe der marinen Zonen« gelegen habe. »Erst in römischer Zeit war dann der Küstenverlauf annähernd dem vergleichbar, den wir heute kennen.«

Auch andernorts hat sich die Küstenlinie verschoben, so in der Beşik-Bucht, die rund sieben Kilometer südwestlich von Troja liegt. Die Bucht hat eine besondere Bedeutung: Sie ist der Hafen Trojas gewesen. Diese Auffassung bestand nicht immer. Aufgrund der Angaben in der »Ilias« glaubte man früher, der Hafen müsse an der Skamander-Mündung gelegen haben, nordwestlich von Troja, direkt am Eingang der Dardanellen. Aber die Forschung ist heute anderer Meinung. Schon 1898 legte der deutsche Wissenschaftler Wilhelm Sieglin dar, der Hellespont sei bei den antiken Geographen nicht auf die Wasserstraße allein beschränkt gewesen. Man habe die Region im weiteren Rahmen gesehen. So habe die Beşik-Bucht noch zu den Dardanellen gehört.

Troja kontrollierte die Dardanellen

Korfmann schreibt: »Wahrscheinlich wurde diese Bucht jahrhundertelang, wenn nicht jahrtausendelang, benutzt, um in ihrem Schutz den extrem seltenen Südwind abzuwarten, der es ermöglichte, trotz der starken, widrigen Meeresströmungen (ca. 5 km/h) die Einfahrt in die Dardanellen zu bewältigen.« Diese Bucht hat wesentlich zum überragenden Einfluß der antiken Stadt beigetragen. Korfmann: »Es ist zu vermuten, daß Trojas Bedeutung maßgeblich mit der Möglichkeit zusammenhing, die Durchfahrt durch die Dardanellen zu kontrollieren und in der Beşik-Bucht fast immer zum Warten gezwungenen Schiffen Abgaben in beliebiger Höhe diktieren zu können.«
Im Norden dieser Bucht ragt ein Kap, Beşik-Yassi-Tepe genannt, mit einem Leuchtturm besetzt, ins Meer hinaus. Schon 1973 hat ein besonders guter Kenner der Troas, der britische Archäologe Cook, geäußert, auf diesem Felsenhügel habe die alte Siedlung Achilleion gelegen. Sie ist um 600 v. Chr. von Griechen gegründet worden und soll sich nach alten Schriften nahe dem Grab Achills befunden ha-

ben. Nun liegt sechshundert Meter nordöstlich ein größerer Tumulus, Sivri-Tepe genannt. »Er kann noch nicht endgültig als Grabmal des ausgehenden 2. Jahrtausends ausgeschlossen werden«, meint Korfmann. Bei einem anderen Grabhügel, Üveçik-Tepe, vier Kilometer südöstlich von Achilleion, scheidet allerdings ein Bezug zur »Ilias« aus, da der Tumulus auf römische Zeit zurückgeht.

Als Troja in byzantinischer Zeit endgültig in Schutt und Asche fiel, war es keineswegs um seinen Ruhm geschehen. Zu sehr ist in den Jahren vorher sein Nimbus verbreitet worden. Vor allem hat der im 1. Jahrhundert v. Chr. lebende römische Dichter Vergil dazu beigetragen, daß Trojas Glanz nicht verblaßte. In seiner »Aeneis« hatte er den aus der zerstörten Stadt geflüchteten Äneas zum Gründer Roms gemacht, womit aller Glanz der Vergangenheit auf das neue Weltzentrum fiel. Von solcher Beweisführung war das Abendland so fasziniert, daß Troja ganz allgemein als heroischer Ursprung der westlichen Welt angesehen wurde.

Die »Ilias« wirkte auch noch in späteren Jahrhunderten nach: Konstantin der Große (280 bis 337) war, als er für das Oströmische Reich eine angemessene Lage für seine neue Hauptstadt suchte, zunächst geneigt, sie auf dem Vorgebirge Sigeion in der südlichen Troas zu gründen, wählte aber schließlich Byzanz; der römische Senator Cassiodor (487 bis 583), der um einen Ausgleich zwischen Römern und Ostgoten bemüht war, schrieb dem Ostgotenkönig Theoderich trojanische Abstammung zu; als die Franken zu einer beherrschenden Macht geworden waren, wurde von ihnen erzählt, ein Teil des trojanischen Volkes sei unter der Führung Priamos' von Kleinasien über die Donau zum Niederrhein gezogen und habe in Xanten ein neues Troja begründet – bald hatte die Stadt den Doppel-

namen Xanten-Troja; und im »Nibelungenlied« heißt Siegfrieds Gegenspieler »Hagen von Tronje«, was nichts anderes bedeutet als »Hagen von Troja«. Selbst die Briten wollten auf den sagenhaften Ruf dieser Stadt nicht verzichten. So hat der im 12. Jahrhundert lebende Geoffrey of Monmouth, Bischof, Historiker und »Legendenerzähler«, in seiner zwölfbändigen »Geschichte der britischen Könige« berichtet, London habe ursprünglich »Troynovant« geheißen, »Neu-Troja«.
Wer in jenen Zeiten keinen »Trojaner-Nachweis« vorzeigen konnte, war nichts wert. Troja war A und O, Anfang und Ende, und überstrahlte alle Metropolen. Nachdichtungen der trojanischen Sage im Mittelalter, dem mysteriösen »Alexander-Roman« vergleichbar, haben den legendären Ruf der Stadt noch weiter verherrlicht.

Die Skulptur des Laokoon

Nun wird in der »Aeneis« von Vergil geschildert, wie der Priester Laokoon mit seinen beiden Söhnen am Strand der Troas mit zwei von den Göttern geschickten Schlangen ringt. Von diesem Kampf gab es auch eine Skulptur, die im Altertum hochberühmt gewesen ist. Der römische Dichter Plinius (23 bis 79) hat gesagt, sie sei das berühmteste Kunstwerk, das er kenne. Doch die Plastik ging verloren. Eineinhalb Jahrtausende danach geschah dann die Sensation: Im Januar 1506 wurde sie bei der Kirche Santa Maria Maggiore in Rom aufgefunden.

Die Skulptur blieb das berühmteste Kunstwerk der Antike. Auch Napoleon war dieser Meinung, weshalb er sie 1797 als Beute nach Paris schaffen ließ. Die Skulptur kehrte erst 1815 nach Rom zurück, in die Vatikanischen Sammlungen. Der deutsche Archäologe Bernard Andreae sagt – im Gegensatz zur bisherigen Auffassung –, es handele sich nicht um eine Originalskulptur, sondern um die Kopie einer hellenistischen Bronzeplastik aus dem 2. Jahrhundert v. Chr. Die Gruppe hat bis in die Jetztzeit aus verschiedenen Gründen hohe Aufmerksamkeit gefunden, unter anderem wegen der komplizierten Umstände ihrer Restaurierung. Beim Auffinden im Jahr 1506 – Michelangelo war dabei – fehlte der rechte Arm. Er wurde aus Gips, ausgestreckt, nachgebildet. Es war eine falsche Restauration. Dies ergab sich vierhundert Jahre später, als bei einem römischen Steinmetz ein abgewinkelter Marmorarm gefunden wurde. Zunächst wußte man nicht, zu welcher Skulptur er gehört haben konnte. Doch nach einiger Zeit ergab sich, daß es der fehlende Arm des Laokoon war. Erst 1957 wurde der falsche, ausgestreckte Arm durch den echten, abgewinkelten ersetzt, wodurch die Gruppe ein neues, künstlerisch vollendetes Aussehen erhielt.

Die Laokoon-Skulptur hat nachhaltig die Renaissance, die Wiedergeburt der Antike, beeinflußt, wie auch den Humanismus, der die alte Kulturwelt neu erschloß. Der Begriff des »Klassischen« wurde vertieft. Schiller und Goethe setzten dazu Maßstäbe in der Literatur. Der Archäologe und Kunsthistoriker Johann Joachim Winckelmann (1717 bis 1769) trennte Römisches und Griechisches und beschwor leidenschaftlich letzteres, womit die Griechen zu den eigentlichen Trägern des Klassischen wurden. »Die Quellen suchen, heißt nach Athen reisen«, schreibt Winckelmann.

Im 19. Jahrhundert trat dann ein Ereignis ein, welches das Interesse der Intellektuellen an ihrem Hellas noch weiter in hohem Maße verstärkte: der Kampf der Griechen um ihre Unabhängigkeit von den Türken in den Jahren 1821 bis 1829. Bekannte Persönlichkeiten setzten sich energisch für Athen ein, eine Vielfalt von Büchern begleitete wohlwollend die griechischen Bestrebungen. Es entstand ein romantischer »Philhellenismus«.

Schliemann und Troja

In dieser Zeit lebte Heinrich Schliemann (1822 bis 1890). Er verfolgte die Vorgänge in Griechenland mit brennendem Interesse. Schon als Kind hatte er sich für Troja interessiert, nachdem sein Vater ihm die »Weltgeschichte für Kinder« von Georg Ludwig Jerrer geschenkt hatte. In dem Buch war die Geschichte Trojas spannend geschildert. Ein Bild zeigte Äneas auf der Flucht, den Vater auf dem Rücken, seinen Sohn Julus an der Hand, die brennende Stadt Troja im Hintergrund. Als der junge Schliemann mit roten Backen das Buch gelesen hatte und mit seinem Vater darüber sprach, wobei er auf das Bild von Troja deutete, will er zu seinem Vater gesagt haben: »Wenn solche Mauern einmal gestanden haben, so können sie doch nicht ganz verschwunden sein. Sie müssen noch heute unter dem Schutt der Jahrhunderte verborgen liegen. – Wir kamen überein, daß ich dereinst Troja ausgraben sollte.«
Schliemann, 1822 in Neu-Buckow in Mecklenburg geboren, war nur bis zum vierzehnten Lebensjahr auf der

Schule. Dann kam er als Lehrling in ein Gemischtwarengeschäft und verkaufte über fünf Jahre lang Salz, Heringe, Kartoffeln, Milch, Butter und Honig. Danach ging er nach Amsterdam. Hier lernte er verschiedene Sprachen: Englisch, Französisch, Holländisch, Spanisch, Portugiesisch, Italienisch und auch Russisch. Er war sprachbegabt. Wenn er aber später schrieb: »Ich hatte es nicht nötig, mehr als sechs Wochen auf jede dieser Sprachen zu verwenden, um sie geläufig zu sprechen und zu schreiben«, so war dies eine jener Legenden, die er über sich selbst gern verbreitet hat.

Mit vierundzwanzig kam er nach Sankt Petersburg. Und hier begann sein schwindelerregender Aufstieg als Kaufmann. Mit großer Intuition und rücksichtsloser Ausnutzung prekärer, politisch-militärischer Situationen erwarb er ein ungeheures Vermögen. Am 10. Januar 1855 schreibt er aus der Stadt an der Newa an seinen Freund Bahlmann: »Ich gelte hier und in Moskau als der schlaueste, durchtriebenste und fähigste Kaufmann ... Ich habe hier manchmal die wunderbarsten Operationen gemacht und bin dadurch hier und in Moskau zum Sprichwort geworden.«

Seine Liebe galt Griechenland, seinem Hellas. Nachdem er in Rußland und dann in Amerika geschäftlich höchst erfolgreich gewesen war, begann er ein neues Leben und widmete sich ganz dem Altertum, obwohl er keinerlei wissenschaftliche Ausbildung genossen hatte. Er war jedoch ein Mann von ungewöhnlicher Energie und ließ sich bei Erreichung seiner Ziele durch nichts abbringen. Schliemann nahm alle Schwierigkeiten in Kauf, auch schwere körperliche Belastungen. Er wollte unbedingt beweisen, daß Troja keine Legende, sondern harte Realität gewesen war. Zunächst ging es für den Amateurforscher um die genaue Lage von Troja.

Der Skamander (heute Menderes) im Vorfeld von Troja

Gegen Ende des Mittelalters hat der Orientreisende Hans Schiltberger, der unter anderem in türkischen und mongolischen Diensten gestanden hat, in seinem 1473 erschienenen Buch »Reise in die Leidenschaft« geschrieben: »Unweit von Konstantinopel, auf einer schönen Ebene am Meer, hat früher die Stadt Troja gestanden, und man erkennt noch sehr gut die Stelle, wo sie sich einstmals befand.« – Doch welchen der möglichen Plätze hat er gemeint?

Der Franzose Jean Baptiste Lechevalier, der 1785 mit der »Ilias« in der Hand die Troas bereiste, gelangte zur Auffassung, die antike Stadt habe auf einem vorspringenden Hügel am linken Ufer des Flusses Skamander gelegen, nahe dem kleinen Ort Bunarbaşi. Auch andere waren dieser Ansicht, wie etwa der Geograph und Kartograph Heinrich Kiepert, der Archäologe Ernst Curtius oder Helmuth von Moltke, der spätere Generalfeldmarschall, der 1835 bis 1839 in türkischen Diensten gestanden hat. Moltke schrieb am 21. November 1837: »... so schließt sich die weite Thalebene an eine Hügelkette, auf deren Fuß das Dorf Bunarbaschi liegt, so genannt nach der Quelle des Skamander, die hier aus dem Kalkstein hervorsprudelt. Ersteigt man nun, in derselben östlichen Richtung fortschreitend, den sanften Hügel, so ist man auf dem Punkt, wo die meisten Reisenden annehmen, daß Ilium gelegen.« Österreichische Grabungen im Jahr 1864 schienen diese Annahme zu bestätigen.

Doch es gab auch andere Meinungen. So war Frank Calvert, Engländer und amerikanischer Konsul in der Türkei, der Auffassung, Troja müsse nahe dem Ort Hisarlik gelegen haben, näher zum Meer und viele Kilometer nördlich von Bunarbaşi. Er hatte alte Scherben bei Hisarlik gefunden, hatte einen Teil des Hügels aufgekauft und war bei Stichgrabungen auf den alten Athene-Tempel gestoßen sowie auf Reste einer alten Mauer. Als Schliemann Calvert kennenlernte, berichtete dieser von seinen Grabungen und sagte, Troja müsse auch noch aus anderen Gründen bei Hisarlik gelegen haben. Denn dort sei, was sich aus Inschriften ergebe, die römische Stadt Ilion gewesen. Homer aber habe Troja »Ilios« genannt.

Schliemann, der sich auch schon in Bunarbaşi umgesehen hatte, stimmte Calverts Meinung sofort zu. In einem anschließenden Briefwechsel hat Calvert noch zahlreiche Ratschläge erteilt, die für Schliemanns spätere Ausgrabungen äußerst wichtig waren. Der englische Schriftsteller Michael Wood schreibt: »Calvert war also der einzige Urheber. Doch Schliemann war später nicht bereit, seinen Ruhm mit ihm zu teilen.« Es gab sogar heftige Auseinandersetzungen zwischen beiden.

Schliemann begann im April 1870 mit Grabungen in Troja. Am ersten Tag setzte er acht Arbeiter ein, am nächsten fünfunddreißig, am dritten siebenundvierzig. Später wurden es weit über hundert. Solch Großeinsatz war bis dahin unbekannt. Schliemann glaubte, das gesuchte Troja müsse zu den untersten Siedlungsschichten gehören. Um bis zu diesen vorzustoßen, ließ er einen bis zu zwölf Meter tiefen Graben durch den Hügel ziehen, womit er allerdings vieles von dem zerstörte, was er zu finden hoffte. Denn Homers Troja lag nicht in der Schicht II, in der er seine Arbeiter ansetzte, sondern in viel jüngeren Schichten.

Der Palast des Priamos

Als Schliemann in Troja II mächtige Brandreste fand, war er davon überzeugt, die Reste der gesuchten Stadt gefunden zu haben, da diese ja nach ihrer Eroberung in einem riesigen Feuer untergegangen sein sollte. Er glaubte auch, im Westen der Ruinenstadt den Palast des Königs Priamos gefunden zu haben, der im 6. Gesang der »Ilias« als großartige Anlage geschildert wird:

Doch er [Hektor] gelangte zum schönen Haus des Priamos,
das mit glatt behauenen Vorhallen erbaut war. Darinnen waren 50 Gemächer aus schön geglättetem Marmor

*nah beieinander gebaut: da pflegten des Priamos Söhne
bei ihren Gattinnen zu ruhen.
Für die Töchter aber waren gegenüber innerhalb des Hofes
zwölf überwölbte Gemächer aus schöngeglättetem Marmor
nah aneinander gebaut: da pflegten die Schwiegersöhne
des Priamos zu schlafen bei ihren edlen Gattinnen...* (241 ff.)

Auch das Skäische Tor mit seinem großen Turm, das in der
»Ilias« genannt wird, vermeinte Schliemann im Süden der
Stadt freigelegt zu haben. Im 3. Gesang des Epos heißt es:

*Bald gelangten sie zum Skäischen Tor.
Hier saßen Priamos und Panthoos neben Thymoites,
Lampos, Klytios und auch Hiketaon, Sohn des Ares,
sowie Antenor, der Held, und Ukalegon, verständig
    beide,
die Ältesten der Stadt, am Skäischen Tor,
und ruhten aus vom Krieg. Doch im Rat
waren sie tüchtige Redner, den Zikaden nicht ungleich,
    die im Wald
von den Bäumen ihre lilienartigen Stimmen ertönen lassen.
So saßen die Führer der Troer auf dem Turm.* (145 ff.)

Am 15. Juni 1873 wollte Schliemann die Grabungen vorerst einstellen. Doch einen Tag zuvor gab es einen aufsehenerregenden Fund. Schliemann berichtet: »Während wir an dieser Umfassungsmauer vordrangen und immer mehr von ihr aufdeckten, traf ich dicht neben dem alten Haus, etwas nordwestlich von dem Tor, auf einen großen,

kupfernen Gegenstand von sehr merkwürdiger Form, der sogleich meine Aufmerksamkeit um so mehr auf sich zog, als ich glaubte, Gold dahinter schimmern zu sehen... Wollte ich den wertvollen Fund für die Altertumswissenschaft retten, so war es zunächst geboten, ihn mit größter Eile und Vorsicht vor der Habgier meiner Arbeiter in Sicherheit zu bringen; deshalb ließ ich denn, obgleich es nicht die Zeit der Frühstückspause war, unverzüglich zur Pause rufen... Der Anblick so zahlreicher Gegenstände, deren jeder einzelne für die Archäologie von unschätzbarem Wert sein mußte, machte mich tollkühn und ließ mich an die Gefahr gar nicht denken. Doch würde trotzdem die Fortschaffung des Schatzes mir nicht geglückt sein, wenn nicht meine Gattin mir behilflich gewesen wäre; sie stand, während ich arbeitete, neben mir, immer bereit, die von mir ausgegrabenen Gegenstände in ihren Schal zu packen und fortzutragen.«
Der geborgene, aus Tausenden von Einzelstücken bestehende Schatz war ungeheuerlich: Schilde, Kessel, Krüge, Becher, Pokale, Schalen, Reifen, über fünfzig goldene Ohrringe, über achttausend andere Ringe, Diademe – so prachtvoll und einzigartig, wie man sie kaum jemals zuvor gesehen hatte. Der ehemalige Kaufmann war davon überzeugt, daß dies der Schatz des Priamos sei, den der König versteckt habe, als Troja in Flammen stand. Schliemann legte seiner Frau ein goldenes Diadem um, goldenen Halsschmuck und photographierte sie. Es war der Höhepunkt seiner Karriere als Altertumsforscher. Der großartige Schatz, der jahrelang in Berlin ausgestellt war, ging nach dem Zweiten Weltkrieg verloren. Er ist jedoch nicht verschollen, sondern wird im Puschkin-Museum in Moskau unter Verschluß gehalten. Es ist anzunehmen, daß er an Deutschland zurückgegeben wird.

Der Schatz von Mykene

1876 machte Schliemann erneut einen bedeutenden Fund: Er grub in Mykene die sogenannten Schachtgräber aus mit unermeßlich wertvollen Beigaben. Dabei fand er goldene Schmuckstücke aller Art, Siegelringe, Armbänder, Bergkristalle und vor allem die berühmten Goldmasken und Brustplatten. Es war einer der reichsten Funde des Altertums (heute im Archäologischen Museum von Athen zu sehen). Die Welt, die bis dahin schon das Leben dieses Mannes staunend verfolgt hatte, feierte Schliemann als einen ihrer Großen. Zweifellos hat er sich viele Verdienste um die Altertumswissenschaft erworben. Er hat die vorhomerische Welt wiederentdeckt und der frühgeschichtlichen Forschung neue Aufgaben gestellt. Auch ist er der erste gewesen, der die Bedeutung der keramischen Funde für die Archäologie erkannt hat.

Schliemann ist aber schon zu seiner Zeit heftig kritisiert worden. Unwichtig waren die ständigen Angriffe eines Hauptmanns a.D., Ernst Bötticher mit Namen, der nicht nachließ zu behaupten, Schliemanns Troja sei nichts anderes als eine große Feuernekropole. Ernst zu nehmen waren dagegen verschiedene Gutachten der Experten. Bei ihren vielfach negativen Einschätzungen schwang natürlich auch Neid mit, denn schließlich hatte Schliemann als Außenseiter, als Dilettant, unwahrscheinliche Leistungen vollbracht.

Es gab aber auch genügend Gründe für eine substantielle Kritik. Denn Schliemann hatte sich als Laie über bestimmte Praktiken der Wissenschaft einfach hinweggesetzt. Die für jeden Forscher unerläßlich Vorsicht, die ständige Überprüfung der eigenen Arbeiten – all das lag ihm

nicht. Bestimmend für ihn war der öffentliche Erfolg, den er unter allen Umständen erringen wollte, wie er es von früher her bei seiner Tätigkeit als Geschäftsmann mit internationalen Beziehungen gewohnt gewesen war.
Als Fehler seiner Forschungen stellten sich unter anderem heraus:

- Das Troja Homers, das er gesucht hatte, lag nicht in der Schicht II, wie er bis kurz vor seinem Tod angenommen hat, sondern darüber.
- Er hat nicht den Palast des Priamos und das Skäische Tor entdeckt; der bedeutende Schatz hat nicht König Priamos gehört, sondern einem Herrscher, der Jahrhunderte früher gelebt hat.
- Die in Mykene gefundenen Goldmasken stammten nicht aus dem 13. oder 12. Jahrhundert v. Chr., sondern waren wesentlich älter. Die »Goldene Maske des Agamemnon« muß einem anderen König zugeordnet werden.

Schliemann hätte Fehler vermeiden können, wäre er zurückhaltender gewesen. Das aber lag ihm nicht. »Mein größter Fehler ist«, hat er einmal von sich selbst gesagt, »ein Prahler und Bluffer zu sein.« Damit, so meinte er, habe er allerdings auch zahlreiche Vorteile gehabt. Durch die Art und Weise, wie er vorging, haben ihm denn auch schon zu seinen Lebzeiten nicht wenige mißtraut. So hielt der deutsche Archäologe Ernst Curtius ihn für einen »Schwindler«, und der französische Diplomat und Schriftsteller Graf Joseph Arhur Gobineau nannte ihn einen »Scharlatan«.
Es wurden zahlreiche Unrichtigkeiten und Widersprüche in seinen Schriften festgestellt. Anscheinend sind auch

einige seiner Funde zu etwas weit Bedeutenderem gemacht worden, als sie es waren. Aufschlußreich in diesem Zusammenhang wurde ein Treffen, das im Februar 1983 in der Universität von Colorado (USA) stattfand, auf der unter anderem die deutschen Gelehrten Hartmut Döhl und Wolfgang Schindler sprachen und vor allem der Amerikaner William M. Calder III. Letzterer sagte über Schliemann: »Ich kann Ihnen beweisen, daß er log und täuschte, daß er änderte, vertuschte und Dokumente fälschte, um Unwahrheiten wahr erscheinen zu lassen, daß er Fundgegenstände kaufte und sagte, er hätte sie ausgegraben, daß er eine Vergangenheit erfand, die es nie gegeben hat, daß er bestach und betrog, um seine Ziele zu erreichen.« Diese schweren Beschuldigungen sind zumindest zum Teil berechtigt.

Man liest die »Ilias« heute anders

Über hundert Jahre nach Schliemann liest man die »Ilias« anders als damals und anders als in den Zeiten zuvor. Wenn man sich früher mit dem Epos sogar identifiziert hat, so kann heute davon natürlich keine Rede sein. Helmut Schmidt, Bundeskanzler a.D., schreibt: »Zur Zeit der Entstehung früherer Weltreiche hat es eine solche Verurteilung kaum gegeben; die Unterwerfung fremder Völker und die Auslöschung ihrer Staaten wurden weniger als Schuld der Eroberer begriffen, sondern vielmehr als unabwendbares Schicksal. Als meine Generation in der Schule von Alexander dem Großen, von Caesar, von Karl dem

Großen oder von Napoleon hörte, kam es den Lehrern nicht in den Sinn, die legendären Eroberer als Verbrecher gegen die Menschlichkeit darzustellen: im Gegenteil, sie wurden eher heroisiert.«

Die »Ilias« gibt den Geist des 8. Jahrhunderts v. Chr. wieder. Es war eine kriegerische, unbarmherzige, brutale Zeit, in der die Bezeichnung »Städteplünderer« ein Ruhmestitel war. Die Schlacht war »männerehrend«, wie es in der »Ilias« heißt (4, 225). Der Krieg wird so grausam geschildert, wie er gewesen ist:

- Blutig fließt ihr Gehirn, wie der Wein hier, auf die Erde (3, 300).
- Deren Leichname sollen vermodern als Raub der Geier (4, 237ff.).
- Da nahte, der ihn verwundet hatte, und bohrte ihm die Lanze in den Nabel, und es stürzten zur Erde die Gedärme (4, 524ff.).
- Laßt uns töten die Männer! Nachher könnt ihr ruhig den Leichnamen das Waffengeschmeide abziehen (6, 70ff.).
- Er aber stürmte weiter, nach Mord und Gewürge sich sehnend (21, 33).
- Auch zwölf Jünglinge werde ich am Totenfeuer dir schlachten (21, 33).

Selbst den im Kampf Gefallenen wurde keine Ruhe gewährt. Als Achill Hektor erschlagen hatte, schleifte er den Leichnam ums Grab seines Freundes Patroklos:

- Er hatte die Pferde an den Wagen gespannt und Hektor zum Schleifen an den Wagen gebunden und dreimal ums Grab des Minoitios-Sohnes gezogen (24, 13ff.)

Ein uralter Brauch

Nun sind Umritt oder Umgang um ein Grab ein uralter Brauch. Das war auch später noch üblich, etwa bei den Römern, auch bei den Hunnen. Als deren König Attila 453 gestorben war, wurde sein Leichnam mehrfach umritten. Auch im altenglischen Heldengedicht »Beowulf« wird von ähnlichem Brauch berichtet. In Deutschland wurden noch in diesem Jahrhundert in manchen Orten die Leichen vor der Beerdigung dreimal um die Kirche getragen. Der Grund war, wie der deutsche Wissenschaftler Friedrich Schwenn anmerkt, »... die Leiche in die Hand Gottes zu geben. Die Schleifung Hektors bedeutete dasselbe: Seine Seele wird zum Eigentum des Patroklos gemacht... Nun wird es auch niemand wundern, daß Hektor unbekleidet ist, denn Knoten und Schnüre, wie sie an der Rüstung und im Gewand vorhanden sind, würden den Zauber nur hemmen. Auch darf der Tote im Jenseits keine Waffen haben, mit denen er sich etwa gegen seinen Herrn auflehnen könnte, sondern soll vielmehr ganz von der Gnade des Patroklos abhängig sein.« Bei allen bekannten Umgehungen ist es aber niemals so brutal zugegangen wie bei der Umfahrt, den die »Ilias« schildert. Es ist der Zorn des Achill, den die Muse besingt. Schon zu Beginn des Epos heißt es:

Singe, o Muse, den Zorn des Peleus-Sohnes Achill, der zehn-
tausend Schmerzen über die Achäer brachte und viele tapfere Seelen
in den Hades warf, ihre Körper aber den Hunden zur Beute machte
und den Vögeln zum Fraß... (1, 1ff.)

Ruinen in Troja

Im letzten und zu Beginn dieses Jahrhunderts wurden diese Stellen nicht recht wahrgenommen bzw. überlesen. Man hat die Abgründe menschlicher Natur nicht wahrhaben wollen. Sie passen nicht zum fleckenlosen Heroentum und zur Glorifizierung. Dennoch bleibt die »Ilias«, das früheste Werk griechischer Dichtung, ein bedeutender Beitrag zur Weltliteratur.

Wir haben einen Rundgang durch die Trümmer Trojas unternommen, durch die verschiedenen Siedlungsstufen der alten Stadt, durch Schliemanns Troja II, Dörpfelds Troja VI, Blegens Troja VIIa, Korfmanns Troja VIh und das hellenistisch-römische Troja IX. Wir kommen vorbei an den teilweise noch beträchtlich hohen Mauern, vorbei an Rampen, Durchlässen und Resten von Megaron-Bauten. Kaum etwas ist vom Athene-Tempel geblieben, nur ein paar Säulentrommeln und Kapitelle. Wir sehen Fundamente des Ost- und Westtores und des angeblichen Skäischen Tores sowie Reste des Nordostturms. Wir gelangen zu im Boden eingelassenen Vorratsgefäßen, Brunnenanlagen und Altären. Aus römischer Zeit stammen ein Theater, ein Stadtparlament, auch ein Gymnasium. Wir stoßen auf den großen Graben, den Schliemann durch den Hügel gezogen hat, und finden die Stelle, an der der deutsche Ausgräber im Jahr 1873 den großartigen Fund gemacht hat, den er fälschlicherweise für den Schatz des Priamos hielt...

Das Trojanische Pferd

Am Ausgang des Ruinenfeldes haben wir auf einer Bank Platz genommen. Gegenüber steht ein riesiges Holzpferd mit klobigen Beinen. Im Leib befinden sich auf jeder Seite vier große verschlossene Luken. Auf dem Rücken ist ein Holzaufsatz zu sehen, ebenfalls von Luken durchbrochen. Der Schweif wirkt struppig, der Hals hat eine gezackte Mähne, der Kopf mit den großen Nüstern ist gesenkt. Jeder Besucher denkt bei diesem Anblick natürlich an die Geschichte vom hölzernen Pferd, die allerdings nicht in der »Ilias« erwähnt wird, wohl in der »Odyssee«.
Neun Jahre hat der Trojanische Krieg gedauert, dennoch ist es den Griechen nicht gelungen, die Stadt einzunehmen. Da dachte mancher an einen Orakelspruch, den die Griechen vor ihrer Abreise aus Aulis nach Troja gehört hatten. Die »Ilias« hat es folgendermaßen dargestellt:

> *Siehe, ein Zeichen geschah: Eine am Rücken blutrote Schlange,*
> *gräßlich zu schauen, von Gott Zeus selbst gesandt,*
> *schoß unterm Altar hervor und fuhr schlängelnd am Ahorn empor.*
> *Dort hockten die Jungen eines Sperlings, kleine Vögelchen,*
> *auf dem obersten Ast, von Blättern gedeckt;*
> *es waren acht, und die Mutter, die sie geboren, war die neunte.*
> *Da fraß die Schlange die kläglich Zwitschernden.*
> *Die Mutter aber umflog wehklagend die Kinder,*
> *bis die Schlange sich ringelnd, die Schreiende am Flügel erhaschte.*

*Nachdem die Schlange die Mutter und ihre Kinder verzehrt hatte,
stellte der Gott, der sie gesandt hatte, sie als Wunder dar:
Denn die Schlange wurde nach dem Willen von Kronos'
  Sohn zu Stein.* (2, 308ff.)

Der griechische Seher Kalchas deutet diese seltsame Erscheinung folgendermaßen:

*Gleichwie die Schlange acht Junge verzehrt hat
und als neunte der Vögelchen brütende Mutter,
so werden wir neun Jahre um Troja Krieg führen,
doch im zehnten die Stadt voll prächtiger Gassen erobern...* (2, 326ff.)

Eingedenk dieses Seherspruchs und wissend, daß sie die Stadt im Kampf nicht bezwingen würden, verfallen die Griechen auf eine List. Der erfindungsreiche Odysseus schlägt vor, ein Pferd zu bauen, groß genug, um zahlreiche Krieger mit ihren Waffen im Inneren aufzunehmen. Die übrigen Griechen sollen sich mit ihren Schiffen auf die nahe Insel Tenedos zurückziehen. Einer ihrer Leute soll zurückbleiben, sich als Flüchtling ausgeben und die Trojaner bewegen, das Roß in die Stadt zu holen.
Odysseus' Vorschlag wird jubelnd begrüßt. Epeios, ein geschickter Handwerker, wird beauftragt, das Pferd zu bauen. Da die Göttin Athene hilft, geht die Arbeit schnell voran. Epeios zimmert die Füße, dann den Bauch, darüber Rücken und Hals, Kopf und Schweif werden reichlich mit Haaren versehen. Spitze und Ohren und gläserne, leuchtende Augen vervollständigen das hölzerne Tier. Es entsteht ein Meisterwerk. Betrachter meinen, das Roß müsse jeden Augenblick zu wiehern beginnen.

Schließlich klettern fünfzig Griechen über eine Leiter ins Pferd und verbergen sich im Inneren, während der Rest des Heeres zur Insel Tenedos segelt. Bald sind die Trojaner der Meinung, die Belagerer hätten den Kampf aufgegeben. Sie verlassen ihre Stadt, betrachten neugierig das hölzerne Roß und sind erstaunt und verwirrt zugleich, besonders als sie am Pferd die Inschrift finden: »Für ihre Rückkehr weihen die Griechen dieses Opfer der Göttin Athene«.
Die Trojaner sind jedoch unschlüssig, was mit dem Pferd zu geschehen habe. In der »Odyssee« heißt es im 8. Gesang:

> *Allda stand nun das Roß, und ringsum saßen die Feinde,*
> *hin und her ratschlagend. Sie waren dreifacher Meinung:*
> *Diese, das hohle Gebäude mit grausamem Erz zu spalten;*
> *jene, es hoch auf den Felsen zu ziehen und hinunter zu schmettern;*
> *andre, es zu weihen für ein Sühneopfer der Götter.*
>
> (504ff.)

Die Seherin Kassandra, Tochter des Königs Priamos, warnt, da im Bauch des Tieres Spione sein könnten. Ihr wird jedoch kein Glauben geschenkt. Der Priester Laokoon wiederholt die Warnung und schleudert seinen Speer gegen das Pferd. Dafür wird er von den Göttern bestraft: Zwei Schlangen kommen aus dem Meer und töten Laokoon und seine beiden Söhne. Nun wird der »Flüchtling« – er heißt Sinon – entdeckt und erzählt eine erfundene Geschichte. Die Griechen hätten ihn umbringen wollen, sagt er, weil er ein erbitterter Gegner des Odysseus sei. Das Pferd aber hätten sie gebaut, da sie sich die Feindschaft der Göttin Athene zugezogen hätten, als einige

schlaue Griechen – was selbst die Trojaner nicht wissen konnten – ihr geheiligtes Abbild, das Palladion, aus der trojanischen Burg stahlen. Mit dem Roß wollten sie die Göttin besänftigen. Sie hätten es so groß gebaut, damit es nicht in die Stadt geholt werden könne.
Nachdem die Trojaner diese Geschichte von Sinon gehört haben, glauben sie an keine Täuschung. Sie durchbrechen die Mauer und bringen das Roß in ihre Burg. Anschließend beginnt ein großes Gelage, da, wie sie meinen, der Krieg beendet sei. Doch in der Nacht öffnet Sinon den Bauch des hölzernen Pferdes, und die Krieger klettern heraus. Die auf den Schiffen ausharrenden Griechen werden mit Fackelzeichen zurückgerufen, und nun ist es für sie ein leichtes, die Trojaner zu besiegen, die sich einen gewaltigen Rausch angetrunken haben. Troja geht in Flammen auf.

Reine Erfindung?

Ist die Geschichte vom hölzernen Pferd nun reine Erfindung, oder hat sie einen Hintergrund? Diese Frage hat man sich schon in der Antike gestellt, da nicht selten die Meinung vorherrschte, irgendeinen Bezug müsse die Erzählung doch gehabt haben. Einige meinten, das Roß, das ja enorm groß geschildert wird, sei Sinnbild gewesen für Sturmleitern, mit deren Hilfe die Mauern Trojas bezwungen worden seien.
Der große Reisende Pausanias schrieb, nachdem er die Athener Akropolis besucht hatte: »Dann steht dort das so-

genannte hölzerne Pferd in Bronze. Daß das Werk des Epeios eine Erfindung zur Zerstörung der Mauer war, weiß, wer den Phrygern nicht jede Einfalt zutraut. Von jenem Pferd wird erzählt, daß es die Besten der Griechen in sich barg, und so ist auch dieses bronzene Pferd gemacht, und Menestheus und Teukros beugen sich aus ihm heraus und noch dazu die Söhne des Theseus.«

Die Erklärung des Trojanischen Pferdes als Kriegsmaschine hat etwas Überzeugendes, zumal der sogenannte »Sturmbock« in Ägypten gewesen ist. Später gab es den fahrbaren »Kanzelbrecher«, ein technisch relativ einfaches Gerät auf Rädern mit einem beweglich aufgehängten Stoßbalken, dessen Rammspitze als »Widderkopf« ausgebildet war. Mit diesem »Sturmbock« sind manche Mauern aufgebrochen worden – selbst die fast unbezwinglich erscheinende Festung Masada in Palästina wurde im Jahr 73 n. Chr. von den Römern mit einer solchen Kriegsmaschine erobert.

Aber die Erklärung des hölzernen Pferdes als Mauerbrecher widerspricht damaligen griechischen Gegebenheiten. Zu den Zeiten Homers gab es noch keine Stadterstürmungen mit dem »Widder«. Es bestanden nur zwei Möglichkeiten: Aushungern oder Überraschung. Kriegsmaschinen wurden von den Griechen erst später eingesetzt. Sie gelangten unter Philipp II. von Makedonien und besonders unter seinem Sohn Alexander voll zum Einsatz.

Wenn Kriegsmaschinen zur Deutung der Sage vom hölzernen Pferd ausscheiden, vor welchem Hintergrund könnte dann die Legende entstanden sein?

Das Pferd war von größter Bedeutung

Bei den Griechen ist das Pferd von allergrößter Bedeutung gewesen. Im Leben und Brauchtum spielte es eine überragende Rolle, auch im Kult. Dies bezeugt ein Grab, das um 1900 v. Chr. bei Marathon angelegt worden ist, in dem zwei Pferde nebeneinander bestattet worden waren. Als das Pferd militärisch eingesetzt wurde, entstand eine entscheidende Wandlung in der Kriegsgeschichte. Die Feldzüge veränderten sich; Schlachten boten neue, bisher nicht gekannte Möglichkeiten; die Operationen wurden raumgreifender. Alexander hätte seinen großen Zug durch Asien ohne Pferd nicht durchführen können. Dabei entstanden enge Beziehungen zwischen Roß und Reiter. Als Alexanders Pferd Bukephalos einging, ließ der junge Makedonenkönig das Tier nicht nur feierlich beisetzen, er nannte sogar eine Stadt nach ihm: Bukephala. In der Troas hat der amerikanische Archäologe Carl Blegen zahlreiche Pferdeknochen gefunden, und in der »Ilias« werden die Herrscher von Pylos, Nestor, wie auch der Sohn des trojanischen Königs Priamos, »Rossebändiger« genannt.
Oft erscheint das Pferd in der Mythologie. Bekannt ist das geflügelte Roß, der Pegasus, als Sinnbild der Dichter – oder der Kentaur, halb Pferd, halb Mensch. Es gab auch einen Gott der Pferde, Poseidon, den die Römer Neptun nannten. Er ist nicht nur Herrscher der Meere gewesen, nein, er hatte auch eine besondere Beziehung zu Troja. Nach der »Ilias« hat er zusammen mit Apollo die Mauern der Stadt erbaut. Als sich aber Laomedon, König von Troja, weigerte, den Lohn zu zahlen, geriet Poseidon in heftigen Zorn. Hat er dann aus Rache die Mauern wieder zerstört? In der »Aeneis« heißt es im 2. Kapitel:

Die älteste Darstellung des hölzernen Pferdes (etwa 675 v.Chr.) findet sich auf einem Pithos, einem Vorratsgefäß. Scherben des Gefäßes wurden 1961 in einem Brunnen auf Mykonos gefunden. Beim Zusammensetzen ergab sich dann der mit Reliefs versehene Pithos. Unter den verschiedenen Darstellungen war die Abbildung des hölzernen Pferdes von Troja die interessanteste. Das mythische Roß steht auf Rollen. Aus den Luken, die an Rumpf und Hals des Pferdes angebracht sind, schauen einige griechische Krieger heraus. Einige sind ausgestiegen, andere müssen sich noch wappnen – für sie werden Waffen aus den Luken gereicht

*Die Härte der Götter
stürzt und richtet das prächtig aufragende Troja zugrunde...
Hier, wo du mächtige Mauern verstreut und niedergerissen siehst,
Steine von Steinen, mit Staub durchsetzte qualmende Schwaden,
ist Neptun am Werk, um mit seinem mächtigen Dreizack
Mauern und Grund zu erschüttern und die ganze Stadt zu vernichten.* (602ff.)

Auf Neptun (Poseidon) bezieht sich auch der deutsche Wissenschaftler Ernst Bickel. Er spricht von einem uralten Mythenmärchen, in dem Poseidon als Erderschütterer auftritt und sich in ein dämonisches Pferd verwandelt: »Am Ende des 10. Jahres [der Belagerung] erschien plötzlich in mondheller Mitternacht ein riesiger Hengst vor den Mauern der Stadt. Er stampfte mit seinen Hufen und wieherte gewaltig. Da stürzten die Mauern ein, und Helena wurde frei. Das riesige Pferd aber war Gott Poseidon, der Erderschütterer; der hatte sich auf Beschwörung des Odysseus in ein Pferd verwandelt, um den Belagerern zu helfen.« Wenn Poseidon hier als Erderschütterer apostrophiert wird, liegt es nahe, auch an die Erdbeben zu denken, die Troja mehrfach erschüttert haben.

Griechen und Römer hatten kaum Zweifel daran, daß die Helden der »Ilias« – Achill und Hektor, Patroklos und Priamos, Agamemnon und Menelaos, Nestor und Odysseus, Paris, Ajax, Äneas und wie sie alle hießen – tatsächlich um Ilion/Ilios/Ilium Krieg geführt haben, um Troja, wie wir die antike Stadt nennen. Sie waren auch davon überzeugt, daß der Schauplatz der Kämpfe am Eingang zu den Dardanellen gelegen hat. Für viele war es oft ein

Wunsch, die von Nimbus und Weltruhm überschattete Stadt persönlich aufzusuchen. Viele haben es getan und haben hier ihren Göttern geopfert.

Anderthalb Jahrtausende später haben die Altertumsforscher Schliemann, Dörpfeld und Belgen in jahrelangen, unerhört mühsamen und kostspieligen Ausgrabungen Troja freigelegt, wobei sie der Meinung waren – auf welche Siedlungsschicht sie sich auch immer bezogen –, dies sei die Burg gewesen, um die der homerische Krieg geführt wurde. Blegens Resümee im Jahr 1963: »Angesichts unseres heutigen Wissens kann man nicht länger daran zweifeln, daß es tatsächlich einen historischen Troianischen Krieg gegeben hat, in dem eine Koalition von Achaiern oder Mykenern unter der anerkannten Oberherrschaft eines Königs gegen das troianische Volk und seine Verbündeten kämpfte.« 1974 erklärt der Experte für Klassische Philologie, Alfred Heubeck, zur »Homerischen Frage«: »Der Glaube an die Historizität des trojanischen Krieges... ist auch in der neueren Zeit weithin wissenschaftliche Überzeugung geblieben.«

Die »Ilias« ist kein Geschichtsbuch

Aber trotz großen Forschereinsatzes, trotz vieler umfangreicher und sorgfältig erarbeiteter Publikationen ist der Nachweis nach der Geschichtlichkeit nicht gelungen. Dazu 1964 der Experte Rolf Hachmann: »Die Historizität des Trojanischen Krieges wurde niemals ›bewiesen‹, war offenbar nicht beweisbar.« Ähnlich äußern sich andere

Wissenschaftler. Drastisch meint Franz Hampl von der Innsbrucker Universität 1962: »Die Ilias ist kein Geschichtsbuch. Die Dichtung vom Trojanischen Krieg, wie wir sie bei Homer lesen, ist reine Sage.« Konrat Ziegler, Universität Göttingen, sagt 1975 über die Ausgrabungen von Hisarlik: »Für die Frage der Geschichtlichkeit des Trojanischen Krieges geben die Ruinen nichts aus.« Hierzu noch die Aussage des amerikanischen Althistorikers Moses I. Finley: »Wir schlagen vor, Homers Trojanischen Krieg aus der Geschichte der griechischen Bronzezeit zu verbannen.« Einer der ersten (vielleicht der erste überhaupt), der die Ilias als reines Werk der Kunst bezeichnet hat, das den Gedanken an eine geschichtliche Tatsache ausschließt, war Dietrich Mülder, der dies in seinem Buch »Die Ilias und ihre Quellen« (1910) darlegte. Mülder ist deswegen heftig angegriffen worden.

Auch neueste archäologische Forschungen können bisher nicht erhärten, daß Achill und Hektor ihren Kampf auf dem Hügel von Hisarlik ausgetragen haben. Der Archäologe Manfred Korfmann ist zwar nicht nach Kleinasien gegangen, um hier Beweise für oder gegen die Geschichtlichkeit der »Ilias« zu erbringen – sein wissenschaftliches Ziel gilt der Troas als Kulturlandschaft –, dennoch läßt er die homerische Dichtung nicht außer acht. Sein bisheriges Ergebnis: »Die Historizität des Epos vom Trojanischen Krieg war auf dem Ausgrabungswege nicht nachweisbar.«

Sehnsucht nach der Wirklichkeit des Mythos

In einer aufschlußreichen Arbeit hat Justus Cobet von der Universität Essen 1983 die Frage gestellt: »Gab es den Trojanischen Krieg?« Er verneint die Frage und führt aus: »Versucht man, Epos und Ruinen zusammenzubringen, ergeben sich unüberwindliche Schwierigkeiten.« Ein Artikel in der »Frankfurter Allgemeinen Zeitung« vom selben Verfasser aus dem Jahr 1985 hat die bemerkenswerte Überzeile »Die Sehnsucht nach der Wirklichkeit des Mythos«. Damit wird ein Phänomen von besonderem Belang angesprochen. Mythos oder Sage üben einen eigenartigen Reiz aus und finden oft beträchtlichen Widerhall. »Das Zauberwort vom ›homerischen‹ Troja«, schreibt der Experte Rolf Hachmann, »übt heute wie vor achtzig Jahren in den Kreisen gebildeter wie in denen der Fachwissenschaft einen besonderen Bann aus.«

Ergibt sich nun, daß die Sage einen gewissen Realitätsgehalt gewinnt, wird das Echo gewaltig verstärkt. Dann werden sogar, wie verschiedentlich geschehen, kartographische Skizzen angefertigt, vom Todeslauf Hektors um Troja, der im 22. Gesang der »Ilias« geschildert wird. Doch jeder, der in Troja gewesen ist, weiß, daß solch Lauf aus topographischen Gründen ins Reich der Fabel verwiesen werden muß – oder die Begebenheit entstammt einer Erzählung, die vor einer ganz anderen Stadt gespielt haben mag.

Für die Sehnsucht nach der Wirklichkeit des Mythos ist Schliemann ein geradezu klassisches Beispiel: In frühester Jugend von der Sage fasziniert, wollte er sie um jeden Preis realisiert haben – und das im ureigensten Sinne. Er ist seiner Utopie mit ungeheurer Energie nachgegangen, hat Fakten, die seinen Vorstellungen nicht entsprachen, igno-

```
- 1000 ─────────────────────────────────
          Kleiner byzantinischer
               Bischofssitz

- 600  ─────────────────────────────────

- 300  ─────────────────────────────────
             Römische Stadt
              Novum Ilium
-   0  ──────────── Troja IX ────────────


                Troja VIII
- 400  ──────── Archaisches und ─────────
             Klassisches Ilion


- 700
           ca. 730 v.u.Z. = Homers »Ilias«


-1000  ──── Eindringlinge aus Südosteuropa ────
-1100  ──────────── Troja VII b2 ────────────
-1180  ──────────── Troja VII b1 ────────────
                   Troja VII a
-1250  ──────── Trojanischer Krieg? ─────────
           Zerstörung von Troja/Ilios

                                      Spät
                Troja VI              Mitte
                                      Früh
-1700  ─────────────────────────────────

                    V
                 Troja IV
                   III

-2100  ─────────────────────────────────


                 Troja II

-2400  ─────────────────────────────────



                  Troja I


-2900  ─────────────────────────────────
```

riert, ja verändert. Und Schliemann steht für viele andere. Es handelt sich um ein psychologisches Problem.

Die Sehnsucht nach der Verwirklichung des Mythos betrifft nicht nur die »Ilias«, die »Odyssee«, sondern auch die Sage von Atlantis, die Sage von König Arthur, von Beowulf, ist beim Nibelungen- oder Rolandlied zu beobachten, bei Wilhelm Tell und anderen Legenden. Eine Gesamtwürdigung der Problematik ergibt erst die vergleichende Sagenforschung. Sicherlich sind nicht alle Sagen auf den gleichen Nenner zu bringen. Aber es gibt doch eine gewisse einheitliche Tendenz. Abgesehen von lokalem oder historischem Ursprung oder Hintergrund, die sich im Verlauf von Jahrtausenden völlig verändert und sogar ins Gegenteil verkehrt haben können, gehören die Sagen im Kern in den Bereich der Dichtung. Ihre Aufschlüsselung, oft ein sehr schwieriges Unterfangen, ist im wesentlichen philologischer Natur. In bezug auf die »Ilias« sagt Rolf Hachmann: »Die Frage nach der Geschichtlichkeit des Trojanischen Krieges ist ausschließlich ein Problem der philosophischen Homer- und Sagenforschung, und irgendwelche archäologischen Befunde haben dafür nichts zu bedeuten.«

Tempelruinen in Troja

Die »Ilias« ist in Griechenland entstanden

Wie haben wir dann die »Ilias« einzuschätzen? Das Epos fußt auf Einzelsagen, die in verschiedenen Regionen Griechenlands und Kretas ausgebildet worden sind, wobei tatsächliche Begebenheiten hier und da eine Rolle gespielt haben mögen. Sie sind in der »Ilias« zu einer einzigen Sage vereinigt worden, einer Sage, die auch nach Kleinasien gelangte. Der Altphilologe Ernst Meyer sagte dazu 1975, »... daß die Sage vom Krieg der Achaier gegen die Troer mit dem kleinasiatischen Ilion ursprünglich gar nichts zu tun hatte, sondern nach Griechenland gehört

und erst mit der Aussiedlung der Griechen an die kleinasiatische Nordwestküste dort übertragen wurde«.
Troja (bzw. Ilion) wurde zum Schauplatz, weil hier, vor dem Jahr 1000, mächtige Ruinen die Landschaft beherrschen. Ruinen aber haben überall in der Welt bei der Entstehung von Sagen eine überaus wichtige Rolle gespielt. »Sage setzt Ruinen voraus«, sagt der Wiener Fachgelehrte Albin Lesky kurz und bündig.
Demnach ist die »Ilias« erst in zweiter Linie mit Ilion (bzw. Troja) in Verbindung zu bringen. Kriege hat es zwar um die kleinasiatische Stadt auf dem Hügel von Hisarlik häufig gegeben. Aber der Kampf, den Homer in der »Ilias« schildert und den alle Welt den »Trojanischen Krieg« nennt, dieser Krieg hat nie stattgefunden.

LITERATURVERZEICHNIS

Aischylos: Werke. Berlin/Weimar 1987
Alexanderroman. Übersetzt von Friedrich Pfister. In: Beiträge zur klassischen Philologie, Heft 92, Meisenheim 1978
Altheim, Franz: Römische Religionsgeschichte. 1951 o.O.
Altheim, Franz: Griechische Götter im alten Rom. Gießen 1980
Andreae, Bernard: Das Alexandermosaik. Bremen 1959
Andreae, Bernard: Odysseus. Archäologie des europäischen Menschenbildes. Frankfurt 1982
Andreae, Bernard: Laokoon und die Gründung Roms. Mainz 1988
Andronicos, Manolis: Nationalmuseum. Athen 1984
Andronicos, Manolis: Vergina – The Royal Tombs. Athen 1987
Angarano, Giorgio: Phlegräische Felder. Narni-Terni 1985.
Apollonios Rhodios: Die Argonauten. Verdeutscht von Thassilo von Scheffer. Wiesbaden 1947
Archaeologia Homerica. Die Denkmäler und das frühgeschichtliche Epos. Im Auftrag des Deutschen Archäologischen Instituts, hrsg. von Friedrich Matz und Hans-Günter Buchholz. 3 Bände. Göttingen/Zürich 1970
Arrianus, Flavius: Der Alexanderzug. Berlin 1985

Bellinger, Gerhard J.: Knaurs Lexikon der Mythologie. München 1989
Bengtson, Hermann: Die Olympischen Spiele in der Antike. Zürich ²1972
Bengtson, Hermann: Philipp und Alexander der Große. München 1985

Bengtson, Hermann: Griechische Geschichte. München ⁷1986
Bickel, Ernst: Das Verbrechen des Laokoon. Die Geschichte vom hölzernen Pferd. In: Rheinisches Museum N.F. Band 91/92, S. 19ff., Frankfurt 1942
Bittel, Kurt (Hrsg.): Vorderasiatische Archäologie. Berlin 1964
Blegen, Carl W.: Troy and the Trojans. 1963 o.O.
Blegen, Carl W./Rawson, M. (Hrsg.): The Palace of Nestor at Pylos. 3 Bände. 1966 und 1969 o.O.
Bowra, Cecil Maurice: Griechenland. In: Kindlers Kulturgeschichte des Abendlandes, Band II, München 1974
Bradford, Ernle: Reisen mit Homer. Küsten, Inseln und Meere der Odyssee. Bergisch Gladbach 1978
Bürchner/Oberhummer: Hellespontos. In: Realenzyklopädie der classischen Altertumswissenschaft, Band 8,1, Sp. 182–193, 1912

Calder III/William, M./Traill, David A. (Hrsg.): Myth, Scandal and History. Detroit 1986
Circeo/Terracina/Fondi: Führer durch die Museen und Kunstdenkmäler Italiens, Nr. 97, Rom 1960
Claussen, Hilde: Closter Corvey. In: Große Baudenkmäler, Heft 364, München/Berlin 1985
Cobet, Justus: Gab es den Trojanischen Krieg? In: Antike Welt, Heft 4, 1983
Cobet, Justus: Troja und kein Ende. In: Frankfurter Allgemeine Zeitung (Beilage), 7. 9. 1985
Cobet, Justus: Das erfundene Troja. In: Frankfurter Allgemeine Zeitung, 29. 4. 1987

Dakaris, Sotiris: The dark Palace of Hades. In: Archaeology, Heft 15, S. 85–93, 1962

Dakaris, Sotiris: Das Totenorakel am Acheron. In: Melas, Evi (Hrsg.): Tempel, Stätten der Götter, S. 157–164. Köln 1970

Davaras, Costis: Knossos und das Museum von Herakleion. Athen 1986

Davaras, Costis: Phaistos – Hagia Triada – Gortyn. Athen 1987

Defant, A.: Skylla und Charybdis und die Gezeitenströmungen in der Straße von Messina. In: Annalen der Hydrographie, Band 68, S. 145–157, 1940

Demakopoulou, Kiti/Konsola, Dora: Archäologisches Museum Theben. Athen 1981

Dirlmeyer, Franz: Der Mythos von König Ödipus, ²1964 o.O.

Döhl, Hartmut: Heinrich Schliemann. Mythos und Ärgernis. München/Luzern 1981

Doumas, Christos: Santorin. Athen 1987

Doumas, Christos/Jantzen, Eva: Farben aus der Asche. Die Wandbilder der untergegangenen Stadt Akrotiri. In: Merian, S. 64–69, 2/1982

Drees, Paul-Adolf: Zwischen Skylla und Charybdis. Der Stretto. In: Merian, 8/1976

Droysen, Gustav: Geschichte Alexanders des Großen, Essen o.J.

Durant, Will: Kulturgeschichte der Menschheit. 32 Bände. Lausanne 1956ff.

Ekschmitt, Werner: Das Gedächtnis der Völker. Berlin 1968

Euripides: Iphigenie in Aulis. Stuttgart 1984

Euripides: Iphigenie bei den Taurern. Stuttgart 1985

Faure, Paul: Kreta. Stuttgart ³1983
Fauth, Wolfgang: Pythia. In: Realenzyklopädie der classischen Altertumswissenschaft, Band 24, 1, Sp. 515–547, 1963
Finley, Moses I.: Die Welt des Odysseus. Darmstadt 1968
Finley, Moses I.: Atlas der klassischen Archäologie. München 1979
Fischer, Heinz: Meerengen – Eine vergleichende Studie. In: Geographica Helvetica, XVIII, Bern 1963

Gallas, Klaus: Kreta – Ursprung Europas. München 1974
Die griechische Sagenwelt. Apollodors Mythologische Bibliothek. Leipzig 1988
Griechisches Lesebuch. Hrsg. von Helmut Flashar. Frankfurt 1987

Hachmann, Rolf: Hisarlik und das Troja Homers. In: Vorderasiatische Archäologie, S. 95–112, Berlin 1964
Hafner, German: Sternstunden der Archäologie, Düsseldorf/Wien 1978
Hamburger, Kaete: Von Sophokles zu Sartre. Stuttgart 1962
Hampl, Franz: Die Ilias ist kein Geschichtsbuch. In: Serta Philologica Aenipontana, I, S. 37–63, Innsbruck 1962
Hanfmann, George M. A.: Sardis und Lydien. Akademie der Wissenschaft und der Literatur/Abhandlung der geistes- und sozialwissenschaftlichen Klasse, Jg. 1960, Nr. 6, Mainz 1960
Hanfmann, George M. A.: Letters from Sardis. Cambridge (Mass.) 1972
Hanfmann, George M.A.: Sardis from Prehistoric to Roman Times. Cambridge (Mass.) 1983
Hatzopoulos, M. B./Loukopoulos, L. D.: Ein Königreich für Alexander. Bergisch Gladbach 1982

Hennig, Richard: Geographie des homerischen Epos. 1934 o.O.
Herodot: Historien. Deutsche Gesamtausgabe. Stuttgart 1971
Heubeck, Alfred: Die Homerische Frage. Darmstadt 1974
Heuß, Alfred: Alexander der Große und die politische Ideologie des Altertums. In: Antike und Abendland, Heft 4, Hamburg 1954
Hibbert, Christopher: Rom – Biographie einer Stadt. 1987. o.O.
Hiller, Stefan: Das Löwentor von Mykene. In: Antike Welt, Heft 4, S. 21–30, 1973
Hiller, Stefan: Der Becher des Nestor. In: Antike Welt, Heft 1, S. 22–31, 1976
Homer: Ilias und Odyssee. München ³1984
Hoyle, Peter: Delphi und sein Orakel. Wiesbaden 1968
Hrouda, Barthel: Vorderasien, Mesopotamien, Babylonien, Iran und Anatolien. München 1971
Hunger, Herbert: Lexicon der griechischen und römischen Mythologie. Wien ⁵1959

Jobst, Dionys: Scylla und Charybdis (Diss.), Würzburg 1902
Judge, Joseph: Greece's brilliant Bronze Age. In: National Geographic, Band 153, 2/1978, Washington 1978

Kahrstedt, Ulrich: Beiträge zur Geschichte der thrakischen Chersones. In: Deutsche Beiträge zur Altertumswissenschaft, Heft 6, Baden-Baden 1954
Kehnscherper, Günther: Kreta, Mykene, Santorin. Leipzig ⁶1986
Kerényi, Karl: Labyrinth-Studien. Zürich 1950
Kerényi, Karl: Der göttliche Arzt. Darmstadt 1956

Kerényi, Karl: Die Mythologie der Griechen. 2 Bände. München ⁹1987
Kirk, G. S.: Griechische Mythen – Ihre Bedeutung und Funktion. Berlin 1980
Kirsten, Ernst: Süditalienkunde. Heidelberg 1975
Kirsten-Kraiker: Griechenlandkunde. Heidelberg ⁵1967
Korfmann, Manfred: Beşik Tepe. In: Archäologischer Anzeiger, Heft 2, S. 165ff., 1984
Korfmann, Manfred: Ausgrabungen an der Bucht von Troja. In: Archäologie in Deutschland, Heft 3, S. 10–17, 1989
Krug, Antje: Heilkunst und Heilkult – Medizin in der Antike. München 1984
Kukal, Z.: Atlantis in the light of modern research. Amsterdam 1984

Lauffer, Siegfried (Hrsg.): Griechenland-Lexikon der historischen Stätten. München 1989
Lesky, Albin: Homeros. In: Realenzyklopädie der classischen Altertumswissenschaft, Suppl. Band XI, Sp. 687–846, 1968
Lessing, Erich/Kerényi, Karl: Die Abenteuer des Odysseus. Freiburg 1969
Lessing, Erich: Die griechischen Sagen. München 1985
Lexikon der Alten Welt. München 1965
Livius, Titus: Römische Geschichte. Lateinisch-deutsche Gesamtausgabe in 11 Bänden. Übersetzt von Hans Jürgen Hillen. Buch I–III. 1987 o.O.
Löwy: Iphigenie in Tauris. In: Jahrbuch des Deutschen Archäologischen Instituts, S. 86ff., Berlin 1929
Luce, J. V.: Archäologie auf den Spuren Homers. Bergisch Gladbach 1978
Lullius, Reinhard: Griechische Plastik. München 1956

Mackendrick, Paul: Hellas steinernes Erbe. Bergisch Gladbach 1965
Mader, Ludwig/Rüegg, Lieselotte: Griechische Sagen. Zürich 1963
Malten, L.: Motivgeschichtliche Untersuchungen zur Sagenforschung Hero und Leander. In: Rheinisches Museum für Philologie. N.F. Band 93, Frankfurt 1950
Mann, Golo/Heuß, Alfred (Hrsg.): Weltgeschichte. Band III und IV. Gütersloh 1979
Marinatos, Spyridon: Santorini. Athen o.J.
Marinatos, Spyridon: Thera – Schlüssel zum Rätsel von Minos. National Geographic, 5/1972, S. 702–726, Washington 1972
Matz, Friedrich: Kreta, Mykene, Troja. Berlin 1957
Matz, Friedrich: Kreta und frühes Griechenland. Baden-Baden 1962
Merkelbach, Reinhold: Die Quellen des Griechischen Alexanderromans. München 1954
Meyer, Eduard: Geschichte von Troas. Leipzig 1877
Meyer, Ernst: Troja. Realenzyklopädie der classischen Altertumswissenschaft, Suppl. Band 14, Sp. 810–817, 1974
Müller, Hartmut: Lord Byron in Selbstzeugnissen und Bilddokumenten. Hamburg 1981
Müller-Karpe, H.: Zur Stadtwerdung Roms. Heidelberg 1962
Musaeus: De Herone et Leandro. Paderborn 1914
Das Mykenische Hellas – Heimat der Helden Homers. Sonderausstellung der Staatlichen Museen. Berlin 1988

Nestor, A Guide to the Palace of: The University of Cincinnati. ^{5}1978
Nilsson, Martin Persson: Der Ödipus-Mythos. In: Göttingsche gelehrte Anzeigen, 183/184, S. 36ff., Göttingen 1922

Nilsson, Martin Persson: Homer and Mycenae. London 1933

Otto, Walter F.: Die Götter Griechenlands. Frankfurt o.J.
Ovid: Metamorphosen. München ⁴1988

Papachatzis, Nikos: Mykene – Epidauros – Tyrins – Nauplia. Athen 1978
Parke, H. W./Wormell, D. E. W.: The Delphic Oracle. 2 Bände. Oxford 1956
Pars, Hans: Göttlich aber war Kreta. Olten/Freiburg 1957
Pauly, Der Kleine: Lexikon der Antike in fünf Bänden. München 1979
Pauly-Wissowa: Realenzyklopädie der classischen Altertumswissenschaft. 1899ff. o.O.
Pausanias: Pausanias' Reisen in Griechenland. 3 Bände. Darmstadt 1986–1989
Pfannenstiel, M.: Bosporus und Dardanellen. 1952 o.O.
Philippson, P.: Die griechischen Gottheiten in ihren Landschaften. Oslo 1939
Photios, Petsas: Delphi – Denkmäler und Museen. Athen 1981
Pichler, Hans/Schiering, Wolfgang: Der Ausbruch des Thera-Vulkans. In: Antike Welt, Heft 4, S. 54–55, 1973
Ploetz: Weltgeschichte auf einen Blick. Würzburg 1988
The Princeton Encyclopedia of Classical Sites. Princeton (N.J.) 1976

Quilici, Lorenzo und Stefania: I libri Sibillini e la Sibilla Cumana. Rom o.J.
Quilici, Lorenzo und Stefania: Il Ratto delle Sabini e il Mito di Tarpea. Rom o.J.

Radermacher, Ludwig: Mythos und Sage bei den Griechen. Wien ²1943
Radke, G.: Die Götter Altitaliens. Münster 1965
Ramage, Edwin S.: Atlantis – Mythos, Rätsel, Wirklichkeit? Frankfurt 1978
Richter, Otto: Topographie der Stadt Rom. München 1901
La Rocca, Eugenio: L'Odissea di Marmo. In: Archeo, Nr. 31, S. 18–25, 1987
Rom – Abruzzen – Molise – Sardinien. Bern 1985
Römisches Lesebuch. Hrsg. von Manfred Fuhrmann. Frankfurt 1987
Roscher, W. H.: Lexikon der griechischen und römischen Mythologie. Leipzig 1886–1897
Roux, Georges: Delphi – Orakel und Kultstätten. München 1971

Sagen der Römer. Nacherzählt von Waldemar Fietz. Frankfurt 1980
Sakellarakis, Yannis und Efi: Drama of Death in a Minoan Temple. In: National Geographic, Band 159, Nr. 2, S. 205–222, 1981
Schachermeyr, Fritz: Poseidon und die Entstehung des Griechischen Götterglaubens. München 1950
Schachermeyr, Fritz: Die Entzifferung der mykenischen Schrift. In: Saeculum, Band 10, München 1958
Schachermeyr, Fritz: Alexander der Große. Wien 1973
Schadewaldt, Wolfgang: Von Homers Welt und Werk. Stuttgart 1959
Scheiterle, Gérard: Die Urform der phrygischen Mütze. In: Antike Welt, Heft 3, S. 3ff., 1985
Schildt, Göran: Das Goldene Vlies – Auf den Spuren der Argonauten. Wiesbaden 1965

Schindler, Wolfgang: Mythos und Wirklichkeit in der Antike. Berlin 1988
Schliemann, Heinrich: Abenteuer meines Lebens. Leipzig o.J.
Schmidt, Johannes: Skylla. In: Realenzyklopädie der classischen Altertumswissenschaft, Sp. 655ff., 1927
Schmidt, Johannes: Nestor. In: Realenzyklopädie der classischen Altertumswissenschaft, Band 17, 1, Sp. 108–123, 1936
Schuchardt, Walter-Herwig: Olympia und Delphi: In: Antike Welt, Heft 3, S. 11–25, 1972
Schwab, Gustav: Sagen des klassischen Altertums. Wiesbaden o.J.
Schwenn, Friedrich: Griechische Menschenopfer (Diss). Naumburg 1915
Seipp, Bettina: Ungehobener Schatz Kalabrien. München 1967
Sélincourt, Aubrey de: Die Welt Herodots. Wiesbaden 1967
Severin, Tim: Auf den Spuren der Argonauten. Düsseldorf/Wien/New York 1987
Simon, Erika: Die Götter der Griechen. München 1985
Sizilien – Kampanien – Basilicata – Apulien – Kalabrien. Bern 1985
Strong, Donald E.: Welt der Antike. Gütersloh 1967
Stützer, Herbert Alexander: Das antike Rom. Köln [5]1985

Thiel, Helmut van: Leben und Taten Alexanders von Makedonien – Der griechische Alexanderroman nach der Handschrift L. Darmstadt 1974
Tripp, Edward: Reclams Lexikon der antiken Mythologie. Stuttgart [3]1981
Türkei. Der große Polyglott. München [20]1988/89

Uluaslan, Hüseyin: Gallipoli Campaign. Çanakkale 1987
Urbs Roma: Lateinische Quellentexte. Ein archäologischer Führer. o.O. und o.J.

Vandenberg, Philipp: Das Geheimnis der Orakel. München 1983
Ventris, Michael/Chadwick, J.: Documents in Myceneaen Greek. Cambridge ²1973
Vergil: Werke. Hrsg. von Dietrich Ebener. Berlin/Weimar 1983
Vergil: Aeneis. Frankfurt 1985

Waser, Otto: Scylla und Charybdis in der Literatur. Zürich 1894
Weissbach: Kroisos. In: Realenzyklopädie der classischen Alterstumswissenschaft, Suppl. 5, Sp. 455–472, 1931
Wiesel, J. M.: Rom – Ein Kunst- und Reiseführer. Stuttgart 1954
Wiesner, J.: Olympia. In: Realenzyklopädie der classischen Altertumswissenschaft, Bd. 18, 1, Sp. 1–174, 1939
Wilcken, U.: Alexanderzug in der Oase Siwa. Sitzungsberichte der deutschen Akademie der Wissenschaften zu Berlin. Klasse für Sprache, Literatur und Kunst. 30, S. 576–603, Berlin 1928
Wood, Michael: Der Krieg um Troja. Frankfurt 1985
Wrede, W.: Odysseus. In: Realenzyklopädie der classischen Altertumswissenschaft, Band 17, 2, Sp. 1905–1996, 1937
Wundt, Wilhelm: Elemente der Völkerpsychologie. Leipzig 1913

Yalouris, A. und N.: Olympia – Ein Führer durch Museum und Heiligtum. Athen 1987

Young, Rodney S.: Gordion. A Guide to the Excavations. Ankara 1975

Ziegler, Konrat: Troja. In: Der Kleine Pauly, Band 5, Sp. 977–983, München 1979
Ziegler, Christoph: Das alte Rom. Stuttgart 1982
Zimmermann, Albert. Hero und Leander. Paderborn 1914

REGISTER

Abai 399
Abydos 335, 337–341
Achäer 333, 412, 429, 440, 444
Achäminides 82
Acheron 64, 172, 178, 183
Acherousia 172
Achill 58, 88, 145, 209, 243, 278, 282, 291, 301, 334f., 415, 428f., 438, 441
Achilleion 414f.
Aci Castello 83
Acireale 83
Aci Trezza 83, 89
Adonis 372
Aesculapius 236
Afyon 359
Ägäis 345
Agäisches Meer 142
Agamemnon 58, 242f., 246f., 250f., 273, 278ff., 284, 288, 412, 426, 439
Agenor 121, 258, 260
Agesandros 90, 117
Ägeus 141
Agia Triada 132, 137, 143
Ägina 230
Agrigent 68
Ägypten 161, 170, 208, 212, 232, 267, 308, 374, 396, 436
Aiaia 46
Aides 171f.
Aietes 343, 354
Aigai 293ff., 298
Aigisthos 242ff., 251ff.

Aischylos 225, 249f., 252ff., 278f.
Ajax 439
Akragas 68
Akropolis (Athen) 252, 254, 435
Akropolis (Cuma) 73f.
Akropolis (Theben) 262
Akropolis (Sardes) 395f., 403ff., 408
Akrotiri 148, 155ff., 159f., 165
Alba Longa 15, 19
Albaner Berge 15
Alexander der Große 9, 143, 257, 288–328, 333ff., 342, 362f., 405, 416, 427, 436f.
Alexander, König von Epirus 296
Alexandria 308f., 347
Aliakmon 293
Alkinoos 58, 105, 108f.
Alkmene 58
Alkmeon 391f.
Allia 38
Alpheios 223
Alt-Meidan 220
Alyattes 388, 390
Amaltheia 129
Amerika 163, 419
Amilius 14
Ammon 304, 310
Amphiaros 399, 402
Amphitrite 106
Amulius 15, 17, 19

Anatolien 9, 356, 359
Anchises 14ff., 62, 64
Andreae, B. 87, 91, 94, 107, 115, 117, 417
Androgeos 133
Andronikos, M. 294f., 298f.
Äneas 14ff., 46, 64f., 67, 74, 81f., 104f., 415, 418
Aneideia 254
Anemospilia 131f.
Ankara 366, 368, 380
Anogia 127
Antemnae 29
Antenor 423
Antiochos I. 327
Äolische Inseln 100
Aphrodite 205, 260, 337ff.
Apis 220
Apollo 67, 69f., 72ff., 77, 173, 183, 186, 192, 221f., 229, 231, 253f., 265, 268, 287, 369, 391, 405, 409, 437
Apollonius 347, 349
Apoll von Veji 14
Apulien 326
Arachowa 184, 265
Archanes 131
Achelaos 293
Areopag 252ff.
Ares 216, 253, 260, 354, 423
Argolis 246, 249, 257f.
Argonauten 9, 195, 329, 343, 346ff., 353f.
Argos 225, 248ff., 278, 345, 398
Ariadne 58, 141f., 145, 147
Arian 308, 334

Aristides, A. 230
Aristonothos 87
Aristophanes 226, 230
Aristoteles 123, 162, 275, 291, 394
Arkadien 249
Arkalochori 130
Arkanien 311
Arktis 163
Arrian, Flavius 307
Artemis 132, 229, 243, 278–281, 284ff., 289, 378, 395
Arthur, König 281, 327, 444
Artys 399
Arx 33, 37, 39
Ascanius 15
Asklepios 225, 228–238
Asklepios-Relief 236
Äskulapnatter 233
Äskulapstab 238
Asphodeloswiese 56
Aspromonte 110
Aspronisi 151f.
Assyrien 366, 396
Atarneus 391
Athamas 343
Athanadoros 90, 117
Athen 87, 123, 136, 141, 148, 156, 160, 190, 234, 246, 252ff., 257, 282, 285, 364, 396f., 398, 417f., 425
Athene 88, 196, 237, 252, 254, 260, 264, 288, 334, 345, 347, 421, 431, 433f.
Atnadoros 88
Atlantis 9, 149–170, 444
Atlas 242

Ätna 81f., 98, 113
Atreus 58, 136, 241ff.
Atriden 250, 258
Attalos 297
Attika 87, 285
Attila 429
Auguratorium 22
Auguren 21f., 70
Augurium 22
Augustus 24, 73
Aulis 227, 243, 273, 275f., 278–283, 432
Aventin 19
Averner See 60, 62, 64, 68, 73f., 171
Avernus 60
Aydin 366
Azoren 163

Babylon 307, 318, 396
Babylonien 140
Babylonier 384
Badakshan 290
Baia 45, 87
Banti, L. 11
Batavia 154
Bebek 353
Bengtson, H. 214, 302, 323
Besik-Bucht 413f.
Bessos 304, 313f.
Bickel, E. 439
Biton 398
Bin Tepe 387
Blanc, A. C. 53
Blegen, C. W. 198f., 205f., 431, 437, 440
Bloom, Leopold 95

Bocca della Verità 13
Bocca Grande 61
Bogazköy 366
Boibeis 229
Boier 38
Boni, G. 24, 26
Böotien 257, 273, 400
Borgia, L. 38
Bosporus 9, 330f., 342, 345f., 349–353
Bötticher, E. 425
Bourbonen 97
Bowra, C. M. 168
Boz Dagi 369
Boz Daglari 381
Bradford, E. 79, 112
Branchiden 400
Brauron 274, 276, 284f., 288
Brennus 38
Breuil, Henri 53
Britische Inseln 163
Buchara 304
Buchner, G. 205
Buddha 327
Bukephala 290, 437
Bukephalos 289f., 437
Bunarbaşi 421
Butler, H. C. 381f.
Butler, S. 79
Byron, Lord G. 341
Byzanz 97, 212, 220f., 415

Caenina 29
Caere 87
Caesar 302, 307, 326, 426
Calder III., W. M. 427
Calvert, F. 421

Campidoglio 32
Çanakkale 333, 335, 341f., 411f.
Capaccio, G. C. 62
Capi d'Ali 103
Capopesce, N. 101
Caracalla 326
Carter, H. 374
Cassiodor 415
Castelgandolfo 87
Catania 82f., 87, 91
Catling, H. 133
Cenomanen 38
Chadwick, J. 206
Chalkis 273, 275
Charon 64, 178
Charybdis 9, 96–113
Chavos-Schlucht 248
Chersones 334, 342f.
Chimäre 232
Chiusi 33
Chosroes II. 384
Chrion 229
Chrysorrhoas-Schlucht 262
Chrysosthemis 243
Chunuk Bair 331
Cicero 47, 171
Circe 9, 105, 171f.
Cloaca Maxima 28
Clusium 33
Cobet, J. 411, 442
Collegium augurum 23
Concordia 68
Conticello, B. 115
Cook, J. M. 414
Corvey (Kloster) 115 f.
Crassus 326

Crustumerium 29
Cuma 60, 73, 77
Cumae 44, 65–70
Curtius, E. 193, 426
Curtius, Marcus 28, 30
Curtius, Mettius 29f.
Cyriacus von Ancona 192

Dädalos 120, 140, 145
Dadipharta 312
Dakaris, S. 174–177
Dalí, S. 112
Dalmatien 261
Danaer 277
Dante Alighieri 94
Dardanellen 9, 329, 331, 337, 342, 346, 411, 413f., 439
Dardanos 329
Darius I. 350
Darius III. 289, 304, 312f., 323, 326, 335
Daulia 265, 271
Davaras, C. 169
Davico 21
Decemviri 72
Defant, A. 101
Delphi 171, 173, 178, 183f., 186–193, 220f., 253, 265, 268, 270f., 386f., 390, 406
Delphi, Orakel von 133, 253, 264f., 386, 399–403
Demakopoulou, K. 280
Demeter 177, 216f.
Dennis, G. 381, 390
Dervenakiapaß 248
Dia 142
Diktäische Höhle 125

Dikti-Gebirge 125
Diodor 296
Diogenes 322
Dionysius von Halikarnassos 21, 70
Dionysos 87, 142, 264, 283, 292, 301, 307, 358f.
Dioskurides 51
Dirke 262
Distomon 256, 285
Djakarta 154
Dodona 345, 399
Döhl, H. 427
Domitian 73, 87
Dorer 179, 199
Dörpfeld, W. 431, 440
Doumas, Chr. 158
Droysen, G. 307, 362
Durant, W. 357

Eckermann, W. 37
Edessa 293, 380
Eisenhut 179
Ekbatana 305, 307
Elaius 334
Elektra 243, 253, 262
Eleusis 87, 397
Elgin, Lord 245
Elis 212
Ellis 291, 293
Elpenor 47
Elysium 64
Englianos 195
Eos 301
Epaminondas 257, 262
Epano Englianos 198
Epeios 433, 436

Ephesos 69, 87, 287, 289, 391
Ephyra 172, 174, 183
Epidauros 224–227, 232–236
Epimendes 282
Epirus 175, 297
Eretria 68, 70
Erinnyen 181, 254
Etrurien 405, 407
Etrusker 20
Euböa 69, 103, 273
Eumeniden 252, 254
Euphemos 345, 347f.
Euphrantides 283
Euphrat 380
Euripides 215, 226, 273, 279, 284f., 288, 351
Euripos 275
Europa 118, 121–124, 258
Eurydike 181f., 185
Eurylochos 50
Eurymedon 247
Eurystheus 178
Evans, Sir A. 126, 134, 137, 155, 163, 198f., 206f.

Fabricius, E. 123, 127
Faunus 11, 326
Faustulus 17f.
Feronia 52
Fest, J. 329
Festos 122, 137
Finley, M. I. 441
Fira 149
Flavier, Palast der 24
Fontana di Trevi 29
Forum Boarium 11, 236

Forum Romanum 26f., 30f.
Fredericks, S. C. 170
Freud, S. 268
Friedrich II. 101
Friedrichs, C. 249
Frost, K. T. 163f.

Gaeta 46, 88
Gaia 129
Gaieta 46
Gaius Mucius 36
Galanopoulos, A. 166
Gallia Cisalpina 38
Gallier 38, 40
Gallipoli 329, 331, 333f., 341
Gänse, kapitolinische 38ff.
Ganymed 372
Ganzirri 113
Garibaldi, G. 97
Gaugamela 304
Gazi 144
Ge 184, 188
Gedrosien 305
Geisau, H. von 46
Gela 221
Geoffrey of Monmouth 416
Gerano-Tanz 147
Germalus 25
Giambologna 31
Gibraltar 103, 167, 273, 331
Giseh 267
Gobineau, Graf J. A. 426
Goethe, J. W. von 37, 417
Gölçük 168
Goldenes Vlies 195, 353ff.
Gordion 304, 361f., 364ff., 370, 372, 374ff., 379f.

Gordios 361f., 377
Gordischer Knoten 9, 143, 362–365, 377
Gorgo 237
Gortyn 122ff.
Gortys 122
Gournia 156
Granikos 304
Greenewalt, H. C. 387
Grillparzer, F. 340
Grimal, P. 291
Grönland 163
Grotta Azzurra 53
Grotta delle Capre 53
Grotta Elena 53
Grotta Fosselone 53
Grotta Maga Circe 53, 57
Grotte der Sibylle 74
Grotte des Tiberius 88, 115
Grotte Guattari 43
Gyges 379, 384–389
Gymnosophisten 320ff.

Habsburger 97
Hachmann, R. 440, 442, 444
Hades 64, 171, 177–182, 217, 238, 429
Hadrian 87
Halbherr, F. 123, 126
Halys 191, 380, 391, 402
Hampl, F. 441
Hanfmann, G. M. A. 381, 392ff.
Hannibal 302
Harmonia 260f.
Harpyen 346, 353
Hattusa 380

Hauptmann, G.   279
Hazzidakis, J.   126
Hebbel, F.   386
Heilmeyer, W. D.   213
Hekamede   202
Hekate   287
Hektor   58, 282, 300f., 333, 422, 428f., 439, 441f.
Helena   412, 439
Helenos   104
Helgoland   163
Helios   242
Hellas   257, 279, 418f.
Helle   329, 343f.
Hellespont   329, 334ff., 339, 341, 343ff., 352, 413f.
Hemis   281
Hephaistion   304, 307, 311
Hephaistos   145, 301
Hera   220, 264, 398
Herakleia   59
Herakleitos von Ephesos   69
Herakles   161, 167, 178f., 214, 264, 294, 307, 345
Herkules   13, 58
Hermes   50, 185, 343
Hermione   59
Hero   9, 329, 337–340
Herodot   121, 175, 267, 284, 336, 343, 357, 359, 379f., 384, 386, 389f., 393f., 396f., 404f., 409
Herophile   68
Hethiter   380
Heubeck, A.   440
Heuzey, L.   295
Hiketaon   423

Hiller, St.   204
Himalaja   281, 327
Hindukusch   305
Hippodamaia   215–218, 222
Hippokrates   233, 238
Hippolytos   237
Hipponax   389
Hirschhorn   233
Hisarlik   413, 421, 441
Hogarth, D. G.   126
Homer   9, 45, 47, 81, 94, 115, 119, 124, 143, 145, 197, 202f., 205, 207, 246, 250, 263, 275, 277, 291, 300, 334f., 345, 412, 421f., 426, 436, 441, 444f.
Höyük   366
Höxter   115f.
Hunnen   429
Hydra   64, 232
Hydroiades   403f.
Hygieia   234
Hygin, G. I.   182
Hyphasis   305

Ibykus   227
Ida-Gebirge   118, 121, 123, 125ff.
Idäische Grotte   126–130
Idenokrates   308
Idmon   345
Igumenitza   171
Ikaros   120
Ilion (Ilium)   251, 335, 421, 439, 444f.
Illyrien   261, 303
Indien   305, 317–320

Indus 305
Ino 343
Insubrer 38
Ionisches Meer 100, 103
Iphigenie 9, 133, 243, 251, 273–287, 351
Iraklion 119, 124, 126, 130, 132, 134f., 137, 143, 145, 362
Iris 346
Ischia 205
Ischys 229
Isis 362
Isole dei Ciclopi 83
Issos 304
Istanbul 326, 331, 349f., 411
Ithaka 49, 83, 93, 196
Iulian Apostata 192
Izmir 168, 379, 381

Jacopi, G. 90
Jakobiner 372
Jason 345, 354
Jerrer, G. L. 418
Jersualem 384
Jokaste 264, 266, 271
Jouchtas 124, 131
Joyce, J. 94
Julus 15, 418
Jünger, E. 364
Juno Moneta 33, 40
Jupiter 23, 30, 32, 64, 71f.

Kadmeia 260, 262f., 270
Kadmos 258–264
Kalanos 321
Kalchas 278, 280, 433
Kaleis 346

Kallisthenes 308
Kalydonischer Eber 195
Kamares 125
Kanarische Inseln 163
Kandaules 384ff.
Kanellopoulos, K. 119f.
Kapitol 18, 28, 31f., 35, 37ff., 72
Kappadokien 402
Kap Sideron 122
Kardia 342f.
Karl der Große 115, 427
Karthager 97
Kassandra 69, 247, 251, 253, 434
Kastelische Quelle 186
Kastaneapaß 357
Kastri 192f.
Kaukasus 354
Kavvadias 232
Kayros 405
Kelten 38ff.
Kentaur 437
Keramopoullos, A. 262f.
Kerenyi, K. 130, 147
Kiepert, H. 421
Kilid-el-Bahr 335, 341, 411
Kiliker 391
Kilikien 312
Kilix 258
Kimmerer 376, 387
Kirkuk 380
Kitheiron-Gebirge 264
Kladeos 223
Kleine Syrte 163
Kleitarchos 309
Kleobis 398

Kleopatra (Tochter Philipps II.) 296
Kleopatra (Frau Philipps II.) 294, 300, 311
Klytämnestra 243f., 251, 253, 278
Klytios 423
Knossos 58, 126, 130f., 133f., 137ff., 143f., 147, 149, 155, 163f., 198, 206ff.
Kokytos 64, 172, 183
Kolcher 343
Kolchis 195, 345, 353f.
Kommagene 327
Konsola, D. 280
Konstantin 24
Konstantin der Große 415
Konstantinopel 350, 420
Konya 366
Korfmann, M. 413ff., 431, 441
Korinth 150, 152, 248, 264f., 322
Korinthischer Golf 183
Koronis 229
Körte, A. und G. 364
Kos 234
Kottaridou, A. 298f.
Kourouniotis 198
Krakatau 153, 155, 168
Krateros 292
Kratinos 282
Kreon 266, 270
Kreta 118–147, 155f., 159, 163, 166, 168f., 198f., 258, 263, 362, 444
Krim 133, 163
Kronos 126, 129, 433

Krösus 191, 379, 381, 388–409
Krug, A. 225, 232
Ktesibos 282
Kureten 129
Kybele 395, 404
Kyber-Paß 305
Kykladen 134
Kyme 67
Kynortion 225
Kyros II. 402f., 405f., 409

La Rocca, E. 88
Labdakos 264
Lacus Curtius 27–30
Laertes 93
La Grotta di Polifemo 79
Laios 264ff., 270f.
Lakedämonier 391
Lampos 423
Laokoon 90f., 117, 416ff., 434
Laomedon 437
Lapis Niger 26f.
Larentia 17f.
Lassithi-Hochebene 125, 127, 130
Latium 67
Lavinium 15
Leander 9, 329, 337ff., 342
Lechevalier, J. B. 420
Leda 412
Leonidas 291
Leonnatos 297
Lesky, A. 47, 445
Lessing, Th. 98
Lethestrom 178
Leto 58

Libanon 121
Libri fatales 71
Libri Sibyllini 71f.
Libyen 161
Lido dei Ciclopi 83
Linga 282
Lingonen 38
Linné, C. von 51
Linos 179
Livia 24
Livius 17f., 20, 22f., 28
Loggia dei Lanzi 31
Lörrach 233
Löwentor (Mykene) 240, 244, 246
Lorbeer, heiliger 180, 192
Lucanus 104
Luce, J. V. 166
Lucretia 37
Lucretius, s. Titus 62
Luperci 18
Luperkalien 18
Lyder 191, 379f., 389, 391, 393, 395, 400ff., 404f.
Lydien 216f., 354, 368, 385f., 389, 394f., 407
Lykier 391
Lynkeus 345
Lysias 311
Lysimachos 291

Makedonien 289f., 292f., 303, 306, 311, 358f., 436
Malata 118
Maleatas 228f., 234
Malia 124, 137, 143, 149
Malta 163

Manlius, Marcus 40
Marathon 437
Marianne 372
Marinatos, Sp. 130f., 150, 158f., 159, 169
Marlin, G. 11
Marmarameer 329, 337, 345
Mars 15
Martin, H. 167
Masada 436
Matala 122
Matalon 122
Matz, F. 144
Maxentius-Basilika 24
Medea 354
Medien 396
Megara Hyblaea 82
Mehmet II. 350
Meles 403
Melissa 129
Menderes 420
Menelaos 93, 201, 242, 412, 439
Menestheus 430
Merope 264
Mesara-Ebene 123, 166
Mesolungi 181
Mesopotamien 212, 267
Mesopotamon 171, 180
Messenien 197
Messina 97–113, 331
Meyer, E. 444
Michelangelo 32, 70, 75, 417
Midas 9, 356–377
Mierse, W. M. 405
Milet 391, 400
Miltiades d. Ä. 342

Minoitios 428
Minos 58, 120, 124, 129, 133f., 140f.
Minotaurus 9, 119f., 132f., 138, 140f., 144, 146, 164
Mithras 372
Moerisee 141
Moltke, H. von 421
Moly 51f.
Monte Circeo 42–48, 53
Monte Grillo 73
Monte Tarpeo 32
Mopsos 345
Moriello, V. 115
Morosini, F. 121
Mucische Wiese 36
Mülder, D. 441
Müller, K. O. von 193
Mura Ciclopiche 43
Musaios 337
Mykene 58, 136, 198, 203, 209, 239f., 244–253, 425f., 440
Mykonos 438
Myrtilos 216, 218, 242f.

Napoleon Bonaparte 417, 427
Nauplia 93, 248
Navarino 197f.
Naxos 142, 268
Nea Kameni 151–154
Neapel 44f., 61, 66f., 87, 171, 280, 288, 323, 326
Neandertaler 43
Nekromanteion 59, 171, 174–177, 180, 183
Nektanebos II. 310

Neleus 196
Nemrud Dag 327
Nephele 343
Neptun 437, 439
Nero 87, 326
Nerophile 69
Nestor 194–209, 437, 439
Nida 127
Nichols, M. 43
Niger 163
Nikandros 187
Nike 212
Nikolaos 311
Nil 161, 305, 399
Nimrud 140
Ninive 380
Noah 170, 327
Nordsee 163
Normannen 97
Numa Pompilius 22f.
Numitor 15, 19
Nymphen 264, 287

Oase Siva 400
Ödipus 9, 256–272
Odysseus 43–59, 62, 64, 79–95, 105, 108ff., 114ff., 171f., 195ff., 280, 312, 372, 433f., 439
Oia 152
Oinomaos 215–221, 223
Okeanos 59, 171
Oluk Dag 360
Olymp 182
Olympia 210–223, 291
Olympias 297, 310f.
Olympische Spiele 221, 310f.

Omphalos 183f., 186
Orest 209, 243, 252ff., 285
Orpheus 179, 181f., 185, 345, 372
Ortaköi 350
Ostgoten 97
Otranto 326
Ovid 70, 104, 181, 236, 259, 337

Pachynum 105
Paestum 44f., 68
Paktolos 345, 369, 387, 391–395
Paktye 342f.
Palaia Kameni 151f.
Palamedes 93
Palästina 436
Palatin 18–25, 28, 30, 73
Palladion 88
Pan 369
Pantheon 241
Papadimitriou, J. 285
Paris 372
Parmenion 335
Parmenios 312
Parnaß 183, 192, 265
Parthenon 245
Pasiphae 140
Pasparakis 127
Passau 233
Patroklos 58, 282, 428f., 439
Paulus 255
Pausanias 192, 212, 214, 222, 234, 242, 244, 254, 264, 296f., 368, 435

Pazarli 366
Pegasus 437
Peleus 429
Pella 292f., 303
Pelopeia 242
Pelopiden 218, 243, 250
Peloponnes 9, 59, 195, 197, 220, 223, 239, 245
Pelops 211–223, 242
Penaten 15
Penelope 312
Perdikkas 297
Pergamon 231, 234, 391
Persephone 54, 59, 172, 177, 181
Persepolis 304
Perser 191, 281ff., 304, 326, 331, 335, 380, 401ff., 406, 409
Persien 257, 306, 323, 402
Peterich, E. 257
Phäaken 58, 105, 108
Phädriaden 183f.
Phaistos 122, 124, 143
Pharos 308
Phidias 212f.
Phikeion 265, 267
Philipp II. 289, 293f., 296ff., 300, 303, 306, 310, 311, 317, 436
Philipp (Arzt Alexanders des Großen) 312
Phineus 346, 353
Phlegräische Felder 61f., 171
Phoebus 67, 74, 236
Phienix 258

Phokis 183, 227, 253, 271, 399
Phönizien 121
Phönizier 97
Phrixos 329, 343f.
Phrygien 338, 358, 362f.
Phrygier 358f., 366, 380, 436
Phytoi 313
Piazza del Campidoglio 12, 32
Piazza della Vertià 13
Piazza del Popolo 13
Piazza Venezia 13
Pichler, H. 168f.
Pilos 197f.
Pindar 257
Pisa (Landschaft um Olympia) 215, 218, 220
Pithekusa 205
Pitsidia 122
Pizzo di Vernà 113
Platon 160, 162, 164, 166ff., 267, 291, 293, 386
Pleïone 242
Pleistos 183, 265
Plejaden 242
Plinius der Ältere 47, 51, 123, 416
Plinius der Jüngere 28
Plutarch 132, 187, 282, 289f., 304, 322, 390
Pluto 54, 64, 177
Poanthoos 423
Polatli 361
Pollaiolo 18
Polo, M. 290
Polybos 264, 271

Polydoros 90, 117, 264
Polykaste 201
Polyklet 225
Polykrates 399
Polyphem 9, 79–95, 115
Polyzalos 221
Pompeius 326
Pompeji 144, 156, 280, 288, 323, 326, 339f.
Ponte Palatino 11, 28
Pontos Euxeinos 347, 351
Porsenna 33f., 36
Porsuk 364
Portuno 13
Porus 318, 320
Poseidon 93, 108, 121, 140, 164, 177, 196, 217, 334, 345, 437, 439
Poseidonios 162
Pozzuoli 45
Pratica di Mare 15
Priamos 251, 372, 412, 415, 422ff., 426, 431, 434, 437, 439
Protesilaos 333f.
Pschiro 126
Pteria 402
Punische Kriege 72
Punte Pellaro 103
Purgatorio 62
Pylades 285, 351
Pylos 194f., 197, 199, 205, 207, 209, 247, 437
Pyriphlegeton 172
Pythia 184, 186ff., 190f., 232, 258, 264, 270, 401, 405
Phytische Spiele 221

Python 184

Quilici, L. 73f.
Quilici, St. 73f.
Quindecemviri 72
Quirinal 29
Quirinus 22

Radermacher, L. 47
Ramage, A. 392
Ramage, E. S. 149
Ravenna 372
Rawalpindi 290
Reggio di Calabria 113
Remus 12, 17–20
Rhadamanthys 124
Rhea 126, 129
Rhea Silvia 15f.
Rhodos 90, 205, 212
Rhomaios, C. 295, 298
Ribaud, P. 103
Richter, O. 33
Robert, C. 268
Rom 11–41, 43, 45, 70f., 75, 87, 107, 220, 234, 235, 241, 268f., 337, 415, 417
Roma Quadrata 20
Romulus 12, 17–23, 25f., 29f.
Rosette 208
Rostra 24ff.
Ruffo (Kastell) 110
Rufus 309
Rumeli Feneri 350, 353
Rumeli Hissar 350f.

Sabiner 29ff.
Sachs, H. 340

Sa el-Hagar 161
Sahara 163
Sais 161
Sakarya 364
Sakellarakis, Y. 131f.
Salamis 132, 191
Saloniki 292, 294f., 299f.
Samos 399
San Apollinare Nuovo 372
San Bartolomeo 236
Sanders, O. L. von 333
San Felice Circeo 44
Santa Agata 113
Santa Irina 150
Santa Maria in Aracoeli 33, 37
Santa Maria in Cosmedin 11, 13
Santa Maria Maggiore 416
San Teodoro 18
Santorin 119f., 148–169
Sarazenen 97
Sardes 378, 380–384, 387f., 392, 394f., 402–405, 408
Sargon II. 366f.
Sarpedon 124
Sart Çayi 369
Satyr 357f.
Savoyer 97
Scaevola, Mucius 34, 36f.
Scala dell'Arce Capitolina 33, 37
Schierding, W. 136, 168f.
Schildt, G. 345, 349
Schiller, F. von 69, 101, 227, 340, 399, 417
Schiltberger, H. 420
Schindler, W. 427

Schlangenbad 233
Schlangenkult 231–234
Schliemann, H. 9, 203, 239,
 244ff., 413, 418, 421–427,
 431, 440, 442, 444
Schmalzriedt, E. 10, 138, 327f.
Schmidt, H. 427
Schroeteler, H. 87, 107, 113
Schwarzes Meer 322, 343,
 345, 347, 349
Schwenn, F. 282, 429
Scilla 110, 113
Scilla-Felsen 96
Scillaeum 110
Seager, G. R. 333
Seiterle, Gérard 372
Selinunt 68
Seneca 289
Septimius Severus 326
Sestos 335, 337–342
Severin, T. 345, 351
Severus 24
Shear, T. L. 381
Sibylle 9, 65–78
Sibyllinische Bücher 236
Sibyllinische Orakel 72f.
Sidon 121, 258, 261, 326
Siegfried 281, 416
Sieglin, W. 414
Siglion 415
Sikaner 97
Sikuler 97
Silene 357f., 368, 373
Sinon 434f.
Sinope 322
Sisyphos 58
Siva 304

Sixtinische Kapelle 70, 75
Sizilien 9, 68, 79, 82, 89, 97,
 100, 105, 163, 221, 273, 275
Skamander 413, 420f.
Skandinavien 163
Skankara Varman 327
Skylla 9, 88, 96–117
Skylla-Gruppe 107, 114f.
Smyrna 137
Sokrates 161
Sol 47
Solon 161, 166, 170, 396–399,
 401, 405f.
Sophokles 215, 226, 268,
 279
Sparta 136, 201, 227, 257,
 391, 412
Sperlonga 88, 90ff., 111, 114f.
Sphinx 266–269
Spiegelthal, H. 381, 390
Spitzbergen 163
Spurius Tarpeius 31
Staufer 97
Sterope 223
Stilicho 73
Strabon 45, 79, 152, 162, 337,
 355
Straße von Gibraltar 103
Stretto 100, 103f., 110, 112f.,
 275
Stromboli 100
Strong, D. 136
Stützer, H. A. 22
Styx 64, 178
Sueton 28
Sulpicius, Quintus 40
Susa 306, 380

Swinburne, A. Ch. 250
Symplegaden 330, 346–351, 353

Tacitus 65
Tainaron 59
Tantalos 56, 214, 216f.
Tarabya 350
Tarpeia 31f.
Tarpeïscher Felsen 31f., 35
Tarquinia 121
Tarquinius Priscus 23, 71
Tarquinius Superbus 28, 33, 70f.
Tartessos 163
Taurus 233
Taurer 284, 288
Tauris 286, 288
Teiresias 54f., 264, 270
Telemachos 93, 195ff., 200f.
Telephas 121
Tell, Wilhelm 281, 444
Tellos 397
Temeniden 294
Tenedos 433f.
Terracina 46, 88
Teukrer 145
Teukros 436
Theben 198, 257f., 260–267, 270, 302
Themistokles 132, 191
Theoderich 415
Theodosius II. 211, 221
Theophrastos 45, 51, 123
Thera 149–152, 155, 158f., 160, 166ff.

Theras 150
Theseus 141f., 146, 209, 227, 237, 436
Thesprotien 171
Thessalier 229
Thiel, H. van 309
Thimantes 280
Thirasia 151f.
Thoas 285
Thrasimedes 234
Thukydides 47, 134
Thyestes 242f.
Thymoites 423
Tiber 17f., 28, 36, 38
Tiberius 88, 111
Tigris 380
Tilisos 126
Tiphys 345, 348
Titanen 64
Titusbogen 24
Tityos 58
Tivoli 87
Tmolos 404
Totila 220
Trajan 326
Trapani 79
Trinacrias 105
Triton 11, 121
Troja 9, 14ff., 58, 65, 67, 84, 88, 90, 93f., 195f., 202, 250f., 275, 277, 282, 291, 304, 333ff., 410–446
Tullus Hostilius 26
Tutenchamum 374
Tyche 309
Tyrins 178f., 198
Tyros 121, 302

Tyrrhenisches Meer 43, 68, 87, 100, 103

Ukalegon 423
Uräus 232
Utopia 167

Vandalen 97
Vaphio 136, 164
Varro, Terentius 20, 45, 71
Vatikan 90, 268f., 417
Veji 16, 38
Velos 345
Veneter 41
Venizelos-Platz 119, 121
Ventris, M. 206ff.
Vercelli, F. 103
Vergil 14, 46, 62, 64f., 100, 104, 115, 145, 415f.
Vergina 293ff., 299f., 306, 317
Vermion 357f.
Vesta 17
Vettier 339
Via Consolazione 32
Via del Corso 13
Via della Belle Arti 13
Via di Monte Tarpeo 34
Via Domiziana 73
Via Flamina 13
Via Sacra (Rom) 24
Via Sacra (Cuma) 74, 77
Villa Giulia 13f., 16
Villa Hadriana 107
Villa San Giovanni 96, 113

Virgil 44
Vitaliano, D. B. 167
Vitruvius 404
Vulca 14
Vulcano 100
Vulic 407

Welles, B. 297
Wiesel, J. M. 24
Winckelmann, J. J. 417
Wood, M. 421
Wrede, W. 81

Xanten 416
Xerxes 191, 304, 335f., 342f.

Yalouris, A. und N. 211
Yazilikaya 360
Young, R. S. 361, 364

Zagreus 124
Zahn, P. 112
Zakros 138
Zerberus 64, 178f.
Zetes 346
Zeus 56, 68, 74, 84, 109, 118, 121–130, 177, 210ff., 214, 216, 218–223, 258, 264, 287, 311, 343, 346, 362, 368, 400, 412, 432
Ziegler, K. 441
Zimmer, G. 213
Zyklopen 81ff., 86, 89, 92, 244

Die Schauplätze der einzelnen Handlungen und Sagen

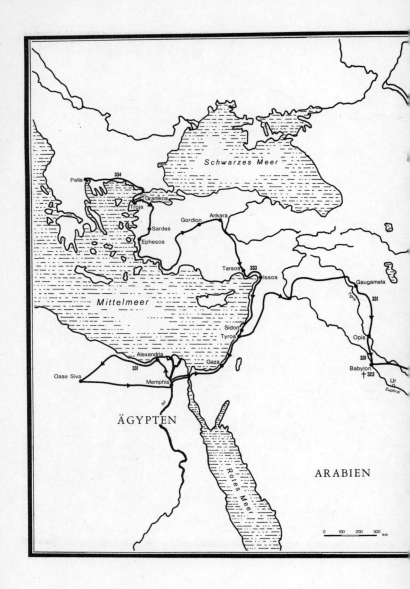

Sachbuch

Als Band mit der Bestellnummer 60338 erschien:

Graf Drakula, der Zauberer Merlin, das Ungeheuer
von Loch Ness – der bekannte Historiker
Helmut Berndt spürt alten Legenden, Mythen und
Sagen nach und bringt dabei Erstaunliches zutage.

Mit zahlreichen Abbildungen